我的教育人生

申泮文

百岁自述

韩峰 ◎ 整理

老科学家学术成长资料采集工程
中国科学院院士传记丛书

老科学家学术成长资料采集工程
中国科学院院士传记丛书

我的教育人生
申泮文百岁自述

韩峰 整理

中国科学技术出版社
上海交通大学出版社

图书在版编目（CIP）数据

我的教育人生：申泮文百岁自述/韩峰整理. —北京：中国科学技术出版社，2015.8

（老科学家学术成长资料采集工程　中国科学院院士传记丛书）

ISBN 978-7-5046-6976-6

Ⅰ.①我… Ⅱ.①韩… Ⅲ.①申泮文—口述—自传 Ⅳ.① K826.13

中国版本图书馆 CIP 数据核字（2015）第 196374 号

责任编辑	余　君
责任校对	刘洪岩
责任印制	张建农
版式设计	中文天地

出　　版	中国科学技术出版社　上海交通大学出版社
发　　行	科学普及出版社发行部
地　　址	北京市海淀区中关村南大街16号
邮　　编	100081
发行电话	010-62103130
传　　真	010-62179148
网　　址	http://www.cspbooks.com.cn
开　　本	787mm×1092mm　1/16
字　　数	290千字
印　　张	20.25
彩　　插	2
版　　次	2015年8月第1版
印　　次	2015年8月第1次印刷
印　　刷	北京华联印刷有限公司
书　　号	ISBN 978-7-5046-6976-6 / K·175
定　　价	65.00元

（凡购买本社图书，如有缺页、倒页、脱页者，本社发行部负责调换）

老科学家学术成长资料采集工程
领导小组专家委员会

主　任：杜祥琬

委　员：（以姓氏拼音为序）

　　　　巴德年　　陈佳洱　　胡启恒　　李振声
　　　　王礼恒　　王春法　　张　勤

老科学家学术成长资料采集工程
丛书组织机构

特邀顾问（以姓氏拼音为序）

　　　　樊洪业　　方　新　　齐　让　　谢克昌

编委会

主　编：王春法　　张　藜

编　委：（以姓氏拼音为序）

　　　　艾素珍　　董庆九　　胡化凯　　黄竞跃　　韩建民
　　　　廖育群　　吕瑞花　　刘晓勘　　林兆谦　　秦德继
　　　　任福君　　苏　青　　王扬宗　　夏　强　　杨建荣
　　　　张柏春　　张大庆　　张　剑　　张九辰　　周德进

编委会办公室

主　任：许向阳　　张利洁

副主任：许　慧　　刘佩英

成　员：（以姓氏拼音为序）

　　　　崔宇红　　董亚峥　　冯　勤　　何素兴　　韩　颖
　　　　李　梅　　罗兴波　　刘　洋　　刘如溪　　沈林苣
　　　　王晓琴　　王传超　　徐　婕　　肖　潇　　言　挺
　　　　余　君　　张海新　　张佳静

老科学家学术成长资料采集工程简介

老科学家学术成长资料采集工程（以下简称"采集工程"）是根据国务院领导同志的指示精神，由国家科教领导小组于2010年正式启动，中国科协牵头，联合中组部、教育部、科技部、工信部、财政部、文化部、国资委、解放军总政治部、中国科学院、中国工程院、国家自然科学基金委员会等11部委共同实施的一项抢救性工程，旨在通过实物采集、口述访谈、录音录像等方法，把反映老科学家学术成长历程的关键事件、重要节点、师承关系等各方面的资料保存下来，为深入研究科技人才成长规律，宣传优秀科技人物提供第一手资料和原始素材。按照国务院批准的《老科学家学术成长资料采集工程实施方案》，采集工程一期拟完成300位老科学家学术成长资料的采集工作。

采集工程是一项开创性工作。为确保采集工作规范科学，启动之初即成立了由中国科协主要领导任组长、12个部委分管领导任成员的领导小组，负责采集工程的宏观指导和重要政策措施制定，同时成立领导小组专家委员会负责采集原则确定、采集名单审定和学术咨询，委托中国科学技术史学会承担具体组织和业务指导工作，建立专门的馆藏基地确保采集资料的永久性收藏和提供使用，并研究制定了《采集工作流程》、《采集工作规范》等一系列基础文件，作为采集人员的工作指南。截至2014年底，已启动304位老科学家的学术成长资料采集工作，获得手稿、书信等实物原件资料52093件，数字化资料137471件，视频资料183878分钟，音频资料224825分钟，具有重要的史料价值。

采集工程的成果目前主要有三种体现形式，一是建设一套系统的"老科学家学术成长资料数据库"（本丛书简称"采集工程数据库"），提供学术研究和弘扬科学精神、宣传科学家之用；二是编辑制作科学家专题资料片系列，以视频形式播出；三是研究撰写客观反映老科学家学术成长经历的研究报告，以学术传记的形式，与中国科学院、中国工程院联合出版。随着采集工程的不断拓展和深入，将有更多形式的采集成果问世，为社会公众了解老科学家的感人事迹，探索科技人才成长规律，研究中国科技事业的发展历程提供客观翔实的史料支撑。

总序一

中国科学技术协会主席 韩启德

老科学家是共和国建设的重要参与者，也是新中国科技发展历史的亲历者和见证者，他们的学术成长历程生动反映了近现代中国科技事业与科技教育的进展，本身就是新中国科技发展历史的重要组成部分。针对近年来老科学家相继辞世、学术成长资料大量散失的突出问题，中国科协于2009年向国务院提出抢救老科学家学术成长资料的建议，受到国务院领导同志的高度重视和充分肯定，并明确责成中国科协牵头，联合相关部门共同组织实施。根据国务院批复的《老科学家学术成长资料采集工程实施方案》，中国科协联合中组部、教育部、科技部、工业和信息化部、财政部、文化部、国资委、解放军总政治部、中国科学院、中国工程院、国家自然科学基金委员会等11部委共同组成领导小组，从2010年开始组织实施老科学家学术成长资料采集工程。

老科学家学术成长资料采集是一项系统工程，通过文献与口述资料的搜集和整理、录音录像、实物采集等形式，把反映老科学家求学历程、师承关系、科研活动、学术成就等学术成长中关键节点和重要事件的口述资料、实物资料和音像资料完整系统地保存下来，对于充实新中国科技发展的历史文献，理清我国科技界学术传承脉络，探索我国科技发展规律和科技人才成长规律，弘扬我国科技工作者求真务实、无私奉献的精神，在全社会营造爱科学、学科学、用科学的良好氛围，是一件很有意义的事情。采集工程把重点放在年龄在 80 岁以上、学术成长经历丰富的两院院士，以及虽然不是两院院士、但在我国科技事业发展中作出突出贡献的老科技工作者，充分体现了党和国家对老科学家的关心和爱护。

自 2010 年启动实施以来，采集工程以对历史负责、对国家负责、对科技事业负责的精神，开展了一系列工作，获得大量反映老科学家学术成长历程的文字资料、实物资料和音视频资料，其中有一些资料具有很高的史料价值和学术价值，弥足珍贵。

以传记丛书的形式把采集工程的成果展现给社会公众，是采集工程的目标之一，也是社会各界的共同期待。在我看来，这些传记丛书大都是在充分挖掘档案和书信等各种文献资料、与口述访谈相互印证校核、严密考证的基础之上形成的，内中还有许多很有价值的照片、手稿影印件等珍贵图片，基本做到了图文并茂，语言生动，既体现了历史的鲜活，又立体化地刻画了人物，较好地实现了真实性、专业性、可读性的有机统一。通过这套传记丛书，学者能够获得更加丰富扎实的文献依据，公众能够更加系统深入地了解老一辈科学家的成就、贡献、经历和品格，青少年可以更真实地了解科学家、了解科技活动，进而充分激发对科学家职业的浓厚兴趣。

借此机会，向所有接受采集的老科学家及其亲属朋友，向参与采集工程的工作人员和单位，表示衷心感谢。真诚希望这套丛书能够得到学术界的认可和读者的喜爱，希望采集工程能够得到更广泛的关注和支持。我期待并相信，随着时间的流逝，采集工程的成果将以更加丰富多样的形式呈现给社会公众，采集工程的意义也将越来越彰显于天下。

是为序。

总序二

中国科学院院长 白春礼

由国家科教领导小组直接启动，中国科学技术协会和中国科学院等12个部门和单位共同组织实施的老科学家学术成长资料采集工程，是国务院交办的一项重要任务，也是中国科技界的一件大事。值此采集工程传记丛书出版之际，我向采集工程的顺利实施表示热烈祝贺，向参与采集工程的老科学家和工作人员表示衷心感谢！

按照国务院批准实施的《老科学家学术成长资料采集工程实施方案》，开展这一工作的主要目的就是要通过录音录像、实物采集等多种方式，把反映老科学家学术成长历史的重要资料保存下来，丰富新中国科技发展的历史资料，推动形成新中国的学术传统，激发科技工作者的创新热情和创造活力，在全社会营造爱科学、学科学、用科学的良好氛围。通过实施采集工程，系统搜集、整理反映这些老科学家学术成长历程的关键事件、重要节点、学术传承关系等的各类文献、实物和音视频资料，并结合不同时期的社会发展和国际相关学科领域的发展背景加以梳理和研究，不仅有利于深入了解新中国科学发展的进程特别是老科学家所在学科的发展脉络，而且有利于发现老科学家成长成才中的关键人物、关键事件、关键因素，探索和把握高层次人才培养规律和创新人才成长规律，更有利于理清我国科技界学术传承脉络，深入了解我国科学传统的形成过程，在全社会范围内宣传弘扬老科学家的科学思想、卓越贡献和高尚品质，推动社会主义科学文化和创新文化建设。从这个意义上说，采集工程不仅是一项文化工程，更是一项严肃认真的学术建设工作。

中国科学院是科技事业的国家队，也是凝聚和团结广大院士的大家庭。早在1955年，中国科学院选举产生了第一批学部委员，1993年国务院决定中国科学院学部委员改称中国科学院院士。半个多世纪以来，从学部委员到院士，经历了一个艰难的制度化进程，在我国科学事业发展史上书写了浓墨重彩的一笔。在目前已接受采集的老科学家中，有很大一部分即是上个世纪80、90年代当选的中国科学院学部委员、院士，其中既有学科领域的奠基人和开拓者，也有作出过重大科学成就的著名科学家，更有毕生在专门学科领域默默耕耘的一流学者。作为声誉卓著的学术带头人，他们以发展科技、服务国家、造福人民为己任，求真务实、开拓创新，为我国经济建设、社会发展、科技进步和国家安全作出了重要贡献；作为杰出的科学教育家，他们着力培养、大力提携青年人才，在弘扬科学精神、倡树科学理念方面书写了可歌可泣的光辉篇章。他们的学术成就和成长经历既是新中国科技发展的一个缩影，也是国家和社会的宝贵财富。通过采集工程为老科学家树碑立传，不仅对老科学家们的成就和贡献是一份肯定和安慰，也使我们多年的夙愿得偿！

鲁迅说过，"跨过那站着的前人"。过去的辉煌历史是老一辈科学家铸就的，新的历史篇章需要我们来谱写。衷心希望广大科技工作者能够通过"采集工程"的这套老科学家传记丛书和院士丛书等类似著作，深入具体地了解和学习老一辈科学家学术成长历程中的感人事迹和优秀品质；继承和弘扬老一辈科学家求真务实、勇于创新的科学精神，不畏艰险、勇攀高峰的探索精神，团结协作、淡泊名利的团队精神，报效祖国、服务社会的奉献精神，在推动科技发展和创新型国家建设的广阔道路上取得更辉煌的成绩。

总序三

中国工程院院长 周 济

由中国科协联合相关部门共同组织实施的老科学家学术成长资料采集工程，是一项经国务院批准开展的弘扬老一辈科技专家崇高精神、加强科学道德建设的重要工作，也是我国科技界的共同责任。中国工程院作为采集工程领导小组的成员单位，能够直接参与此项工作，深感责任重大、意义非凡。

在新的历史时期，科学技术作为第一生产力，已经日益成为经济社会发展的主要驱动力。科技工作者作为先进生产力的开拓者和先进文化的传播者，在推动科学技术进步和科技事业发展方面发挥着关键的决定的作用。

新中国成立以来，特别是改革开放30多年来，我们国家的工程科技取得了伟大的历史性成就，为祖国的现代化事业作出了巨大的历史性贡献。两弹一星、三峡工程、高速铁路、载人航天、杂交水稻、载人深潜、超级计算机……一项项重大工程为社会主义事业的蓬勃发展和祖国富强书写了浓墨重彩的篇章。

这些伟大的重大工程成就，凝聚和倾注了以钱学森、朱光亚、周光召、侯祥麟、袁隆平等为代表的一代又一代科技专家们的心血和智慧。他们克服重重困难，攻克无数技术难关，潜心开展科技研究，致力推动创新发展，为实现我国工程科技水平大幅提升和国家综合实力显著增强作出了杰出贡献。他们热爱祖国，忠于人民，自觉把个人事业融入到国家建设大局之中，为实现国家富强而不断奋斗；他们求真务实，勇于创新，用科技为中华民族的伟大复兴铸就了辉煌；他们治学严谨，鞠躬尽瘁，具有崇高的科学精神和科学道德，是我们后代学习的楷模。科学家们的一生是一本珍贵的教科书，他们坚定的理想信念和淡泊名利的崇高品格是中华民族自强不息精神的宝贵财富，永远值得后人铭记和敬仰。

通过实施采集工程，把反映老科学家学术成长经历的重要文字资料、实物资料和音像资料保存下来，把他们卓越的技术成就和可贵的精神品质记录下来，并编辑出版他们的学术传记，对于进一步宣传他们为我国科技发展和民族进步作出的不朽功勋，引导青年科技工作者学习继承他们的可贵精神和优秀品质，不断攀登世界科技高峰，推动在全社会弘扬科学精神，营造爱科学、讲科学、学科学、用科学的良好氛围，无疑有着十分重要的意义。

中国工程院是我国工程科技界的最高荣誉性、咨询性学术机构，集中了一大批成就卓著、德高望重的老科技专家。以各种形式把他们的学术成长经历留存下来，为后人提供启迪，为社会提供借鉴，为共和国的科技发展留下一份珍贵资料。这是我们的愿望和责任，也是科技界和全社会的共同期待。

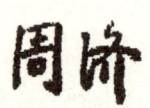

周济

申泮文院士

申泮文与夫人
曾爱冬合影
（2004年10月摄于家中）

采集小组工作照一
（杨丽然在采访。2010年10月12日，于南开大学化学系会议室）

采集小组工作照二
（左起：李姝、王奎英、车云霞、申平、申泮文、章宇奇、杨丽然、刘晓龙。2010年9月9日，于南开大学化学系会议室）

目录

老科学家学术成长资料采集工程简介

总序一 ……………………………………………… 韩启德

总序二 ……………………………………………… 白春礼

总序三 ……………………………………………… 周　济

导　言 …………………………………………………… 1

| 第一章 | 家庭，小学 …………………………………… 11

　　我的家庭 …………………………………………… 11
　　小学教育 …………………………………………… 18

| 第二章 | 难忘的中学时代 ……………………………… 21

　　多彩的中学生活 …………………………………… 21

巍巍我南开精神 …… 30
英才辈出的爱国主义教育环境 …… 36

| 第三章 | 战火纷飞中的大学教育 …… 40

初入南开大学 …… 40
战争爆发 …… 43
在西南联合大学 …… 49
毕业后的辗转 …… 54

| 第四章 | 五六十年代在南开大学 …… 59

在南开大学的工作 …… 59
反对极左路线的斗争 …… 67

| 第五章 | 山西大学二十年 …… 78

白纸上作画 …… 78
山西大学中的政治运动 …… 84
"文化大革命"时期的科学研究 …… 87
离开山西 …… 98

| 第六章 | 黄金时代 …… 101

意外的学部委员 …… 101
无机化学教研室的新局面 …… 103
金属氢化物的研究 …… 107
储氢材料的研究 …… 113

目录

第七章　真诚的教育家办教育 ··· 120

化学概论 ··· 120
火箭模型 ··· 126
不断前进的教学改革 ··· 129
化软学会与分子科学计算中心 ··· 132

第八章　著作和译作 ··· 135

无机化学教材的翻译与编撰 ··· 135
《无机合成》丛书 ··· 140
《无机化学丛书》 ··· 143
《化学元素周期系》教学软件 ··· 146
《南开大学近代化学教材丛书》 ··· 150

第九章　社会活动 ··· 157

南开学校复兴日 ··· 157
为母校南开效力 ··· 160
爱国主义教育与民间对日索赔 ··· 166

附录一　申泮文年表 ··· 172

附录二　申泮文主要论著目录 ··· 208

化学教科书 ··· 208
无机化学丛书 ··· 209
南开大学近代化学教材丛书 ··· 210

译作书目（俄文）·················212
　　译作书目（英文）·················214
　　其他著作·······················215
　　论文、会议论文及报纸上发表的作品·········216
　　电子出版物·····················244
　　专利·························244

| 附录三 | 逸史丛谈　　　　　　　　　247

　　南开三宝······················247
　　南开中学的育人成就················256
　　我的翻译生涯····················265
　　为黄钰生教授平反·················279
　　九秩华诞　桃李天下················287

参考文献·························299

后　　记·························301

图片目录

图1-1　申泮文的父亲申柱辰（1869—1953）·······························13
图1-2　申泮文的母亲邓紫秋（1879—1957）·······························13
图1-3　父亲申柱辰与大哥申郁文···15
图1-4　申泮文母亲与兄弟、大姐合影···16
图1-5　申泮文的小学好友···20
图2-1　南开中学1935班算学讨论会··23
图2-2　申泮文的三位中学老师···25
图2-3　1932年的申泮文··26
图2-4　南开中学瑞庭礼堂（大礼堂）内观····································26
图2-5　童子军总教官章辑五···27
图2-6　1935毕业班捐献的穿衣镜··31
图2-7　申泮文为南开大学MBA研究生做"张伯苓的教育风采"讲座时，
　　　 与学生的合影··33
图2-8　2004年10月17日南开中学一百周年校庆，申泮文亲手用电脑
　　　 制作的致词··35
图3-1　杨石先在南开大学化学系化学实验室指导学生实验···············42
图3-2　南开大学木斋图书馆被日本侵略者炸毁前后·······················44
图3-3　长沙临时大学湘黔滇旅行团部分学生步行到达黔湘交界处·······47
图3-4　国立西南联合大学校门···49
图3-5　1939年申泮文在西南联合大学·······································51
图3-6　申泮文与何伟发合影···56
图3-7　1947年申泮文在长沙··57
图4-1　20世纪50年代初申泮文在南开大学·································61
图4-2　三校合作翻译的《普通化学教程》（上册）·························63
图4-3　《氢化锂铝（LiAlH$_4$）的合成》···································65

V

图号	标题	页码
图 5-1	1952 年的山西师范学院	79
图 5-2	山西省腐植酸资源的分布图	95
图 5-3	改变命运的两篇文章	99
图 5-4	山西大学化学系送别申泮文夫妇	100
图 6-1	1980 年南开大学化学系 5 位教授当选为中国科学院学部委员	102
图 6-2	1984 年 4 月申泮文夫妇与杨石先合影于南开大学校内花园	103
图 6-3	天津市重点学科证书	106
图 6-4	惰性盐分散氢化钠的合成研究科学技术研究成果报告表	111
图 6-5	申泮文手绘的氢化铝锂合成反应流程图	112
图 6-6	申泮文和浙江大学王启东教授在第五届世界氢能大会	115
图 6-7	1987 年国家教委授予南开大学科技成果（氢化物化学）二等奖	116
图 6-8	中国第一支镍氢电池	117
图 7-1	各个时期作为教师的申泮文	121
图 7-2	2007 年 2 月 13 日《科学时报》报道申泮文开博客谈教育改革	124
图 7-3	《近代化学导论》书影	125
图 7-4	《高校化学本科基础课程体系新课程设置方案》中的火箭模型	129
图 7-5	申泮文三次荣获国家级教学成果奖	130
图 7-6	申泮文在化软实验室用气球模型指导学生画 sp^3 杂化轨道示意图	134
图 8-1	八校联合编辑，尹敬执、申泮文统稿的《无机化学》	138
图 8-2	无机化学讲习班学生张斌写给申泮文的信	139
图 8-3	《无机合成》1—20 卷	142
图 8-4	1978 年 8 月沈阳《无机化学丛书》编委第一次扩大会议	143
图 8-5	《无机化学丛书》第一卷	144
图 8-6	1991 年 12 月 23 日张青莲写给申泮文的信，讨论《无机化学丛书·第九卷·铁系元素》的编撰工作	145
图 8-7	"化学元素周期系"软件	149
图 8-8	南开大学近代化学教材丛书	150
图 8-9	不断改进的教科书与精品课程	153
图 8-10	2009 年 2 月《南开大学近代化学教材丛书》成果鉴定会	156
图 9-1	1986 年张伯苓诞辰 110 周年纪念会	159
图 9-2	1986 年，张伯苓诞辰 110 周年纪念会后，国家领导人为张伯苓铜像揭幕剪彩	160

图 9-3	南开中学大操场	163
图 9-4	1987 年，申泮文在南开大学大中路张贴纪念南京大屠杀大字报	167
图 9-5	1991 年，申泮文为纪念南京大屠杀 54 周年制作的展板	168
图 9-6	被日本侵略者掠去的南开大学大铜钟	171
图附-1	张伯苓手书南开校训	248
图附-2	申泮文为纪念南开大学八十周年校庆亲手用电脑制作的致词	249
图附-3	南开学校校歌	251
图附-4	申泮文在南开大学化学系 60 级学生聚会上，带领往日的学生高唱南开校歌	253
图附-5	南开大学的大立镜，上方为镜箴	255
图附-6	天津南开中学 1935 毕业班的三位院士	259
图附-7	2004 年南开中学百年纪念会上申泮文与 1937 班校友合影	260
图附-8	天津南开中学 1937 班同学签名	265
图附-9	《中国翻译家词典》中的申泮文条目	267
图附-10	1980 年 3 月 17 日，申泮文写给朱声逑的信，讨论《新编简明无机化学》的翻译工作组织情况	275
图附-11	《物理化学分析基本原理》书影	278
图附-12	黄钰生教授	281
图附-13	1985 年 11 月 1 日祝贺黄钰生执教 60 周年宴会	283
图附-14	各个时期的申泮文	297

导言

一、传主简介

申泮文（1916— ），广东从化人，无机化学家，化学教育家，翻译家。1916年9月7日出生于吉林省吉林市，1923年因父亲年老失业，全家迁居天津。1929年考入南开中学，1936年考入南开大学化工系。1937年天津沦陷后，到南京入伍抗日，后至长沙转入南开、清华、北大组成的长沙临时大学化学系，1938年加入"长沙临时大学湘黔滇旅行团"，赴昆明西南联合大学化学系继续学业。

1940年从西南联大毕业，先后在航空委员会油料研究室、兰州制药厂、兰州科学教育馆、兰州女子中学、武汉迁滇华中大学、昆明天祥中学、南开大学化学系、资源委员会矿产探勘处等单位做专、兼职工作。

新中国成立后，回到南开大学化学系工作，开始化学教材编写以及翻译工作。以教学工作卓有成效，1952年任无机化学教研室主任，次年被破格晋升为副教授。1956年课题"金属氢化物与复合氢化物的合成"被列入中苏合作项目，得到重点支持。从此开始金属氢化物的研究工作。在此期间，积极参加科学普及活动，在《天津日报》上发表多篇科普文章。

1959年援建山西大学，任山西大学化学系副主任。除继续金属氢化物的研究之外，还接受山西省科学技术委员会下达的从铀矿提取铀化合物的科研任务。"文化大革命"中受尽迫害，仍然坚持氢化物的研究和实验室生产，为解放军部队、青海黎明化工研究所提供氢化铝锂产品，用于研制导弹用高能固体推进剂。其科学研究工作还包括提取腐植酸、彩色电视机荧光粉的合成等。另外，申泮文关注国际科学发展前沿，将一些先进科学成果综述后介绍到国内。他的这些工作受到老一辈科学家的关注和赞赏。

1978年底，在恩师杨石先院士的帮助下，申泮文调回南开大学，后担任化学系无机化学教研室主任，开始了他科学研究工作的春天。1980年，申泮文当选中国科学院学部委员（院士），这一始料不及的荣誉，对申泮文的科学研究工作起了很大的鼓励与鞭策作用。从此，申泮文进入他科学研究的"黄金时代"。

金属氢化物化学是申泮文自上世纪50年代起的研究工作，至80年代，他合成并研究了一系列离子型金属氢化物和三类主要的储氢合金。1985年，他以论文"三种储氢合金的化学合成与储氢性能研究"在加拿大多伦多第五届世界氢能会议上做大会报告，被评议为大会优秀论文，广被引用。这项工作发展了化学法合成精密合金的技术，开辟了制造储氢合金的新途径。金属氢化物和配位化学课题的研究成果，在1986年双双获得国家教委优秀科技成果二等奖。在此基础上，申泮文开始注意引导和改革科学研究方向，朝着应用科技方向发展，强调高等教育应该服务于国家经济建设主战场，走产学研一体化的路。他在应用科学研究方面取得突出研究成果，主要工作表现在能源材料、钕铁硼永磁合金材料和贵金属电化学三个方面。

上世纪80年代末，南开大学化学系金属氢化物课题组研制成功镧镍、铁钛等储氢合金，取得国家发明专利和多项国际发明专利，获得镍氢电池的自主知识产权。当时以手工上马，研制成功中国第一批"绿霸"商标的镍氢电池。由国家科委主持在广东省中山市建设镍氢电池中试基地，这是国家"863"计划中第一项达到可实现产业化的研究成果。以此为基础，1994年，申泮文院士在南开大学创建了新能源材料化学研究所，并担任该所的学术委员会主席。

钕铁硼永磁合金研究，是在原有金属体系化学合成技术的基础上，申泮文院士与周永洽教授合作，用共沉淀还原扩散方法于1996年完成了新的制造工艺。此项成果是继美、日两国之后，世界上第三条生产钕铁硼的工艺路线。经过艰辛努力，2000年该成果的中试放大实验取得成功，取得国家发明专利和多国国际发明专利。

1986年在国内科技体制改革高潮中申泮文院士主持建立了"南开大学应用化学研究所"，白手起家，自力更生，以贵金属电化学为主要工作内容，生产贵金属电镀化学试剂，指导有关生产电镀技术和回收残废贵金属。自创办之日起，该所就是一所典型的改制研究机构，人员编制在学校，但工资补贴自给自足，业务经费自负盈亏，收入盈余对学校有所贡献，成为一所独具特色的为地方工业服务的化学研究机构。

申泮文院士不仅是化学家，也是一位受人爱戴的化学教育家。他长期为本科生上课，在90岁高龄仍执教不缀，是我国执教化学基础课时间最长的化学家。申泮文院士在一篇写给青年人的文章中说："在科学家和教育家两种称号之间，如果只允许我选择一种的话，那我宁愿选择做教育家。"

1984年申泮文院士参观了美国密执安大学化学系在化学实验课中利用计算机指导学生的CAI技术，邀约现场的指导教师巴特勒访华。次年巴特勒夫妇应邀来南开大学讲学，对申泮文院士的教学工作起了决定性的影响。他以耄耋之年开始学习计算机技术，上网查索国外高校化学教育的发展形势，从国内几十年闭关锁国的封闭状态中，开始"睁眼看世界高等化学教育"，在化学教育教学改革中做了很多开创性的工作。

申泮文院士研究了美国多所著名大学化学学科教学计划的变迁，对比我国高等化学教育的现状，总结的差距有：1952年起我国把高等化学教育的第一门课错误地定为"无机化学"（主要是元素化学），其实应该是General Chemistry；而这一门课我国又翻译为"普通化学"，实际上应该是"化学总论"或"化学概论"；国际高校在20世纪80年代取消了定量分析化学课程，但在中国仍然一直保留。进入新世纪，量子化学、计算机化学、绿色化学以及与化学有关的交叉学科成为化学研究新的方向，且化学正逐渐向生命科学靠拢，这些重要的事实在国内高等化学教育中尚无体现。

为应对我国高等教育落后的形势，申泮文院士从本世纪初开始，在南开大学开始试行高等学校化学教育教学改革。改革的主要内容和成就有：

（1）开发新型交叉学科"计算机化学"，改革教学方式和手段，培养化学和计算机技术双能人才。组织师生课外社团"化软学会"，编制化学电子教科书和辅助教学课件，从事高等化学教育的数字化和信息化工作。正式出版《化学元素周期系》等电子教学软件6部，其中《化学元素周期系》多媒体教科书软件及教学成果，于2001年12月荣获国家级教学成果奖一等奖。

（2）将大一化学课程正确定名为"化学概论"，主要教学内容为讲授"化学一级学科"的概貌，并引入定量分析化学课程的主要知识点。"化学概论"课程2003年被评为国家理科基地名牌课程，2004年被评为国家级精品课程。2005年9月，深化化学课程体系改革，创建"化学概论"精品课程，获国家级教学成果奖二等奖。2007年，申泮文院士领导的教学团队首批被评为国家级教学团队。

（3）重新设置了高等学校化学课程体系，编写了《高校化学本科基础课程体系新课程设置方案》，形象地画出一个火箭模型。根据这个课程设置，申泮文院士邀聘校内外专家教授，花十年之工，编写出版了以《近代化学导论》为代表的教科书、教学参考书和电子课件等27部32卷册，南开大学近代化学教材系列荣获2009年国家级教学成果奖一等奖。

申泮文院士是我国著作和译作最多的化学家之一。他著译多部教材和工具书，在国家级出版社的出版物达70余卷册，3000余万字。新中国成立初，申泮文院士编写了我国最早的中文化学讲义，后又组织翻译了大量苏联、美国等国家的教材和参考书。其中1-20卷《无机合成》的翻译是持续近30年的工作，为我国无机化学发展打基础曾经起了很好的作用。申泮文院士倡议编著并作为副主编的《无机化学丛书》至2011年共三次重印，为我国广大化学工作者提供了一部丰富的近现代化学的原始资料资源库，对我国化学科学研究和高等教育的发展，起到了很大的作用。

二、采集过程

北方工业大学杨丽然老师于 2010 年 7 月接受采集任务，笔者因和申泮文院士相同的化学学科背景被吸收入采集小组。在采集工作的前段工作中，杨丽然老师是总负责人，全面负责采集工作的策划实施、与申泮文院士的联络、口述访谈的组织与进行、视频的录制、资料的收集等工作，笔者仅负责申泮文院士著作的采集、整理工作。

采集小组起初与申泮文院士并不相识，杨丽然老师积极联系申泮文院士，以其真诚与勤奋同申泮文院士以及其同事、助手车云霞教授建立了良好的关系。申泮文院士、车云霞教授、南开大学、南开大学化学学院、以及申泮文院士的家人都积极支持采集工作，为采集工作提供了很多帮助。2011 年初，车云霞教授加入采集小组，为采集工作的继续进行提供了极大的方便。

不幸的是，2011 年 7 月，杨丽然老师被查出身患癌症，多方医治无效，于 2012 年 1 月离世。采集小组组长的生病、去世，对课题工作是一个极大的打击，采集工作一度陷于停顿。一年以后，在张藜组长的关怀下，笔者开始着手整理前期采集成果并继续采集工程工作。笔者主持的后期工作的主要内容有：前期采集所得资料的整理与编目、口述稿的整理、年表的编撰与申泮文院士口述自传的整理、撰写。至 2015 年 7 月本书定稿，采集课题终于告一段落。

1. 口述访谈

采集小组于 2010 年 9—10 月间对申泮文院士进行了 10 次口述访谈，其中 8 次录音，2 次请中央电视台刘东方先生专业摄像。并对申泮文院士的2次讲演进行了跟踪摄像，4次讲演进行了跟踪录音。对车云霞教授进行了2次口述访谈，其中一次摄像。11月底12月初，采集小组赴珠海、广州，对申泮文院士的同事、学生张靓华教授、陈复之教授进行了口述访谈。12月底，采集小组赴太原访问山西大学，对王福麟教授、黄逢春教授等8人逐一进行口述访谈。至此，访谈工作基本结束，共产生20余次约8个小时视频、30余小时音频、100余张电子照片以及约20万字的访谈、演讲整理稿。

2. 申泮文院士、车云霞教授捐赠

申泮文院士办公室、车云霞教授办公室留存了大量申泮文院士的著作，车云霞教授将其整理后，将大量资料捐献给采集工程。计有著作40余本，杂志30余本，论文集约10本。另外，还捐赠了50多件近千页《近代化学导论》以及其他手稿原件,《化学元素周期系》、《环境科学资料集成》、《材料科学资料集成》软件，500多件电子照片，10余件350分钟视频与百余件音频资料，2张纸质照片，5件其他材料，并将申泮文院士珍藏的高中毕业纪念册、申泮文院士亲自设计并亲手制作的爱国主义教育宣传展板、申泮文院士亲手用计算机制作的代表申泮文院士教育思想的条幅提供给采集小组拍照复制。

3. 采集小组复制、购买

采集小组也在不断收集申泮文院士的资料。采集小组在旧书收购处购得5本著作原件，查找收集申泮文院士论文电子版200余篇。在国家图书馆、北京大学图书馆、中国科学院文献情报中心查找并复制上世纪50年代申泮文院士在《天津日报》上发表的科学普及文章10篇，对申泮文院士报道的报纸140余篇，申泮文院士传记资料约20件，申泮文院士题词2件，学术评价1件。到国家知识产权局查找并复制申泮文院士专利10余篇。

4. 南开大学档案馆

在车云霞教授的帮助下，采集小组和南开大学档案馆建立了合作关

系，并从档案馆复制了13种600多页档案资料、约30封信件（仿真件及扫描件）以及约100件证书。

5. 其他捐赠

超星公司捐献视频19件。朱声逾教授捐献申泮文院士写给她的信23封（扫描件）。山西大学王靖芳教授捐献纸质照片一张。

6. 采集工作的不足

此次申泮文院士学术成长资料采集工作对材料的收集、整理工作，主旨是对申泮文院士的资料进行全方位的整理收集，采集小组付出了相当大的努力，采集成果比较丰富。但人力有时而穷，采集工作的不足之处有：

（1）原件数量偏少。申泮文院士、车云霞教授捐献了大量原件，采集小组也购买了部分原件。但比起申泮文院士手中原件数量，仍是很小的一部分。原因首先是在资料收集基本结束时，申泮文院士仍在孜孜不倦地工作，他手中的资料仍在使用中，不可能捐献。其次，南开大学档案馆有完善的院士资料收集、整理工作，申泮文院士对南开有深厚的感情，资料首选的保存地仍是南开大学档案馆。再次，申泮文院士社会联系广泛，对南开校友会等各种社会组织都捐献过各种材料，无形之中减少了对采集工作的捐赠。

（2）申泮文院士图书收集不足。申泮文院士是我国著作和译作最多的化学家之一。他的著作和译作，尤其是上世纪五六十年代的多数散秩，采集小组虽付出很大的努力，但仍未能说做到全面收集。

三、代表性的采集成果

在采集到的资料中，较珍贵的有：1936年6月申泮文院士高中毕业纪念册，对研究当时中国高中教育、南开中学对学生的培养方式有很大的帮助。2005年编撰的《申泮文90回眸》，对申泮文院士2005年以前的经历、贡献有全面的回顾。1956年12月11日天津市工会联合宣传部给出席全国科普大会代表（申泮文院士）的信，以及1950—1956年申泮文院士在《天津日报》发表的10篇科普文章，对研究新中国成立初期中国的科普工作有一定意义。徐光宪、张青莲、顾翼东、许继儒等和申泮文院士的通信，有助于研究我国科学家之间未公开的学术交流情况。申泮文院士主编的《近代化学导论》、《原子核与原子核反应》手稿，对南开大学化学系全国领先的化学教材编辑、化学教学改革工作的研究大有帮助。商务印书馆1953年《无机化学实验》以及其他普通化学、无机化学教材，对研究我国大学无机化学教材的演变有一定意义。《化学元素周期系》软件，是中国第一部多媒体教科书，在国际上也是一部创新之作，获得了2001年国家级优秀教学成果奖一等奖。《氢化物化学》等科研档案13件，是申泮文院士科学研究的忠实纪录。《申泮文院士读元素名称》音频110多件，是申泮文院士化学专业英语教学的重要记录。照片"长沙临时大学湘黔滇旅行团部分学生步行到达黔湘交界处"，记录了长沙临时大学湘黔滇旅行团步行跋涉转移至昆明的一瞬。申泮文院士亲手制作的两张宣传展板，体现了老一辈科学家的拳拳爱国之心。

四、研究思路

申泮文院士的金属氢化物和储氢材料的研究工作是国内最早的，五十年代在南开大学的时候就开始了，当时氢化物课题被教育部列入中苏科技合作项目，1963年还被列入我国"二五"科技发展规划。金属氢化物，如氢化铝锂，是一类重要的还原剂，在当时才刚刚出现。文献的合成方法中金属锂的利用率只有1/4，未利用部分都变成对反应无用的氯化锂，而锂是稀缺昂贵的材料。曾有不少化学家试图改进氢化铝锂的合成方法，但成效甚微。申泮文经过多年研究，1982年终于研究出以廉价的氯化锂为原料代替昂贵的金属锂合成氢化锂，不仅降低了反应温度，同时还实现了氯化锂的循环使用，大大降低了氢化铝锂的生产成本，成功地实现了氢化铝锂合成方法的改革。用今天的话说，这就是绿色化学，原子经济。在八十年代，申泮文院士在金属氢化物和储氢材料方面做出了重大成果。

上世纪九十年代，申泮文院士以八十岁的高龄，开始把主要精力放在高等学校化学教育改革上来，尽十余年之功，取得两次国家教学成果奖一等奖、一次国家教学成果奖二等奖的重大成果。夕阳晚霞尚美好，无需扬鞭自奋蹄，至本书结稿，申泮文院士因大面积心梗已住院三年有余，虽精力下降，但仍思维活跃，关心南开大学的教学改革工作。

申泮文院士认为"爱国主义是当代教育思想的灵魂，爱国主义教育环境出人才"。他一生秉承南开学校的爱国主义传统，始终对国家、对人民深切地热爱。即使在"文化大革命"初期，个人身心受到极大的摧残，仍然认为倒行逆施的"四人帮"不能长久，"彼可取而代之也"，对祖国充满了信心。他始终认为，修德养志、术业精进、无不应以报效国家为第一宗旨。不仅以此教育学生，而且几十年如一地身体力行。申泮文院士对祖国的化学基础、应用研究，以及化学教育的敬业精神让人称道。自1940年西南联合大学毕业起，申泮文院士一直活跃在祖国化学事业的第一线。新中国成立进入南开大学后，就在化学教育、化学教材翻译工作上做出了成绩。1959年援建山西大学，在一片空白的基础上建成了山西大学化学系。调回南开大学，成为学部委员后，更是在金属氢化物、储氢材料的研究上硕果累累。最令人称道的是，申泮文院士一直坚持从事化学教学工作，从教七十余年，从来没有离开过讲台。至2011年以九十余岁的高龄，仍在给本科生上课。晚年在化学教学改革领域做出了瞩目的成绩。申泮文院士一生勤奋。他的学生车云霞教授等回忆，申泮文院士睡眠不多但精力充沛，三更睡五更起成为常态。典型的例子是在进行"大兵团作战"翻译工作时，除自己翻译外，还要逐句修改合作者的译稿，工作量成倍地增加。凭借出色的组织和勤奋的精神，创造了四个半月翻译105万字《普通化学》的奇迹。申泮文院士非常重视团队协作，"大兵团作战"是他引以为傲的工作方法。无论在科学研究，还是撰写翻译教材的工作中，申泮文院士总是组织多人同时工作，既提高了工作效率，又使每一个人得益匪浅。在翻译工作中，这种方法在全国是"独树一帜"的。申泮文院士对新鲜事物永远保持好奇心，乐于尝试。认识到计算机技术将对化学产生巨大影响，他八十岁起学电脑、九十岁开博客，以耄耋之年在计算机教学领域做出了杰出的贡献。

申泮文院士是一名"老南开"，从初中到大学都在南开接受教育，是"铁杆南开"，南开精神在他身上打下了永不磨灭的烙印。他将南开的教育总结为："以爱国主义教育为核心，对学生进行全方位的公民素质教育，使学生在德、智、体、群、美、劳、创业和服务能力等诸多方面得到全面均衡发展，把他们培养成为爱国、救国、建国人才"。他的做人典范就是"老南开"，像严修、张伯苓、杨石先、黄钰生、喻传鉴等先生那样的人。南开教育传给申泮文院士对客观事物的正确评判标准，他称之为"老南开标准"，什么事物可以接受，什么事物应该反对，一清二楚，毫不含糊。这种评判标准是意识形态中正宗的中国伦理道德传统，是真正的中国文化精髓。对南开人来说，他不仅仅是天津张伯苓教育思想研究会的理事长，更是一位身体力行南开精神和张伯苓教育思想的传承者，一生以南开事业的发展为荣。他说："公能校训已融化在我的血液中，我的一生无愧于老校长的教诲，无愧于南开。"

因此，申泮文院士的高尚情怀，是南开精神的集中体现；申泮文院士的成功，是老南开精神的成功；申泮文院士成功的原因，溯本追源，是老南开教育的成功。研究老南开的教育，探讨如何在我国现有条件下，批判地继承、发扬老南开的教育精神，是我们下一步需要重视的课题。

第一章
家庭，小学

我的家庭

我的籍贯是广东从化县。从化县在广州东北角上，距离广州市中心30公里。这个地方本来是个侨乡，可是过去地方管理不好，文化教育很落后，所以就没出什么大人才。市民多数是劳动人民，有能力的都外逃到海南岛去，再就是去南洋做华侨了。我的父亲叫申柱辰，在他很年轻的时候，我的祖父就去世了。他和我的祖母在一起生活，家庭很困难，也得不到乡里亲戚的照顾，所以在18岁的时候就揹着我的祖母逃出了从化。他到了武汉三镇的汉阳，在汉阳铁厂做工人，后来又转到汉阳造币厂去做钳工，在那里学会了刻袁大头①的模子，这算一种专门手艺。

有了手艺后，他最早在汉阳造币厂工作，接着又转到烟台造币厂，天津造币厂，然后吉林造币厂，后来在吉林省的官银号兼做一些支援工作。

---

① 民国时期一种印有袁世凯头像的银元。

官银号其实就是省银行，他因为技术比较好，人比较勤奋，就升了职，相当于是一个技术工人中的工程师这样的位置。所以他的待遇比较好，就在这时候生育了我们这些弟兄。

我是在吉林出生的。我还记得我的家就住在松花江边上，那时候江岸不陡，江水很清很清的。我们常在江边上玩，拿盆在江水里捞小鱼，回家自己养着玩。有的时候，自己在江堤上走很长很长的路。因为那时候有人讲，《圣经》里边有一个圣徒能够在水面上飘着走，听了这个以后，就希望看到有人在江面上走。对吉林就这些印象，其他的没有什么能回忆的了。

我父亲早前还有一位夫人，因为难产去世了，孩子也没有留下。后来他在天津造币厂工作的时候认识了一批广东老乡。那时候广东人跑到外地的商人，叫广帮。在广帮中有一位朋友李世彬，他带着一些可以做厨工的，承包了北宁铁路①火车上的餐饮，所以他在广帮里边算是比较能干、比较富裕的。李世彬把他雇用的一个大厨邓志成的独女介绍给了我父亲，就是我的母亲邓紫秋。

我母亲比我父亲小十岁，没有文化，她也不知道我父亲叫什么名字，所以婚后一直不知道该怎么称呼我父亲。两年后生我大哥起名叫阿狗，这下子不仅孩子有名字了，我父亲也有名字了，我母亲管我父亲叫狗爸。这种称呼一直延续了一辈子，亲亲爱爱地叫了一辈子。

我父亲从小贫苦，对于财富方面没有什么想法，在工作上也是不求有功，只求无过，从不多想什么。他乡土观念很重，很恋同乡，喜欢帮助他们。比如说，我们常见他自己拿出钱来，或者找一些同乡凑一点钱买几种草药。他把草药混在一起，拿个信封装起来，就叫信封茶，或者叫午世茶。他上面注明了，是什么什么草药，每一味都是什么分量。然后就说可以治百病，比如说头疼了、脑热了、胃病、泻肚子，喝这个都有用。没有病的时候，喝这个茶也有好处，广东人喝凉茶也是这种形式。广东人讲究吃药菜的，不是喜欢拿药材来煲汤嘛！我父亲也很崇拜这种中药，常常做这东西分送给亲戚、同乡。有的时候，哪一个同乡家里边有什么红白事情了，

---

① 北宁铁路，前身称为京奉铁路，1929 年易名为北宁铁路（北平至辽宁省会），1949 年正式命名为京沈铁路。

自己经济能力不行,我父亲就出面请同乡捐款来帮助他。我常常帮他写捐契。他就喜欢做这种事情。

另外,我感觉他在工艺方面,还是比较精到的。记得我上中学时学高炉炼铁,请他给我们讲讲,他有实际经验,讲炼铁厂炼铁讲得有声有色,我觉得比我的化学老师讲得好。可是他也有不行的地方。我母亲做菜,那是一把好手。我父亲他也常常跟我母亲讲菜应该怎么做,一个白斩鸡应该怎么烫熟了,再怎么做,他有一套理论。可是等到他自己去做的时候,绝对不好吃。

和传统的中国人一样,我父亲有个缺点,就是重男轻女。他让男孩子都上学了,但比我大10岁的大姐玉环没有上学,平时就是在家里跟随母亲做家务。在比较年轻的时候,就门当户对地许配给我父亲的一个福建朋友家里的孩子了。所以我们觉得我父亲对她是很不公平的。

还有,我父亲有时会赶点时髦。我留有他穿西装的照片,实际上我在家里并没有见过他有西装。这是怎么回事呢?这照片是照相馆里面照的,照相馆备有这些服装。

图 1-1　申泮文的父亲申柱辰(1869—1953)

图 1-2　申泮文的母亲邓紫秋(1879—1957)

那是他40来岁的时候，比较爱新鲜，比较讲时尚，看大家都穿西装了，他也去照相馆照个相。这样留了几张穿西装照的相。而且他留的胡子稍微有点向上翘，所以我们说他的样子很像孙大炮，就是孙中山。

他这一生就是这么一个人，没有什么特别，后来是84岁离去的。

我在1916年出生，当时，我父亲接近50岁了，所以我们有一定的距离。他对家事是不过问的，每月拿回来工资交给我母亲，就什么都不管了。所以他一般并不关心我们这些孩子的事情，全是我母亲管。我母亲这个人是非常非常能干的，家里边无论是照顾孩子，包括给我们做衣服，裁裁剪剪，还是家里的饭食，她完全会操持。如果家里面有客人来了，让她做几桌酒席，她完全会做。所以我从我母亲那里得益不少，主要就是我从小做家务劳动，会动手干活，我这一辈子什么事动手动脑都行。凡是新鲜的事物，我一定要动手亲自学。后来我80岁开始学习计算机，在别人看来不可思议，其实就是因为从小养成了动手敢干的习惯。

我的父亲到了50多岁，就是我七岁的时候，因为年纪大退职了。这样我们家就没有了生计，只好全家迁到天津，住在南开区塘子胡同。为什么迁到天津呢？因为我父母的结婚介绍人李世彬自己没有孩子，他非常喜欢我大哥郁文，我父母就把我大哥过继给了他。我大哥跟着他住在天津，上了南开中学，后来又上南开大学的商学院。在我父亲失业那一年，我的大哥考入了南开大学，我们全家就搬到了天津。这时李世彬就把我大哥又还给了我们家，因为那个时代，作为兄长的大哥要承担起养家的担子，要供养父母，把弟弟妹妹们都培养出来。

我大哥学习很好，跟南开的关系也都不错，他跟南开大学张伯苓校长的第二个儿子张锡羊是非常要好的同班同学。张伯苓的几个孩子，名字的第二个字是锡，就是恩赐的意思。第三个字都是"示"字旁。他第一个儿子叫张锡禄，后来当了南开大学的数学教授，嫌这个禄字不好，把它改成大陆的陆，叫张希陆。第二个儿子叫张锡祥，吉祥的祥，大学毕业以后，他也觉得这个祥字太俗气了，就改成羊，叫张锡羊。他跟我大哥是非常要好的同学，所以我大哥就常到张校长家里边去，也受到张校长的关怀、重视。我们都管张锡羊叫二哥。张伯苓的四个儿子，我们见面都几哥几哥的这么叫,关系很密切。

我大哥学习很好,大学毕业以后找到了好工作,到一个叫太古轮船公司的英国公司做会计工作,我们全家也迁到法租界居住。他刚一工作的工资就是 200 块银元,那时候是很高的了。这样我这哥哥就奉养全家人了。我们几个弟兄上学,都是他供的。他那时读了西方一些大富豪的发家历史,比如说洛克菲勒家族,都是一家人共同创业。所以他没有把供几个弟弟上学看成是负担,他认为这是财富。将来这些弟弟们都大学毕业,成长起来以后,会帮助他一起让我们家发家致富。

图 1-3 父亲申柱辰与大哥申郁文

我母亲生了 11 个孩子,那时因为医疗条件不好,后来实际成人的有七个,五个男的,两个女的。我们兄弟都是南开的学生。我大哥郁文比我大 12 岁,哥哥宪文比我大两岁。宪文从南开中学毕业以后,参加过一段抗日,后来就留在陕西西安了,做一个中学的数学教师。因为南开中学毕业的学生确实比较全才,比较能干,他就是中学里面学的数学,再去教中学,完全能够教得好,还是西安市第三中学的高级数学教师。他在 2010 年故去,我特别要了他们学校写的申宪文生平事迹,给他写得很好,人家说他各方面表现得很不错的。

我的弟弟质文比我小两岁。他小的时候在家里边特别得我父亲的宠爱。为什么呢?一个是说他的面相好;第二呢,他的八字好。那时候说他将来有出息,了不起。可是实际上,后来他的生活是很糟糕的。在南开中学的时候,他也参加了学生的地下抗日组织,可是他参加的组织是南开中学军事教官主持的组织,这就跟国民党的特务机关联系在一起了。他在抗日战争期间参加了抗日,被日本人逮捕过,拿火烧,拿开水烫。后来释放出来以后又回到他的部队里面去,到一解放,他参加的那个骑兵部队就起义了。可是他没有申报他自己参加特务组织这个身份,结果给判了八年的徒刑。出狱之后身体也不好,已经故去十多年了。

我的妹妹幼兰比我小10岁。现在我们弟兄姐妹里面,就剩我们两个人了。

在11个弟兄姐妹里面,我是当中的,行六,所以我的弟弟们都管我叫六哥,我的母亲有时候就喊我阿六阿六的。11个剩下7个的时候,我行四。上面是大哥郁文、大姐玉环、哥哥宪文,下边是弟弟质文、绍文和妹妹幼兰。因为我是在当中的,在家里边不受重视。所以我在家里边比较孤僻,比较内向,我干我的,不管别人的事。可是我的哥哥弟弟,他们都很外向、都很活跃的。我母亲就说,让我到门口小铺里打一瓶酱油我都不敢去,一定拉着我的弟弟跟我一块去。

图1-4 申泮文母亲与兄弟、大姐合影(1921年。后排左起:大姐玉环,母亲,大哥郁文;前排左起:申泮文,哥哥宪文,哥哥彬文(早亡),弟弟质文)

只有我的大哥从小就特别看重我。我上中学的时候,因为他工资收入比较丰厚了,给我们弟兄每个人每月四块钱的零用钱。别的弟兄都花到不够用,只有我花得很少。我最多的是买小说,地摊上那种大字读本,什么《隋唐演义》《三国演义》《东汉西汉演义》,这种历史故事书我全看。再有或者花点钱买蟋蟀玩斗蟋蟀。除了买这些东西,其他的钱我都不大花。所以我母亲总说,你看你有多少钱,掉到床底下你都不知道。在上中学的时候我学习并不费力,从初中一年级直到高中一年级,除了英文以外,我都能轻松通过。等到快考试的时候,我哥哥总是到我们住的屋子来看看我们几个念书不念书。"六子,你还在看小说。"话虽这么说,他心里却觉得我比较聪明。因此他对我比较看重。

在小学的时候,我表现出画画天才,会临摹烟草公司出的毛子片[①]画,画得非常好。他也觉得很稀奇,我那时上广东小学,他就通过广东小学的校长找了一个图画老师教我,一个月学费20块钱。这样我开始学中国画中的山水画,画得还可以了。后来大哥还支持我去参加天津市的一个画画协会,一个姓苏的老师教大家画。我去过一阵子,后来因为跑来跑去实在太远,每个周六、周日都要去,就没有时间玩了。尤其到了中学要打球,于是就不去了。不过学习画画让我多了一个本事,就是我总能画点什么东西。后来学化工的时候,又学了画工程图,所以我要想制造什么仪器,都可以自己先把图样画出来再去加工制造。

当时大哥支持我学画画,不是抱有什么目的,不是为了将来可以达到什么样的成功,他只是想我有这个特长,学会了总有好处。我认为他这是从南开得来的教育思想。他的思想很开明,后来我不想学画画了,他也尊重我,不学就不学了,他也就不管了。

---

① 毛子片,即烟画,是20世纪上半叶香烟包内所附赠的一种小画片。一面印着风景、人物之类的图画,另一面印着香烟广告或是对前面图画的说明等文字,英文名称是 Cigarette Cards。

小学教育

我最初是在吉林上小学。我第一次去上学，是六岁时哥哥宪文带着我去的。老师我还记得，姓薛。他就问，起了名字没有？那时候还没起名字，他就问家里边弟兄的名字。我就告诉他，我的大哥叫郁文，还有哥哥叫彬文和宪文。他就说你叫"泮文"吧。这个老师还是有点学问的，一般人还不一定认得这个"泮"字呢。这样子我的名字就定下来了，就定叫泮文，寓意"入泮学文"。

1923年迁到天津以后，我转到城东南角草场庵广北小学。1926年大哥毕业工作，因为他与旅津广东小学①的校长熟识，我就转到了广东小学。广东小学是广东人给自己子弟办的一个小学，是天津市有名的优秀小学，我在这里受到了良好的教育。转学时要经过考试。因为我在广北小学没有学英语，而他们这里已经学英语了，我考英语的时候就交了白卷。但是主考是国文老师，姓赵，因为我考国文时作文写得好，他看了以后说"此子有古风"，就把我录取了。这时候我上四年级。

这位赵老师非常注意我，非常关心我，在班上总是说，你看你条件很好，为什么自己不努力？比如说有时候在国文课堂上写小楷字，他坐在上边看着，突然就说，申泮文你扎笔扎得很正了，写得很好，可是你就是不努力。他总这样批评我，所以我以后有了逆反心理，总想躲着他。不过他讲课像讲故事一样，很能引起我们的兴趣。

我印象最深的是他给我们讲《项羽本纪》，讲到项羽看到秦始皇出游，说："彼可取而代之也。"他当时对我们说，这是项羽的气概。"彼可取而代

---

① 广东小学，1920年夏，广东会馆董事长陈祝龄、广东音乐会会长麦次尹等议设天津私立旅津广东学校，借广东会馆为校址开办半私塾式小学，以利乡人子弟入学。因同乡多寓居英法租界，1921年在法租界购地三亩修建校舍，1922年迁入后，设初小、高小，后学校规模不断扩大，1926年设初中部，1937年设高中部，1938年购买女校校舍实行男女分校，并设立理化实验室，大量购置理化仪器设备。首任校长吴远基，字幼航，广东高要人，清末举人。

之也"，我们想的就是说如果一个皇帝要是太暴虐了，一定会遭到人反对的。秦始皇那时候就有陈胜吴广起义。后来我自己读历史小说读得多了，自己体悟，认定了朝代更替，一代更替一代，那都是有原因的。我自己感觉，年轻的时候多读这类小说非常有好处。一个是原来我们在学校里学的都是文言文，而小说都是白话文，所以通过读这类小说，我很早学会了白话文。另外是知道了历史更替这样的一个关系，自己也会记得哪个朝代接着哪个朝代。所以后来在"文化大革命"中虽然我饱受折磨，但从来没有失去过希望。因为我看到"四人帮"这么搞法，那就讲了，"彼可取而代之"，他们不会长久的。这句话帮助我度过了"文化大革命"时那段最艰难的岁月。另外我还记得赵老师讲的鸿门宴，项庄舞剑意在沛公，我们也特别有兴趣。

赵老师教我们四年级，五年级、六年级是另外一个王老师。王老师教我们孟子课，也是讲得很好的，我们也非常有兴趣。所以我说当老师重要的是要引起学生的注意力，引起学生的努力，这样就能够把学生教好了。

我们那时候上小学，学习负担比现在的小学生要轻得多了。没有那个强迫力量，说你要念好了，将来一定考中学，特别是学好了以后，将来要考哪一个重点中学，老师从不给我们说这些事情。老师他是办教育的，他培养你，就是让你长知识，懂得这些知识的含义，懂得做人的道理，就讲这些东西。

我在广东小学的好些同班同学，后来都很有名的。其中有一个叫沈尔林，他的父亲是天津一个水泥公司的企业家。沈尔林家里有一个很大的花园，他家离我家不远，他带我到他家去过。后来沈尔林的父亲知道我们赵老师学问很好，就聘请赵老师到他家做家教。赵老师就提出条件了，他说光沈尔林一个人不好教，应该招几个陪读的，就提出来让申泮文来陪读。这样沈尔林就来邀请我。我一听是赵老师叫我去，就不想去了，我就告诉他说我家长不同意去，我就没有去。后来他请了别人。这个事我也印象很深的，就是说赵老师是很注意我的。可是我呢？因为那时性格内向，怕老师叫到我、批评我太多，所以我就没去。后来沈尔林是成了才的。我们中学毕业以后，他去德国留学，在德国参加了共产党。等到天津市解放的时候，他作为军管会的领导参与了接收北洋大学，那是中国最早的大学，是天津大学的前身。后来他调到北京，成为北京工业大学的第一位校长。之后我就没有见到他。大约在五几年，我特别到北京去拜访他，学校告诉我说，他不在这了，已经走了。我说到哪儿去了，还来不来？就说已经死了。这个朋友没再见面就死了。后来我跟他们一家子几个弟兄还有来往。他有一个哥哥沈尔炎是政协委员。

除了沈尔林外，我在广东小学关系好的同学，有一个董言声，后来在上海市港务局作港务工程师，建筑上海港的。有一位叫赵清华，是一位作家，在广东省教委作特聘教授。还有一位叫杨津基，也是中学毕业以后就到德国留学的，现在是清华大学电机系的教授，前两年我还见过呢。所以我们这个小学里面也是出人才的。这四个人，后来和我一起都考上南开中学，我们是南开中学1935班一起毕业的，所以我们一直是很要好的朋友。可是这些人里边，现在只剩下杨津基还在，其他人都没有了。

图1-5　申泮文的小学好友（左起：沈尔林，董言声，赵清华，杨津基。照片原载南开中学1935级毕业纪念册）

第二章
难忘的中学时代

多彩的中学生活

1929年我从广东小学毕业,考入南开中学为走读生。从这个时候起,我初中、高中、大学都在南开,是"铁杆"南开,对当年南开的教育非常崇敬。

南开中学是1904年建起的,我入学的时候已有近30年校史了。南开中学有丰富的办学经验:有一个精干的管理班子和教务班子,有了一整套完善的教育规章制度,更重要的是邀聘到了一批稳定的优秀精英教师群体。这一批教师受到张伯苓校长诚善待人、尊师重教精神的感染,安心从教,乐于从教,默默地奉献着自己的真诚与才智。他们的教学质量普遍高超,我认为他们都有大学教授的水平。

用原版英文教材上课是南开中学的特色。我们到了初中三年级,学平面几何就开始用英语教本了。用英语作题,把题目抄上去,然后To Proof,接着下边是Proof,最后Conclusion。这个很简单,并不费学生很多时间。

就是把格式交给我们，让我们会看习题，知道英语教科书的每个习题怎么理解，这就行了。以后解析几何（史密斯与盖尔）、大代数（范氏）、物理（达夫）、化学（戴明）全部都是用英文教材，教师用双语教学，学生用英语做练习题、写实验报告。

其中最难的就是近代史。因为历史里面涉及的单词太多了，政治、军事、商业、农业、工业各方面都有。虽然当时南开中学学生的英语水平不错，但学这本书也是困难的。这时韩叔信老师有一个主意了，他把学生组织起来，把一本书的单词都抄下来，按字母排起来，查字典都对上，然后发给学生，让学生按照这个去念书，这样子就引起学生的兴趣了。韩老师讲历史也讲得好，他能够把历史问题分析给你。各国之间的合作，各国之间的矛盾，什么条件下可以合作，什么条件有矛盾，矛盾如何解决，都分析给学生，就好像是现在的时事评论员，能够把一些事情相互联系起来，把事情的来龙去脉、互相之间的影响分析出来。韩老师讲课我们都很喜欢听。他后来成为南开中学的一个骨干教师，1936年被派到四川，建立了南开中学的分校，就是南渝中学。我原来都是不考英语的，是韩老师引起了我对英语的兴趣，所以在高中二年级的暑假，我用一个暑假的时间就把英语读过来了。我常说这是我"一个暑假的胜利"，为我以后成为翻译家奠定了外语基础。

教数学的张信鸿老师是我们全体同学共同崇敬的一位老师。在高中二年级时，张信鸿老师教我们的代数和解析几何。张老师讲课特别精彩，而且有时候带一些表演，手舞足蹈的，非常吸引人。因为我们1935班优秀学生太多了，同学们对张老师的精湛教学热情欢迎，回报以优良的学习成绩，而张老师也越教越高兴，表示愿意竭尽所能给学生多教一些算学知识。在1934年暑假张老师主动提出放弃休假，给本班同学组织一届师生的算学讨论会。他完全无偿奉献，学校无偿开放范孙楼大教室和职工服务，学生自由参加。半数本班同学约70人参加了讨论会。实际上这个讨论会并没有讨论，完全是张老师讲课。每周除星期日外，每天上午上课。张老师兴之所至一讲就是一上午。既不是补课，又不是帮学生准备考大学，而是深入讲授解析几何，从平面解析几何讲到立体解析几何。比如说他给我们讲：在解析几何中，$x+y=a$，这是一条直线；要是变成$x^2+y^2=a^2$，这就是一个圆；如果它在三维坐标里面，$x^2+y^2+z^2=a^2$，那就是球体；这个球体一切，就切成抛物线。他讲的这些内容考大学根本就不用——考大学从来不考立体解析几何。他教这个是为了让我们多长一些知识，因为立体解析几何是跟工程、技术密切相关的。学生们知道这些讲授内容是别的学校都不会讲的，考大学也用不着，但都以极高的求知欲和对张老师的爱戴，以充分的热情和勤奋学习渡过了这个不平凡的暑假。同学们永怀不忘，张信鸿老师是我们的永恒恩师，特别是后来学理工科的同学们，中学时期学的算学已成为他们的永恒财富。我的同学、一生挚友叶笃正在接见"百年南开采访团"时，特别提出对算学教师张信鸿先生的无限怀念，说他自己获得国际大奖，也应该有这位已故老师的一份功劳。当时张信鸿老师以他的真诚师德和精湛讲课，带动了整个理科教学的发展。当时南开中学有名的优秀理科教师有：算学教师张信鸿、李澹村；化学教师郑新亭、胡廷印；物理教师段绍先、赵松鹤。这些老师的精湛教学，细心培育，是南开中学从1935班开始，连续十余年，毕业生中年年出院士的基础。

同样使我们仰慕不已的还有古汉语教师叶石甫和孟志孙老师，他们教我们读先秦诸子、《诗经》、《史记》、《离骚》、《文心雕龙》、《古文观止》等古籍，使我们饱享中国古文化熏陶。近代文学有高远公和赖天缦等，教我

图 2-1　南开中学 1935 班算学讨论会（1935 年 3 月，前排左 7 为张伯苓，左 8 为张信鸿，后排左 5 为申泮文）

们学习朱自清和冰心的白话散文、近代诗歌。他们的辛勤劳动使我们受益匪浅，给我们的终生事业打下了广博和坚实的基础。

特别值得一提的是英语老师李尧林。他是巴金的三哥，在巨著《家春秋》中有他的角色。他一表人才，衣冠楚楚，仪容潇洒，非常有绅士风度，是同学们崇拜的偶像。他给我们讲课，不仅仅是讲课文，还选著名英语诗歌、散文、小说、戏剧剧本来给我们讲。比如说《茵梦湖》、《大卫·科波菲尔》这些小说，还有《少奶奶的扇子》这样的剧本。讲了以后，他就给我们编剧，让我们学生来演英文剧。最让学生印象深刻的，是他最后给学生讲的、北京大学辜鸿铭所译的杜甫长诗《赠卫八处士》的英译文本。译文文字贴切，流利爽口，情真意切，也是传世之作。适逢毕业班学生即将毕业分离，珍惜多年同窗之谊，读了这篇怀念友谊诗歌，便如痴如醉，争相背诵，几乎成了35班的班歌。1984年10月17日，南开中学80周年校庆，35班校友30人提前一年回校纪念毕业50周年，学校特别关照，开辟四斋一批宿舍供校友住宿忆旧。深秋夜凉如水，昔日同窗聚首灯下，不约而同地共同凑续起来李尧林老师教的《赠卫八处士》英译诗，追忆往昔峥嵘岁月，浮想翩翩。虽然李先生在抗日战争期间，不幸贫困交加在上海故去，但他的音容笑貌依然历历在目，招魂何处，不胜依依！

赠卫八处士

杜甫　辜鸿铭英译

人生不相见，	In life, friends seldom are brought near,
动如参与商。	Like stars each one shines in its sphere.
今夕复何夕，	To-night, oh! What a happy night,
共此灯烛光。	We sit beneath the same candle light.
少壮能几时，	Our youth and strength last but a day,
鬓发各已苍。	You and I, oh! our hairs are grey.
访旧半为鬼，	Friends half are in a better land,
惊呼热衷肠。	With tears we grasp each others hand.
焉知二十载，	Twenty more years short after all,

重上君子堂。	Again I attend your hall.
昔别君未婚，	When we met, you have not a wife,
儿女忽成行。	But now you have children, such is life.
怡然敬父执，	Beaming they greet their father's chum,
问我来何方。	They ask me from where I have come.
问答未及已，	Before our say we each have said.
驱儿罗酒浆。	The table is already laid.
夜雨剪春韭，	Fresh salad from the garden near,
新炊煎黄粱。	Rice mixed millet frugal cheer.
主称会面难，	When shall we meet, it's hard to know,
一举累十觞。	And so let the wine freely flow.
十觞亦不醉，	The wine I know will do no harm,
感子故意长。	My old friend's welcome is so warm.
明日隔山岳，	To-morrow I'll go to be whirled,
世事两茫茫。	Again into the wide wide world.

但是这些老师从来没有说过，将来你们如何考大学，没有人说这个，他们不会给学生这些压力。别人常问我是不是中学学习很用功？我说我不

图 2-2　申泮文的三位中学老师（左起：社会教员韩叔信，算学教员张信鸿，英文教员李尧林，原载南开中学 1935 级毕业纪念册）

图 2-3　1932 年的申泮文

是，我是玩着过来的，在家里也从不跟我的哥哥、弟弟讨论学习的事。所以我并没有很好的成绩，是个中等的学生，一般是能维持 70 分过来就行了。在 1932 年从初中升到高中时也是勉强过关。当然，当时在南开从初中升到高中并非易事，因为每年都会有很多同学被淘汰。我初一的时候，同级有九个班，接近 300 人。经过初中高中的淘汰，等到我毕业的时候，就只剩下五个班了。这五个班有多少个人呢？141 个人。而且并不是说剩下来的五个班的同学都是原来九个班中的，里面有很多人是后考进来的插班生。所以经过了相当多的淘汰。

我开始用功是到高中二年级以后。那时候感觉拿好成绩很重要了，同时也对数学、物理、化学有了兴趣，又结交了一些学习成绩比较好的同学，这时学习成绩才上去了。当时我有了一套自己的学习方法。比如我们高中物理用的课本是大学教本，叫达夫物理，很厚的英文本，很难。我的方法是把每一个物理问题，它的基本原理是什么，基本定律是什么，例题、举例是什么？把这些都写在一个笔记本上。这样等我考试的时候，就没困难了。每到考试前，我这个笔记本有好多人来借。

在南开中学，除了学习文化课之外，每星期还有一次修身课，每周上两小时，在大礼堂上课。主讲人常常是张校长本人，有时也邀请社会名

图 2-4　南开中学瑞庭礼堂（大礼堂）内观（原载南开中学 1935 级毕业纪念册）

流、学者来校讲演。讲政治、外交、经济、艺术、工业建设以及青年责任等问题，以开拓学生思路，陶冶学生情操。张校长擅长讲演，他用他的天津话，讲话很通俗，而且很诙谐、很幽默，很容易被学生接受。讲完了以后，学生都模仿他讲的有趣的话，所以修身课是很吸引学生的。

比如说有那么一个例子，他阐述人的身体、人的一切的知识，都是有待于发育成长的，讲了一个赵大顶房梁的故事。他说一个人，名字叫赵大，个子已经够高了，可是他家里的房子很矮，他的脑瓜已经顶到房梁了，就长不起来了。他说你们不要像赵大顶房梁，发展不起来了。像这样子讲的，很通俗，学生听了也很有意思。想象着，有这么一个大个子，脑瓜顶着房梁，房子压住他了，再长不了了。

还有那时候日本侵略中国，我们大家都痛恨日本人。张校长是天津市教育界抗日救国会的会长，领导我们抗日，给我们讲抗日的问题，讲我们国家的危机。有的时候，学生有很激烈的反应，说我们立刻就要抗日，立刻就要去杀日本人，我们宁可玉碎，不能瓦全。他就给学生讲这个道理：你本来就是瓦，怎么能玉碎？你应该先把自己锻炼成真正的玉，然后才能去抵抗日本人。他这样讲道理，学生也是很容易接受的。

张伯苓校长是我们中国的伟大的教育家。我给他的评价是"丘后一人"。丘是孔子，张伯苓是孔子以后最伟大的布衣教育家、民办教育家。孔子学生不过三千人；而张伯苓办了四所中学，一所大学，在他一生里面，培养出来的师生差不多有20万人，远远超过了孔子。孔子提倡礼、乐、射、御、书、数六艺，他讲的是现代的科技、商业、经济。他培养出来的学生给国家做出的贡献，在当代别人是比不了的。

那个时候，南开中学组织了丰富的社会实验活动。我印象最深的是童子军的活动和社会调查课。南开中学的童子

图 2-5　童子军总教官章辑五（原载南开大学校史编写组，《南开大学校史》，南开大学出版社，1989年10月）

军跟全国的童子军是一个组织，又跟世界童子军是一个组织，它是世界童子军的第若干若干团。老师是章辑五，他原来学物理的，在南开大学主管体育教育，同时是南开中学童子军的总教官。

童子军是干什么的？就是让孩子们接触社会。比如说组织童子军在校内维持秩序，轮流值班。每天早晨在同学都还没到校以前，童子军的哪一个小队今天负责，他们就穿着统一的服装：黄色上衣制服，还有短裤和长袜，一个人拿着一个木棒子，挂着领巾，戴着军帽，排着队，就像现在的保安一样站在校门口，不让外边的闲人进到学校来。同学来到学校了，要检查衣冠整不整，不整还要管他。等到八点上课了，他们就收队上课去了。又比如说开运动会了，童子军也要来维持整个会场的秩序，就相当于现在的志愿者。他们要维持秩序，自己就得懂得秩序，懂得如何待人。有人违反规定了你怎么劝人家？是不能跟人家行凶的。所以这是很好的社会实践活动。

除了维持秩序，童子军也有自己的活动。比如说隔几个星期，童子军就要去南开大学野营。当时南开大学新建不久，只有几所楼，院子里空地比较大，空地里边种着树，池塘里边种着荷花，风景很好。星期六下午童子军来到南开大学，自己搭起帐篷，自己做炊事。挖个灶，捡树枝自己烧火，然后用军锅炒菜。因为在家里面学过家务，我在童子军中很会炒菜，做得最好、最有名的就是洋葱爆羊肉。到了晚上点篝火宿营。大学的学生还会趁夜来偷营。童子军也反偷营，去大学宿舍里边偷他们东西。有时候大学生把中学生逮着了，放在宿舍里边给他优待，明天早晨再放他回来。

当时我们都很喜欢童子军的活动。组织这些活动，就是等于让年轻人接触社会。现在我们的少先队类似于那时候的童子军，可是没有童子军这么丰富的接触社会实践的活动。

南开中学的另一种社会实践活动是调查课，也是为了让学生了解社会开设的课程。比如说我们去调查监狱。人犯罪了，就关在监狱里。监狱里怎么对待他们？监狱也有教育，教育他能学一个手艺，将来出去可以重新做人。再比如说去参观天津市最早的报纸《大公报》。《大公报》是全国最有名的报纸，它引进了新的印刷技术。连续印刷，连续折叠，整份地折叠好了，然后发给报童。我们去看了整个系统，就了解了报纸是怎么印刷发行的。这种社会教育，对我们每个学生都很有意义的。

张伯苓校长非常重视体育运动，在南开学校有这样的氛围，就是每一个学生都必须参加体育活动。下午四点钟课业完成了，教室锁门，学生必须到操场上去，每个人至少参加一种体育活动。所以我们南开出来的很多人都是运动员。比如说跟我同班的叶笃正，他是乒乓球健将；刘东生是游泳健将。我当时比较擅长的是中长跑，二百米、四百米跑。我还跳高，虽然我跳得不算太高。从南开毕业后，我也坚持体育锻炼。这对我们身体健康是有很大帮助的。

1935年7月，我从南开中学高中毕业。也就是在这一年，我的大哥郁文因工作中失误导致失业，家庭失去经济来源，无法报考大学。经大哥的介绍，我去了北平，到南开校友宁恩承为局长的冀晋察绥四省区统税局的收发室作一名文牍员。每月工资30元，可勉强供应家庭消费。但到了12月，宁恩承去职，我也同时失业返回天津。

这时我的数学老师张信鸿就感到奇怪了，说申泮文哪儿去了，四处打听。等到寒假过年，我到他那儿去看他。他问我到哪儿去了，我说明情况，他说再不要去了，来帮助我改作业。一边改作业，一边在南开中学听课，物理、化学、数学的课你都听，准备考大学。这样子，从1936年2月开始，他从他每月150块钱的工资中拿出20块钱来支持我，给我做生活费。9月，我考取了南开大学免学宿费奖学金学生。张信鸿老师继续要我帮助他批改数学作业，以解决我大学的生活费问题。一直到这年年底，我因为成绩优秀获得南开大学为建校30周年和张伯苓校长60华诞筹集的"三六奖学金"，每年300元银币，学习费用得以全面解决。为报答张信鸿老师的恩情，我无偿地继续为老师批改1937年的数学作业。

因为给他改作业，我和下面一班的同学关系很密切。像刘东生，他比我低一班。他说当初你给我改习题，你也是我的老师啊。还有许多低一班的同学，在习题里面夹了条子跟我通信。所以我跟很多低一班的同学都很熟悉。张信鸿老师对我的帮助改变了我的一生。同时，在中学里面结交的这些同学，也是我终生的好朋友。

巍巍我南开精神

我于1929—1935年在南开中学学习，1936—1940年在南开大学学习。这十年的南开学生生活给我留下了极为深刻的印象，影响了我这一生对事业的追求和努力。南开精神在我的头脑里经常萦绕，历历难忘。每想到这里，我对为南开事业毕生辛劳的老校长张伯苓先生和南开学校这个集体，都怀有无限感激的心情，也为我能作为南开的一员感到无比的骄傲。

从初一年级踏入校门，张校长就反复地给大家讲解南开精神。校歌里也唱"巍巍我南开精神"，这精神确实不是空话，它概括了十分丰富、十分深刻的内容。它在我们身上化为无穷无尽的力量，推动我们随着时代的前进而自强不息。

南开学校最使我难忘的是放置在校门内东楼，现在叫作伯苓楼的楼道左边的一个穿衣镜，叫整容镜。整容镜上面的一块木板上刻着上绿漆的字，叫镜箴，又叫容止格言，是对我们容貌和行动的要求。其内容是"面必净、发必理。衣必整、钮必结。头必正，肩容平。胸容宽，背容直。气象：勿傲、勿暴、勿怠。颜色：谊和、谊静、谊庄。"我们一进楼以后，要读一下镜箴，然后照照镜子，看看自己衣服是不是很整齐，头发理了没有，洗脸了没有。先看自己。镜箴是对我们外表仪容方面有所要求，更是对我们内心方面有所要求。比如说"肩容平、胸容宽"，不仅仅说要我们肩很挺，挺起胸膛，而且要我们堂堂正正，心胸宽阔。六年里经过镜箴的点滴渗透，形成了指导我一生的生活方式的规范。这个东西我是会记一辈子的。

抗日战争中，南开中学原有的整容镜和镜箴已散失。1984年，我们南开1935毕业班提前纪念毕业五十年。老同学聚会了，大家就提议捐一笔款子给南开中学，一个是建立一笔奖学金，一个就是立一个大穿衣镜，大镜子上面用磨砂刻上南开镜箴。原来这个镜子放在钟楼里边,后来钟楼拆了,就被搬到现在的校办私立学校,叫翔宇中学的楼里边去了。

现在南开中学新建的大楼叫翔宇楼,是纪念周恩来总理的。翔宇楼里边大屏风上也刻着容止格言,这是我给他们写的字。现在在整个南开教育系统里,镜箴成为一个很有纪念意义的基本文献。凡是南开的学校,镜箴是必定要陈列出来的。

后来到了1986年,我到四川参加重庆南开中学的校庆,之后就去了南开接办的自贡蜀光中学。我到那里去带着一套幻灯片,先讲原

图2-6　1935毕业班捐献的穿衣镜
（何文摄,2015年6月）

来南开去的蜀光中学的校长喻传鉴,接着就讲南开的镜箴,告诉他们每一句怎么理解。上午给高中学生讲,下午给初中学生讲。给他们讲镜箴起了很好、很大的作用。等到晚上,我住在他们的宾馆里,就有一个家长来看我。他说你讲得太好了,我们的孩子听您讲以后,回家告诉我,妈妈,赶快给我扣扣子,南开的风格就是扣子要扣得好。这就是"钮必结"。

张伯苓校长给南开学校订立的校训是"允公允能,日新月异"。《诗经》里有一句话,叫"允文允武"。讲一个国家政治上"允文允武",就是它既有文治也有武备。讲一个人"允文允武",就是它既有文艺也有武艺。"允公允能"的两个"允"就是既这样,又那样。"公",最大的公就是我们的国家,"能"是有本事。"允公允能"就是既"公"又"能",爱祖国、爱人民、爱事业,大公无私,同时又要有本领,有工作能力,理论联系实际,全心全意为祖国、为人民服务。这日新月异呢?就是说要

改革创新，自强不息。他说："所谓日新月异，不但每个人要能接受新事物，而且还要成为新事务的创始者；不但要能赶上新时代，而且还要能走在时代的前列。"我认为，南开校训为全国各级各类学校中校训之"最"，育人目标明确，要求全面，无出其右。校训也是我一生为人、工作的规范。

每当开班会、或者是年级会、或者全校的大会，一定要唱南开校歌。还有就是全国的南开校友无论在哪里集会的时候，大家一定要站起来齐唱校歌。但是新中国成立以后，批判张伯苓校长是封建资产阶级的教育家，批判南开的教育是资产阶级的反动教育，所以校训、校歌就被停止了。一直到1986年，在南开大学举行了纪念张伯苓诞辰110周年的纪念会，彭真给张伯苓题字，说他是爱国民主的教育家。这样就正式给张伯苓平反了，也就等于正式给南开中学、南开大学平反了。从这个时候开始，才有校友回到南开，树立校训纪念碑，大家又开始唱校歌，讲校训，讲南开的传统。2014年，为纪念南开学校建校110周年和南开大学建校75周年，南开天津校友会出了一本小册子《南开三宝》，就是讲南开校训、校歌和镜箴的，其中校训、校歌两部分由我执笔。这些内容附在了本书附录三《逸史丛谈》中，此处不再详述。

以后每年我都给学生讲《张伯苓教育风采》这个题目，讲我们南开的传统，学生都是很欢迎的。南开中学的学生，周末甚至自己组织起来专门来访问我，跟我谈南开的传统。所以我想，并不是说学生不欢迎思想教育，还是在于教师是不是有一片诚心去爱学生，真是向学生传授爱。如果思想教育做不好的话，要想想我们讲课的人是不是能真心诚意地去讲这些东西，是不是对所讲内容很有体会，真心诚意地愿意把优秀的思想传授给学生？能不能够启发学生，能不能够引导学生？如果他能做到这些，学生就会很愿意听。

说起对青少年的教育，我想当年南开的童子军教育就是非常好的社会实践活动方式，我们国家应该重新建立童子军。童子军跟我们现在的少先队应该是不同的。少先队是进行政治教育的。我的思想是说，政治总是成年人的事。先进的国家，都是不让年轻人去搞政治的。所以不要给

图2-7 申泮文为南开大学MBA研究生做"张伯苓的教育风采"讲座时，与学生的合影（前排右三为申泮文。2008年10月21日）

孩子在这方面灌输什么去干扰他的思想，应该让他自由发展，将来让他自由选择。当初我们在南开的时候就没有政治教育。张伯苓是个基督徒，他的很多工作得益于基督教青年会。张伯苓的英语是很棒的，是他在海军的水师学堂里学的。因为当时北洋水师学堂的总监（即校长）是翻译《天演论》的那个大翻译家严复，他介绍了许多科学技术知识到这学堂里来，所以张伯苓在那里不仅仅是学了当水兵，而且学了科学知识，学了外语。后来他英语学得很精的时候，在青年会里边是一个积极活动家。天津市基督教青年会很希望把南开中学办成一个教会中学，教会愿意投资。张伯苓说不行，他说我们办的学校是中国人的学校，不接受你们的津贴。

张伯苓又是个国民党员，是蒋介石介绍入党的，可是他不让国民党的组织进入学校。所以南开中学里没有国民党的政治教育。在"文化大革命"当中，造反派进到学校，和我们讲，说是当初你在南开中学上学，南开中学有没有国民党的支部？我说我们南开中学根本就没有这些东西，我没有见过。他说你不老实，国民党办的学校，怎么会没有国民党的党支部？他这是用现在的想法来想问题。讲到童子军活动，就说这是反动组织，谁是这个反动组织的负责人？你得老实交代出来。他们根本不懂，童子军是全世界的组织，别的国家现在还有呢！

其实张伯苓在南开中学也不是有意识排斥政治，他就是觉得没有必要向学生灌输政治。因为政治总是成年人的事情，搞政治的都是高年龄的人。现在说一个国家的领导人、政治家，如果是40岁，就算是最年轻的领导人了。所以不让年轻人接触这个东西，让他专心去学习文化知识、科技知识，学习做人的道理，知道如何做一个良好的公民，懂得爱祖国、爱人民、爱事业，这是在教育里面很重要的东西。而我们的教育体系中政治占了很重要的位置。我们现在提出来政治体制改革，我认为应该实现去行政化，去行政化就包括让政治离开教育。

当初我搞教改时，把我们编的量子化学课本《基础量子化学》寄给徐光宪先生，他看了我们的教改计划，立刻给我们写了一封信谈教育改革，之后还附了一封信，就说现在强调素质教育。什么是素质教育？他谈了德智体群美。后来我就给他回信说还应该把劳动加进去，我们不能让我们的学生大脑发达，四肢退化。学生应该自己能够亲自参加劳动，高贵的劳动要参加，低贱的劳动也要参加。还有很重要的是重视劳动、尊重劳动，而且能够尊重别人的劳动。我说比如说环卫工人把地扫得干干净净，你去随地吐痰、随便扔垃圾，就是不尊重人家的劳动。你要懂得尊重人家的劳动，你就会保护环境了。他很同意，说你加的这个劳动很重要。我说也不能光有德智体群美劳，他不会做事，不会动脑筋也不行。我们南开要求培养的人应该有组织工作能力，在工作中遇到任何事情有解决问题的能力，有什么事情能够独立思考、动手，所以我说应该加上创业、服务。这跟我们南开的校训是相配合的。所以我总结说南开培养人的目标，就是以爱国主义教育为核心，对学生进行全方位的公民素质教育，让学生在德智体群美劳、创业、服务等诸方面全面均衡发展，成为是爱国的、救国的、建国的人才。

我的办公室墙上挂着一个条幅，是南开中学成立一百周年的时候，我总结的南开办学特点。第一条，就是真诚的教育家办教育，不拘一格育人

第二章 难忘的中学时代

才。就是说孩子只要是有条件可以成才的，我就教育。学生有困难的，还可以免学费让他进来读书。当时南开中学的老师，都是真心诚意地去讲学，对他讲授的内容深有体会，真心诚意地愿意把思想、把学问传授给学生。所以能够启发学生，能够引导学生，学生也就会很愿意听。

第二条是爱国主义教育环境出英才。就是说要把学校办成一个热火朝天的爱国主义教育的大环境，在学校里边，大环境小环境都要体现爱国主义精神。这也是结合了我的经历。我上学时处在抗日战争这个大环境，在这个大环境里，我们中国人才出得特别多。我们1935班就是南开中学第一人才大班。这一级151个毕业生里边出了四位院士、20多位大学教授、40多位高科技人员，而且还有祖国最好的诗人查良铮。我为此专门写过一篇文章《南开中学一九三五级人才济济》，

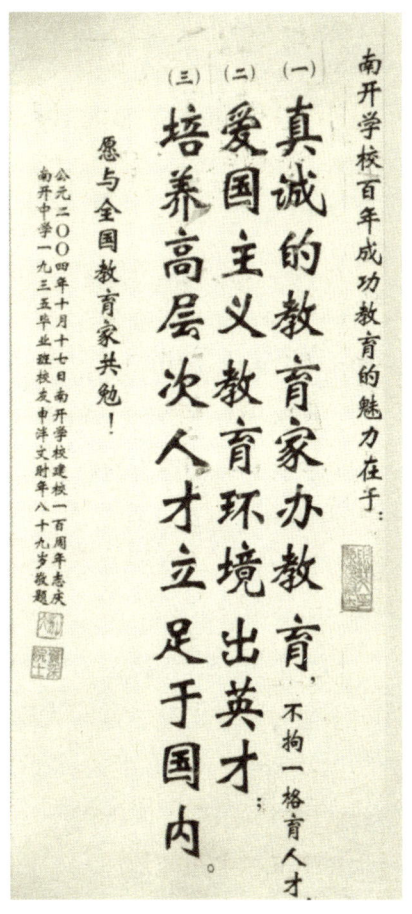

图 2-8　2004 年 10 月 17 日南开中学一百周年校庆，申泮文亲手用电脑制作的致词

也作为《逸史丛谈》收入附录三中。这就是爱国主义教育环境出人才。

再一条，就是培养高层次人才立足于国内。现在有人总是要讲"海归"，没有"海归"不行，不是这样。我们中国照样可以培养出许多人才。比如南开中学、重庆南开中学先后培养出来六十多位院士，加上南开大学培养出来的三十多位院士，我们南开学校总共出了一百多位自己的院士，证明我们完全可以自己培养出人才。钱学森曾经问，中国为什么不能培养出杰出人才？我认为我们自己可以出人才。我写的《南开学校的院士工程》记录了南开院士的情况，也附在附录三《逸史丛谈》中。

英才辈出的爱国主义教育环境

1916年10月底,张校长应沈阳基督教青年会的邀请,赴沈阳做了一次宣传爱国主义的讲演,题为"中国之希望"。他讲到国民对国家的责任时讲出了一句语惊四座的话:"中国不亡吾辈在!"他讲道:"每个人都要自强,只要人人有了自我,中国就亡不了。我们必须有这么想的气概,不管人家怎么说,自己要有这种信念!"张校长教育青年要有这样的信念,正是因为他自己也有这种信念,有"中国不亡吾辈在"的气概。他从自我做起,教育青年,唤醒国人,把南开学校办成了热火朝天的爱国主义教育基地。

1927年9月,张校长为警醒国人,揭露日本对我国东北地区的侵略意图,亲赴东三省考察。返回天津后,于11月在南开大学建立了"满蒙研究会",后改名为"东北研究会",并于1928年4月偕东北研究会总干事傅恩龄再次赴东三省调研,经月余返校后,发表了许多研究报告。张校长还编著了一部《东北地理》,在南开中学开班授课,强调"东北是中国人的东北",以对抗日本人所谓的"满洲是日本的生命线",教育学生认识东北地区对祖国建设事业的重要性和日本侵略所造成的危机。南开经济研究所存档的有关东北的经济资料是日本侵略者深为觊觎和忌恨的。1933年长城抗战,中国军队以血肉之躯抵挡日军新锐兵器,南开师生募款输将,赴前线劳军等活动,都得到学校的支持。日本人在愤恨之余,在日本驻天津领事馆内为南开学校专设一特科,明查暗访,调查南开师生的抗日活动,记录存档。这为日军以后骚扰、直到炸毁南开学校埋下了伏笔。

自"九一八"事变后,日本侵略势力的矛头以得寸进尺之势,逐渐指向华北。由于过去的不平等条约,天津不但有日本租界,而且还有日本"驻屯军"和日本兵营(在邻近南开大学的海光寺)。所以天津市成为当时日本军国主义势力侵略华北的重要据点。由朝鲜浪人和汉奸特务组成的便衣队在1932至1936年间，在日本领事馆和"驻屯军"的策划下，曾发动过三次"津变"，意图把天津变成另一个"冀东"。由于驻天津保安队的得力抵抗，日方未能得逞。但在他们的历次骚扰中，都是以南开大学为重点对象，使南开大学年年月月不得安宁。所以南开大学在1932年后就是在抵抗日方侵略者的条件下进行顽强办学工作的。南开校史是中国人民抗日斗争史中的一个组成部分。

张校长自"九一八"事变后，担任了天津中等以上学校抗日联合会的主席，发表反对日本侵略的演说。在南开大学、南开中学的多次声讨会的主席台两侧，赫然悬挂着一副醒目的大幅对联：

> 莫自馁、莫因循，多难可以兴邦
> 要沉着、要强毅，立志必复失土

这副对联几乎成了南开的第二校训，深刻地教育了全校师生"国家兴亡，匹夫有责"的意识。

1935年秋，第10届华北运动会在天津举行，张校长任大会副会长和总裁判。在开幕式上，南开拉拉队在主席台对面看台上，用紫白两色方旗，组编并打出"勿忘国耻"、"勿忘东北"、"收复失地"等巨型宣传字幕，引起全场观众鼓掌欢迎和喝彩。

受邀参加开幕式的日本领事当场提出抗议，指为"反日"，张校长则答以"中国人在自己国土上进行爱国活动，这是学生的自由，外人无权干涉"，加以拒绝。日本领事愤然退席，并请日本政府向南京政府提出抗议，南京政府指示张校长从严约束学生不得有"越轨行动"。张校长召见南开拉拉队负责人，反而给予正面鼓励，说"你们讨厌，讨厌得好，下次还要这么讨厌，要更巧妙地讨厌"，一时传为美谈，振奋了学生和群众的爱国心和抗日热情。分析这次运动会中的抗日爱国举动，毫无疑问张校长是事前知情的。此次拉拉队是由南大、南中和女中学生组成的，队长是南大学生严仁颖，绰号"海怪"。他是严修的嫡孙，既是南开学生，又是张校长的晚辈，拉拉队在开幕式上作抗日旗字表演，是一件大事，严仁颖不可能不事先向张校长请示。张校长自己身兼天津市中等以上学校救国联合会主席，力主抗日救亡。南开学校又素以纪律严明著称，所以此次拉拉队的表演，张校长如果不是幕后策划人，至少也是事前知情和给予支持的。因而拒绝日人抗议、事后给学生以袒护，自是意中之事。此次巧妙抗日尝试，显然也是对国民党政府的不抵抗政策、禁止反日活动政令的反抗，也是对运动会上广大观众、运动员和学生的一次生动爱国主义教育。

我在南开中学的时候，上课时时常能听到墙子河畔日本侵略者练兵的口号声。在南开中学爱国主义教育下，我知道了日本对中国的野蛮侵略行动，埋下了对日本侵略者的仇恨。1934年"塘沽协定"签订后，学生地下抗日组织在南开中学如雨后春笋般兴起，南开校方对此均给予或明或暗的放任和支持。我在高中三年级的时候，就参加了张锋伯老师领导的青年友社。

我们家从1926年9月迁入法租界居住，在我高三年级的时候，因为我大哥要供三个弟弟上南开中学，一弟一妹上南开小学，经济负担是很重的。所以租界里不住了，他宁可自己上班跑来跑去，把家搬到南开中学附近。我们住在家里面，就把学校的住宿费省下来了。

这样我们家搬到了南开中学附近的一个小院。我是和哥哥宪文、弟弟质文同时入学的，但是只有我能一直保持在1935级，我的哥哥和弟弟都留过级。在入学的时候，我的哥哥比我高一级，结果他连留两次级，毕业的时候反而比我低一级。我那个弟弟呢？原来跟我同级的，后来也降两次，降到1937级比我低两级。但是家里也并不责怪他们，只是说你看，你又留级了，你在这一年好好念，就是这样子，并没有惩罚。我的家里对我们是很宽容的。

南开中学有个特色，叫作世家中学。很多是家里弟兄一批人，或者是叔侄一批人，都上南开中学。比如我的兄弟妹妹六人、叶笃正兄弟五人前后全是南开中学的学生。因此南开人的关系，不但有师生关系、同学关系，还有血缘关系。所以南开是一个非常特殊的学校，这些年轻人彼此之间的关系非常密切。而且我们敢非常自豪地说，在抗日战争期间，南开的学生没有出一个汉奸。

多难兴邦，时势造英雄，这是历史发展的唯物辩证规律。中华民族被积压已久的民族活力，通过伟大的抗日战争，像火山一样突然爆发了出来。在此时期的一代青年人，报国有志，又经过战时困难的磨炼，接受了这场战争的教育、培养和磨炼。他们都以高度的爱国热情作为学习、工作和斗争的动力，心里只有一个祖国，刻苦学习是为了祖国，辛勤工作和艰苦卓绝的斗争都是为了祖国。爱国给他们带来了克服困难的力量，也给他们带来了前进和成长的良好机遇。这样，抗日战争时期成为中国一个空前的人才辈出的伟大时代。就科学界而言，中国科学院和中国工程院的院士，大部分都是在这个时期成长起来的。天津和重庆南开中学在此期间的毕业生成长为两院院士的达三十余人，南开大学参与的西南联合大学在艰苦条件下培养出来的杰出人才更是不可胜计。西南联大的业绩，被国际上称誉为"世界教育史中的奇迹"。这个人才辈出的共同历史条件，无疑就是爱国主义教育环境出人才。这个结论应该是一条真理，定可以经得住历史的考验。这一命题值得今天的教育工作者和受教育者共同深刻思考，向历史汲取经验，那就是，强化爱国主义教育是培养大量高素质人才的重要思想政治前提。

第三章
战火纷飞中的大学教育

初入南开大学

南开大学是张伯苓先生于1919年创办的，是南开学校教育体系的主要组成部分。张先生有一句话叫"商以富国，理以强国，文以治国"，对于理工科和商科是特别重视的。那时候南开大学理学院有几个理工系：理科有生物系、数学系、化学系，工科有化工系和电机系。其中化工系是1931年成立的，年仅28岁的年轻教授张克忠博士担任系主任。化工系成立后，和天津市非常有名的永利制碱厂、久大盐厂、黄海化工研究社都建立了联系。特别是1933年，南开化工系承担了建设天津市利中硫酸厂任务。这个工厂原计划请外国人来办，但外国人要很多钱。后来化工系说我们来办，结果只花了一半的钱，从设计、建设到投产，仅以一年时间就建成了年产三万吨的硫酸厂，使天津市发展成为酸、碱、盐产业俱备的中国最早的化工基地之一，南开大学化工系也因此声名大噪。我在1937年夏读完化工系一年级，暑期在南开应用化学研究所附设的实验工厂勤工俭学，做的工作就是为利中硫酸厂研究烟道气中二氧化硫废气的检测和回收，受到理论联系实际和科技为经济建设服务的现实教育。所以，那时南开大学的化学化工教育就已经孕育了产、学、研一体化的教育理念。这是后话。

1936年初我得到张信鸿先生的帮助，开始复习准备考大学。考南开大学，当然选它最新最好的系，所以就报考了化工系。我大哥只问我，你报什么系？我说报化工系。我记得他还偶尔问过，你为什么不学医呢？我眼泪几乎都要出来了。我心想怎么还问我这个话？我只想考南开大学，当然不能去考医学院了。

当年夏天，我顺利考入南开大学化工系，同时获得南开大学每年免交90元学宿费的奖学金。在大学一年级，我有幸遇到我一生敬爱的老师杨石先生。我一生中对我影响最大的两位老师，一位是张信鸿先生，另外一位就是杨石先生。

杨先生是我步入高校化学大门的启蒙老师，他给我们理学院一年级学生讲授基础课《普通化学》。那时杨先生正在年华正茂的四十多岁，生得容貌堂堂，器宇轩昂，光彩照人。因早年是足球运动健将，身体强健魁伟，健步胜人。他最讲究仪容，每天都是衣冠楚楚，面容严肃，我们学生对他总怀有敬畏之感。他每次来上课都换穿不同的笔挺整洁的西装，背心的小口袋里放着一只金壳怀表，表链垂出连在纽扣上，链上悬挂着他在国外学习时获得的荣誉纪念物———一枚金钥匙。同时手腕上还戴着一只手表。上课时为掌握讲课节奏，他不时看表，有时看怀表，有时伸长手臂看手表，奇怪的是有时又从西服裤的口袋里拿出一只无链怀表摆在讲桌上看时间。学生都很惊异，说杨先生一身戴了好几只表，一时传为美谈。

杨先生在授课时十分认真负责，第一次上课就把学生坐的扶手椅按行列编号，每人的座位固定，不许更动。这样谁不到课座位就空了下来，杨先生从讲台上一眼望去就可以看出某排某座的学生缺课。所以一步入课堂学生起立敬礼坐定后，他便拿出点名册划旷课记号，花费时间不多，只两三分钟便点完了名。学生迟到超过十分钟的不准进入课堂，记为旷课。这些微细的地方显示出杨先生对学生的严格要求和对课堂效率的追求，给我留下了难于磨灭的印象。讲课的教室就是今日经重建的南开大学第二教学楼 211 阶梯教室。

杨先生讲课采用英文教本，用流利的英语加上汉语注解讲课。每讲一新内容，他用笔体挺帅的英文字在黑板上写下标题，然后口述讲授要点，口齿流利，语言简练，问题交代得极为清楚。杨先生又最主张在讲课时辅以课堂演示实验，生动地吸引着每一个学生，有很好的课堂效果。那时我们确实感觉到，有这样有名望的学识高超的教授给我们讲授基础课，真是受益匪浅。这也为我以后从化工系转入化学系，打下了思想基础。

杨先生平时表情严肃，不苟言笑，所以学生在尊敬之余，都有些心怀畏惧，不敢轻易接近他。记得有一次上普通化学实验课，我们正做滴定实验，同学孙毓驷在用移液管吸取稀盐酸标准溶液。恰好此时杨先生步入实验室巡视，走到孙毓驷身旁，孙毓驷一紧张，一下子吸空，把盐酸吸入口中呛入喉咙。这当然是违反了操作规程，孙毓驷心情更加紧张恐惧，一时间手足无措。杨先生看到这种尴尬局面，便莞尔一笑，说"吃一点稀盐酸到胃里没有什么害处，倒是可以帮助消化呢"。我们大家都笑了，局面转为活跃，解除了大家的紧张情绪。实际上杨先生是平易近人的，很愿意与学生们接谈，只是他的严肃表情起了阻碍作用。与老同学们谈起，大家都说怕他，到了我们都已年老时仍然如此。

我在考入大学后为了解决生活费用，每个星期要为张信鸿先生批改五个班的数学习题，所以学习和工作都很紧张，学习必须讲方法、求效率。大学中有一些老师讲课用的是英文教科书，一些同学颇有困难，但这对于我来说不是问题，因为在南开中学我已经受过类似的训练。在中学除了有英语课

图 3-1 杨石先在南开大学化学系化学实验室指导学生实验（右一为杨石先，原载南开大学校史编写组，《南开大学校史》，1989 年 10 月）

之外，我们还念大学的教材。那时候上海有一个龙门书店，专门影印外文教科书。我们在高三年级的时候，有英语老师用其影印的《戴明化学》（*Deming General Chemistry*）教本给我们讲课，以提高我们的化学成绩。所以到了南开大学，我去念英文教科书就没什么困难了。另外，因为我推迟一年上大学，二年级许多同学是我的中学同班，所以我连教科书都不需要买，全部是他们借给我用的。在上杨先生的《普通化学》课时，我上课注意听讲，揣摩哪些内容是杨先生讲得有兴致的，那就是重点。又向二年级同学请教，每个老师考试时喜欢出什么样的题目。得知杨先生喜欢出论述性的大型考题，我就在课下按专题用英语组织读书笔记，把一个个专题有条理地整理，未雨绸缪，早作考试准备。在考试时，差不多每个考题都是我准备好的，所以试卷一发下来，我就可以毫不犹豫地用英语写出论述性答案。每次考下来我在百余人的班里总是成绩最好的。但杨先生从来不给高分，每次我至多得 89 分，学年最终成绩也是 89 分。现在回想起来，想是我在一年级的普通化学成绩在杨先生的印象中占了一点点地位，他把我列入优秀生之列，因此以后在许多场合都肯给予我热情的帮助。

第一学期结束时，我各门基础课和公共课都取得了好成绩，获得了南开大学"三六"奖学金。这一奖学金是南开校友为纪念南开中学成立 30 周年和张伯苓校长 60 岁诞辰而筹集的，每年银元 300 元。我求学的经济困难暂时得到解决。但这一奖学金我只享受了一个学期，到我大学一年级暑假，渐入佳境的大学生涯就被抗日战争的烽火强行打断了。

战争爆发

1937 年"七七事变"爆发后，北平附近的战事打打停停，时局不定，麻痹了南开大学师生的警觉性，故未能做到未雨绸缪，做好战乱的准备。7 月 24 日，日本领事馆派人来南开大学，要求会见学生会主席马大恢和学生抗日组织民族先锋队的负责人沈世杰，意图把他们骗去逮捕。此时还在暑假，学校便以学生已放假回家的理由拒绝。随后来了一队日军，说丢了一支步枪，要进校检查，又被婉言拒绝。这时南开大学师生才意识到日本人要下毒手了。南开大学秘书长黄钰生和理学院院长杨石先商定立即组织学生疏散，命教职工眷属立即搬迁至英租界新学书院，并开始把一部分图书和仪器转移到英租界的金城银行仓库。但由于交通困难，这几天内只转移了贵重校产的十之二三。

7月28日，国民党军队稍作抵抗即撤逃，日本侵略军兵不血刃地占领了天津市，在东马路至日租界举行了入城式。29日凌晨，日军对天津市实施了野蛮的炮击、飞机轰炸、抢劫和纵火等暴行。施暴的目标除了坐落在天津市河北区的河北省政府之外，主要矛头对准了南开大学，然后是南开中学、南开女子中学和南开小学。

当时在南开大学校园留守的有黄钰生、杨石先、男生宿舍舍监郭平凡（屏藩）、几位职工和少数学生。29日凌晨1时，他们开始听见多处枪声。拂晓，驻在海光寺的日军开炮了。第一炮打河北省政府，第二炮就打南开大学。以木斋图书馆的圆顶为目标，一炮未中，再炮击中圆顶。随后多炮齐发，轰击南开大学各建筑物。同时又有飞机在校园上空盘旋，观察命中情况。上午9时，黄钰生等进入秀山堂办公室留守。11时，秀山堂中一弹，从楼顶直穿入地下室，幸未爆炸。此时留守已无意义，他们只好冒着密集的炮火突围撤退，进入英租界。下午炮击曾短暂停止，有当地群众看到日军从南开大学抢走大批物资。之后又开始炮轰，最后用汽车运来煤油，对校园全部建筑物放火焚烧，一时间南开大学变成一片火海。劫难持续到30

图 3-2　南开大学木斋图书馆被日本侵略者炸毁前后（左：图书馆原貌；右：图书馆废墟）

日下午，校园内全部建筑物付之一炬，南开大学美丽的校园变成了一片焦土。秀山堂、木斋图书馆、男女学生宿舍、东西柏树村教职工宿舍，以及邻近校门的单身教员宿舍楼，均夷为平地，思源堂仅剩下骨架残骸。300名学生暑假寄存在校的图书和行李，以及百余名教师职工的家私财产也受到劫掠或付之一炬，损失难计。

30日下午，日军飞机还轰炸了南开中学、南开女子中学和南开小学。我家住在南开中学附近的联兴里，因此我成为轰炸的目击者之一。轰炸时附近居民不敢躲在家中，都跑出来藏在胡同的隐蔽一侧。空中大型日本飞机轰然而过，飞得不算高，飞机翼下横挂的炸弹历历在目。但见日机突然机翼向一侧倾斜，向下俯冲，大家以为日本飞机要摔下来了，方要高兴地拍手叫好，谁知竟是投弹，爆炸声震耳欲聋，房瓦和窗玻璃也震震作响，夺人心魄。事后查看，南开中学南院的教学楼"南楼"和单身男教师宿舍"西楼"，女子中学教学楼和小学教学楼均被炸毁并遭火焚。南开中学北院在战争期间由日军进驻养马，亦受到严重破坏。南开学校的天津部分受到全面的破坏。这是家仇、国仇、民族仇，我们要世世代代永远铭记这一段历史。

南开学校被毁后，张伯苓向国民党中央日报记者发表谈话，说："敌人此次轰炸南开，被毁者为南开之物质，而南开之精神，将因此挫折而愈益奋励！"31日蒋介石约见张伯苓、胡适、梅贻琦等人，以明确诚恳的话语安慰张伯苓说："南开为中国而牺牲，有中国即有南开！"

我在南开校园被炸毁一个月后以流亡学生身份乘海轮离开天津，辗转来到南京投奔南开大学驻南京办事处。办事处主任陆善忱告知我，因校园被毁，奖学金取消，学生只能自谋出路。9月初，我在南大办事处遇到中央军官学校教导总队军官教育队前来征招大学生兵员，遂报名参军，任少尉候差员，约定参加培训为防化兵种。于是我写信给在长沙的杨石先先生汇报了情况，并请他介绍我去拜访国民政府军政部应用化学研究所骊坤厚所长，以便取得帮助。骊所长是南开校友，也是杨先生的学生。我很快就收到杨先生复信，他对我参军热情地支持。拿着杨先生的介绍信，我认识了骊坤厚并得到允诺，允许我到应化所图书馆去借书，也可以到该所去接受培训。我关于"军用毒气"的知识就是在此期间自学的。这是我有生以来第一次获得杨先生的亲切帮助，它深深地刻入我的记忆之中。

但是时局瞬息万变，因淞沪战事紧张，我被部队派送到溧水县接受紧急战斗训练一个月后，于10月底被征调到松江前线教导总队队部做后勤副官工作。但不幸的是我刚刚到达前线，便遇到日本侵略军在杭州湾登陆，对我军上海全线形成包抄之势，我军被迫全面撤退，形成全线溃败局面，形势甚为险恶。此时我奉命带领二十余伤病兵员突围，两腿感染病毒，发生肿胀与局部溃疡。当时30万大军仓皇溃退，散兵游勇漫山遍野，日军飞机尾追扫射，沿途伤亡无算。我身临其境，心情至为沮丧。11月中我们终于步行撤退回到南京，时南京已面临混乱。我听说北大、清华和南开三校已在长沙组成临时大学，并于11月1日开学。鉴于已无望参加防化兵，遂向部队提出返回学校复学要求，得到批准。在大哥同学林颂和校友的帮助和当时在金陵大学学习的中学同学徐文园的资助下，从下关乘小艇渡江，然后由浦口乘火车绕道徐州、郑州、武汉转去长沙。我离开南京的时间距南京失陷和南京大屠杀仅半个月。这段身为亡国奴的历史，对我来说意味着失败和灰心丧志，但对日本侵略者的深仇大恨却深深植入脑海，永怀敌忾。

11月末我到达长沙，还遇到日军飞机轰炸长沙火车站。当时南开大学化工系已迁去重庆上课，我无力再去长途跋涉，便去找杨石先先生，向他提出申请转入化学系学习。那时杨先生是长沙临时大学化学系主任，兼管南开大学学生入学选课事宜。他欣然同意，在我的选课单上签了字。现在回想起来，杨先生签的字真是笔下千钧，决定了我此后终生的事业追求。

12月我开始在校医室治疗双腿。时南京沦陷，13日发生南京大屠杀，两周内35万徒手无抵抗军民死难。回忆前线败退的惊心景象，我悲痛欲绝，不胜伤感，遂心灰意懒，丧失对国家前途的信心，也丧失了对自己的信心。这是我一生中唯一丧失信心、情绪低沉的时刻。在宿舍卧床不起有月余之久，始逐渐痊愈。但是，由于我迟到，又害了一场病，加上情绪低沉没有好好上课，到次年2月初第一学期结束，我好几门课没有成绩，被学校布告退学。

当时侵华日军继续南下西进,武汉危急,长沙不断受到日机轰炸,临时大学难以继续,国民政府教育部命令长沙临时大学西迁昆明。除一部分师生由海路经越南去云南之外,另组织一支由244名学生,11名教师组成的队伍,以步行行军形式横跨湘、黔、滇三省去昆明,取名"长沙临时大学湘黔滇旅行团"。11位教师中包括闻一多、曾昭抡、黄钰生、袁复礼等著名教授,由他们组成旅行团指导委员会,南开大学秘书长黄钰生任主席,负责具体领导工作。我不甘就此退学,就去找了黄先生,请求带我去昆明。经南开大学几位负责教授的商议,认为据实情可以挽回照顾,同意了我的请求。我继续求学,也得到了黄先生和他的夫人梅美德老师的热情支持。梅老师是抗战爆发前南开大学"三六"奖金管理委员会的委员,对我也有所了解。由于我已被取消学籍,不再是临时大学的学生,只能自费参加旅行团去昆明,这笔钱也是黄先生夫妇资助的。所以黄钰生先生是给我以直接帮助的另一位严师,对我一生的事业也起到了关键性的帮助。

要把这支二百多人的队伍安全地带到昆明,任务十分艰巨。旅行团的经费管理、行军路线、宿营伙食安排,事无巨细,黄先生都要亲自筹划和指挥。例如旅行团的经费,不能带汇单或支票,必须带现金,这笔现金既

图 3-3　长沙临时大学湘黔滇旅行团部分学生步行到达黔湘交界处
(杨石先侄子南开大学电机系杨启元摄)

有钞票又有银元，如有任何闪失，全团人马立即就要寸步难行。黄先生考虑到关系重大，不顾自己已是四十多岁的人，亲自负责携带这笔钱徒步行军。他把钱款装在一条有夹层的长布带子里面，把布带缠到腰际，外面再穿上学生的服装，跟学生一样，一步一步地走到昆明。后来他谈到此事时自嘲地说："那时我是腰缠万贯下西南啊！"

在旅途中，黄先生十分强调北大、清华、南开三校学生之间的团结。他经常说三校是一家，同学之间要好好团结，大家相处久了就互相了解了。他对南开的学生要求更严，南开同学与外校学生发生争吵，他首先严厉批评南开学生。

黄钰生以身作则的精神更为旅行团普遍称赞。二百多人的集体中，按年龄他是最长者，按地位他是一团之长，然而却没有半点特殊化，与学生同吃一锅饭，同住地铺，同样跋山涉水。天还没亮，他最先从地铺上爬起来；晚上，别人已经打鼾，他还在煤油灯下听汇报处理当天的事务，计划明天的行程。在湘西、贵州疟疾区，他亲自劝同学每天服两粒防治疟疾的药丸。少数不懂事的同学说，黄先生太婆婆妈妈了。但大多数师生体会到，这正是黄先生认真负责、关心师生的美德。

在以黄钰生为首的指导委员会精心组织指挥下，湘黔滇旅行团历时68天，行程1671公里，终于在1938年4月28日到达昆明，受到先期到达的三校师生和昆明各界人民的盛大欢迎。至此，北大、清华、南开三校师生全部到达昆明，由长沙临时大学更名的国立西南联合大学诞生了。

在西南联合大学中杨石先先生仍任化学系主任，特许给我机会继续入学，我进入化学系二年级就读。老师们给我以继续学习的良机，我当然应全力以赴勤奋学习。我在湘滇黔的长途步行旅程中考察了三省的风土人情，了解到人民贫苦落后的状况，激发了我的责任感，涤荡掉了悲观失望情绪，重新振奋了我的精神。从抗战爆发到昆明复学，这段时间的苦难对我是脱胎换骨般的教育、培养和锻炼。国破校亡加深了我"国家兴亡，匹夫有责"的信念，浓厚了我爱祖国、爱人民、爱事业的丰富情感，坚定了我献身打败侵略者振兴中国的决心。多难兴邦，我的那个时代成为一个人才辈出的伟大时代。

在西南联合大学

南开大学自1919年建校伊始就是一所规模不大的私立大学，至1937年抗战爆发，虽然就院、系、所的多少而论，南开大学与北大清华相比差距不大，但就教师阵容之强大、学生人数之众多、教研实力之雄厚相比较，南开却瞠乎其后，犹如小巫见大巫了。再加上公众对"公立"和"私立"在观感上的差异，相形之下又差了一个层次。所以当时三校的联合，并非势均力敌的强强联合，而主要是由于国民党政府的"拉郎配"。蒋介石有言："南开为中国而牺牲，有中国即有南开"，加上南开校长张伯苓的群众威望，当时政府对被日军炸毁的南开大学维护有加，因而有了三校联合的政府决策。

但这种联合又绝非毫无内在依据。南开大学在张伯苓、黄钰生等先生的励精图治之下，自1919至1937年的18年间，由学习西方到与中国建设实际需要相结合，即张伯苓所谓的"土货化"，南开大学已经创出自己的办学特色，最大的特点是培养出来的学生有强的组织才能，并长于务实，在社会上有与北大清华可比拟的声誉。将南开的特色与北大清华的优势相对比，却又并无逊色。另外有一个人事因素，清华大学校长梅贻琦是南开中学第一班毕业生，是张伯

图3-4 国立西南联合大学校门（1946年春，沈叔平摄。原载西南联大北京校友会，《国立西南联合大学校史——1937年至1946年的北大、清华、南开》，北京大学出版社，1996年10月）

苓的亲传弟子；北京大学校长蒋梦麟是南开大学董事会董事，与张伯苓私交甚笃，他们对张伯苓的为人十分尊重。所以三校在人事上有内在的"类血缘"关系，决定了三校在联合中的团结无间，"维三校，兄弟列，为一体，如胶结，同艰难，共欢悦……"[①] 坚苦卓绝的合作与抗日战争相始终。南开大学也以自己的特长，与北大清华一道，毫无愧色地为西南联合大学的杰出办学成就做出了自己应有的贡献。

当年联大在昆明匆匆成立，可以说是白手起家，校舍一无所有。后来规划，把文、法、商学院设在蒙自，工学院和理学院分设在昆明的东边和西边，租借会馆、盐仓和其他学校的场地暂时立足。长沙临时大学湘黔滇旅行团还没有出发之前，黄钰生先生就已经被筹备之中的西南联大校委会指定为西南联大建设长。他到校之后出面低价购得昆明大西门外荒地120亩，并主持规划、设计和建造了茅草屋顶土坯墙的宿舍和铁皮顶土坯墙的简易教室，建成了联大的"新校舍"（北区），后不久又建造了马路对面的简易理科实验室（南区）。这样，西南联大算是有了自己的教学基地。

化学系在西南联大是一个大系、强系，由三校教授组成的教师队伍十分齐整，有清华大学的黄子卿、高崇熙、张子高、张大煜、张青莲；北京大学的曾昭抡、钱思亮、朱汝华、孙承谔、刘云浦；南开大学的邱宗岳、杨石先、严仁荫等，阵容之强大，迄今也是绝无仅有的。化学系主任杨石先先生是当时化学界的一位难得的有崇高威望的公认领袖人物，除了有很强的业务和行政工作能力，杨先生为人正直正派，处事公道，善于团结同志，待人以礼，不亢不卑，受到所有师生的尊重和爱戴。他任系主任后不久就把化学系办成师生团结最好、学风最正的学系之一。虽然面临经费短缺、设备简陋等困难，但在杨先生的有力领导和组织下，全体师生员工群策群力，第二年就把实验室因陋就简地建设起来了。这样，我们有了做有机化学和物理化学实验的实验室，到了四年级也可以进入实验室做毕业论文研究。

杨先生以他在化学系的卓越政绩，于1941年底又被选任为西南联合大学教务长。他虽然身兼两级教学领导工作，但仍以一位普通教师的身份坚

[①] 西南联合大学纪念碑铭文。

持参加课堂讲授工作。在联大他教过化学系的一年级基础课《普通化学》，也曾给工学院学生开普通化学课。工学院距理学院有大约五公里之遥，杨先生每周两次要步行到工学院去上课，不以为苦，而且从不迟到从不误课。

我读到化学系四年级时，系里开了高等有机化学选修课，由曾昭抡、钱思亮、朱汝华和杨石先四位名教授分头主讲，各自讲授自己专长的专题，每人一个学期，两年开完一轮。我限于时间只能听其中的一半，即朱先生讲授的甾体与激素化学专题和杨先生讲授的植物碱与天然产物专题。杨先生在这门高年级选课中更突出地显示出他的精湛学识和高超讲课才能。我深深地记得，在讲植物碱的结构判定时，他给我们讲怎么样证明分子中有什么样的官能团，这个官能团跟它临近的官能团有怎么样的立体化学结构关系。那时候没有现在这些测定物质结构的精密的仪器手段，都是用化学方法来证明。他把天然产物分子拆散了，一部分跟哪个反应相联系，证明在这方面有这么一个官能团；在另一方面有另外哪个部分，有那样一个官能团。然后把这些官能团再结合起来，成为一个整体，这个分子整个的结构就完全知道了。把化合物拆开，分析，然后综合在一块，知道整个结构，他讲得由近及远，由此及彼，一气呵成，极为引人入胜。学生在课堂上的思维追随着杨先生的讲述路线前进，被引入化学科学大厦，如享美餐，陶醉在化学知识的海洋中。下得课来，同学们都舍不得离开课堂，三三两两，在议论、在赞美，我记得我的同班同学北大的唐敖庆就是最热衷于在课后盛赞杨先生讲课精湛的一人。

后来我们国家合成结晶牛胰岛素，杨先生也是参加的。我的专业虽然是无机化学，但牛胰岛素的合

图 3-5 1939 年申泮文在西南联合大学

成原理我是非常明白的，就是因为合成思路、方法在大学时我都在杨先生的课上学过了。

西南联大规定理科学生可以在一年级的时候选一门社会科学的课。我因为到西南联大时已经是二年级了，所以没有再选社会科学的课。可是那时候有些教授太有名了，我们都想去听听他为什么这么有名，他讲课是什么特点。所以雷海宗、潘光旦这些名教授的课我都去听过，开开眼界，欣赏欣赏西南联合大学的大师如云，是怎么样一个大师如云呢！

给我印象最深的是雷海宗先生主讲文理科大学一年级必修课《中国通史》。雷先生博古通今，学贯中西，博闻强记，精通多门外语，是以西方史学方法研究中国历史的代表人物之一。他教学认真，讲课富于计划性和条理性，语言生动。上课堂从不带片纸只字，但对历史人名、历代重要人物的生卒年月、地名、年代、参考书目，娓娓讲来如数家珍。随手板书，从无错漏。在三尺讲台上，凭着过人的学问与智慧以及三寸不烂之舌，把传道、授业、解惑三项教学任务统一起来，深受学生的欢迎。他授课精湛的名声迅速在学生中广泛传播，以至在他讲课时能容200人的大教室座无虚席，临教室外走廊的窗户打开，窗外也站满了闻风前来旁听的学生和校外人士。当时在联大学生好似有个说法，上了联大，名师如云，真是幸运。但如果没有上过雷海宗、潘光旦的课，这联大就白上了。这就以实例说明了"大学者，有大师之谓也"。

由于入学机会来之不易，我在西南联大的时候学习非常用功，当然我也有自己的一套学习方法，这方法还是跟黄子卿先生学的。黄先生是广东梅县人，说普通话说不清楚，他上物理化学课时总是把他讲题的要点写在黑板上。有一次我下课到他讲桌前看他的笔记本，看见他的笔记本上用印刷体整整齐齐写着授课的主要内容，每一堂课都写得清清楚楚。我非常钦慕，就说我回去要写一本和他一样的笔记。所以我在听完每一堂课以后就对着英文教材整理我的笔记，真的把我的笔记本整理得跟他的一样，都是用英文印刷体，一个字一个字写得清清楚楚。这样我考试成绩就能好了，因为我整理过一遍以后，根本不要再看，等到考试的时候，翻开复习一下就行了。特别有一次，他出了关于物理性质方面的一个题，全班都不及格，就我一个人考六十几分。大家就传出来，大家都没考好，就申泮文一个考好了，所以黄先生对我印象最深刻了。以后尽管我大学毕业了，别人偶尔跟他谈起申泮文在南开大学，他立刻就说，那是我的学生，那是我的学生，他很得意的。

又比如我们学的第二外语是德文，老师是清华大学的著名教授杨业治。他给我们讲课用一个化学德语教本，他念一段德文，教我们如何读音，会读音以后，再用英语把这段德文翻译解释。这时我就抓窍门了，他说一句，我立刻就把它全部记下来。下课以后可以对照着学，德语是这么样一个语气，这么样一个语法，它变成英语了实际上是类似的。到考试的时候，给你原来书中的一段，让你翻译成英语。我就能很快地答题，总是第一个交卷。后来许多同学知道我有这么样一个笔记本，都来跟我借。所以学习只要掌握了好的学习方法，你就能拿好成绩了。这样，我用两年的时间修完了三年的课程，弥补了因为战争耽误的一年时间，于 1940 年 7 月以较好成绩大学毕业，取得西南联合大学和南开大学双重学籍的理学学士学位。

在这两年学习中我也曾经为生活费所迫，最后还是求助于杨先生才解决问题。刚到联大的时候，由学校发给的沦陷区学生补助金每月 8 元，长兄郁文也每月邮来 10 元补贴。我每月伙食用去 6 元，这样还是敷用的。但后来国民党政府滥发钞票导致通货膨胀，生活费不断上涨，我必须得要去打工才能维持生计。当时因为西南联大来到昆明，云南的学生都想要考西南联大，所以一些高中生要找人来给他们补课帮助他们考学。这时有老师关心我的，比如张伯苓校长的大儿子张希陆因为与我大哥是好朋友，就照顾我介绍我去补课。这样我每月又多了十几元收入。

但到了 1939 年下半年，生活费用上涨到每月需五十几元才能维持最低生活水平，距我实际可能收入尚有几十元差额。我的课业又相当重，最后一年必须坚持读满学分，不能更多地到外面去谋求收入。考虑再三，没有别的路，只有去求助于杨先生。这本来是一桩难于启齿的事，加上对杨先生固有的敬畏心理，到杨先生家里去拜访，确是一件要硬着头皮的事。战战兢兢地向杨先生汇报了我当时的困难，并说明请求帮助的来意之后，杨先生便开口安慰了我，说你有困难为什么早不来找我呢，南开大学办事处还有点钱，可以借给你。这样我才心情平静下来，对未来增长了希望。杨先生问，你估计每个月还需要多少钱呢？我说，每个月再有20元钱就够了。杨先生又很关心地帮我计算了一下，说这样不是太紧张了吗？我说紧缩一点是够了的。于是杨先生给我开了一张纸条，着我每月到南开大学驻昆明办事处支取20元补助费。这样，在杨先生的关怀和帮助下，我才得以最后完成学业。所以我一直说，没有祖国人民的哺育，没有母校南开的支持，没有诸位恩师的帮助，就不会有我的人生。爱祖国、爱母校、爱事业，回报祖国、回报母校、回报恩师，滴水之恩，应该涌泉相报，这是我终生的志愿。

毕业后的辗转

在毕业前，杨石先和朱汝华两位老师介绍我到航空委员会油料研究室工作。这是一所航空油料的应用研究单位，有三位研究员，只聘用了我一位助理员。我刚一毕业就去上班报到。由于是老师介绍去的，我极努力工作，谁指派的活都干，把全部油料的分析检验工作都包揽下来，而且还把实验室大小杂务也都承担下来。因为我有很好的基础理论知识和化学实验技能，以及由南开学校带来的较强的工作能力和组织能力，工作不久就得到三位研究员的青睐。

谁料工作三个月后出现了新情况。这个研究室属于军事编制，而且是新建单位，需要建立国民党组织，要求全部人员集体宣誓参加国民党。我在会下找研究室主任何伟发提出异议，我认为做科学工作的人，没有必要参与这种"世俗"活动，借口聘我来时并没有提出这种要求而拒绝。何伟发尽力劝导，说你把它看作是做事的装潢，不必深究。两人没有谈拢。室里举行集体宣誓仪式之时，我请假外出。何伟发对此非常不满，在另一研究员蒋揩冰的劝说下，将此事暂时搁置。

1940年12月，日寇侵入越南，占领了海防等沿海城市，云南告急，油料研究室奉命内迁成都。我负责油料室的实验室搬家任务，从仪器到化学试剂等的整理、包装、造册、装箱等一应劳力活，一股脑承担下来，做得井井有条。而且计划周密，准备到了成都目的地，物品开箱拆包上架，就可以立即开始工作。

　　在离开昆明前，我去向杨先生辞行，并向他汇报了几个月来的工作情况。杨先生告诉我，西南联大也有迁川的准备，目前先在四川绪永办一年级，恐怕将来形势严重时也要走。他提出就我们研究室公物迁川运输之便，托我把他的一箱贵重图书运到四川泸州，交给应用化学研究所所长骊坤厚。我当然很高兴为老师做这样一点微薄工作，次日就去杨先生的家把这一箱书取走，装在油料室的公物汽车上开赴四川了。

　　到四川泸州时天天下雨不见放晴。我害怕杨先生的书淋了雨，特地早早把书箱从卡车上取下，检查过没有淋湿，雇了挑夫亲送到应用化学研究所。但因路阻，我们在泸州停滞了约三个月才到达成都。油料研究室在成贤街租到一所大四合院，办公室、实验室、职工宿舍，全部入住。实验室照我原先的设计计划，仪器药品试剂开箱打包上架，很快摆好实验台开始工作。

　　这时何伟发又对我施加压力，要求加紧解决加入国民党的问题。最后我以不愿参加国民党为由打一份辞职报告，何伟发如实上报航空委员会。但他为人宽厚，在我的辞职报告上加了一个注解："该员工作努力，无不良政治问题"作为断语，为我避免了政治麻烦。这时我收到杨先生来信，骊坤厚很愿意我到应用化学研究室去工作，杨先生可为介绍。这时我正因在军事单位工作需要加入国民党一事而烦恼，决心要离开油料研究室，而应用化学研究所也是军事单位，所以也就不打算去了。就把这个意见回复了杨先生。

　　当时我的父母已迁往兰州与大哥郁文同住。1941年4月，我收到大哥来信，他已为我在兰州联系到新工作，希望我尽快前去履职。我心中有了底，就在一天晚饭后，趁研究室职工集体上茶馆之际，卷起铺盖行李出走，弃职潜逃。后来知道何伟发从茶馆回来发现我不见了，要报请通缉。

还是蒋揎冰再度劝阻了他，说既然辞职报告已经上报，等批回来再看，如果不批准再通缉不迟。不久，批文下来了，准予辞职。这样风波就平息了。

这里补述一段后话。1979年我去成都参加无机化学学术讨论会，四川化学会邀请我到四川大学作学术报告"化学元素周期系理论的新发展"，成都一些老一辈化学家来听讲，其中就有何伟发先生。前后相别近40年，已经斗转星移，当然是相逢握手一笑泯恩仇了。何伟发邀请我到他家做客，我便恭恭敬敬地登府拜见当初对我很有关照的何夫人。家庭晚宴，自也是"主

图3-6 申泮文与何伟发合影（左：何伟发。1986年4月，中国化学会第五次全国会员代表大会，杭州）

称会面难，一举累十觞"了。一页喜剧性的历史，就这样轻轻揭过了！

来到兰州后，在大哥郁文所在单位资源委员会西北运输处的介绍下，我以助理工程师职称进入中国银行创办的兰州制药厂工作。负责两方面任务：主管原材料大库和主持建设溶剂酒精车间。但这个工作也没有长久，9月酒精车间建成投产时，因与该厂经理曹柏年发生非业务性冲突，我又辞职离厂。

10月我又找到了一份工作，就是在中英庚款董事会①主办的兰州科学教育馆任技术干事。科学教育馆设有分析化验室，可以分析化验农、工、矿业的原料或产品，为西北地区的农、工、矿业生产服务。我的工作任务就是主持化验室对外的分析化验工作，每年完成大量的样品分析化验任

---

① 中英庚款董事会1931年4月8日在南京成立，是中英庚子赔款返还于国内建设的主管机构。为发展西北科学教育事业，在西宁、银川和兰州建设了三个姊妹教育机构：西宁湟川中学、宁夏银川中学和兰州科学教育馆。兰州科学教育馆的主要任务是支持西北三省中等学校的科学教育。

务，使我得到锻炼，成为实验工业化学分析的里手。另外，科学教育馆鼓励本馆科技干部到各级学校兼职，做理科教师，以实际教学工作具体支援西北教育。1942年我被派到兰州女子中学兼任化学教员，被评为名师，为以后的职业出路增添了方向。

1944年兰州制药厂厂长卞松年被武汉迁滇华中大学邀聘去担任化学系主任，邀我到华中大学任教。当时华中大学校址在云南大理喜洲，后迁回武汉，新中国成立后改建成为武汉华中师范大学。这样，7月我伴同卞松年全家从兰州来到喜洲，在化学系任讲师，主讲有机化学课程，并主持全系的化学实验教学管理工作。我的工作颇受校方重视，但由于不喜欢教会学校的宗教习惯，一年之后抗日战争胜利，我就从华中大学离职，到昆明寻找机遇。

我当时的想法是希望回老家天津，回母校南开大学工作。但拜访了杨石先先生之后，杨先生说，现在三校正在策划复员北返事宜，发展处于暂时停顿状况，没有进人机会。建议我暂时先寻找合适就业位置，等待时机。不久之后，杨先生赴美国考查，为南开大学复校邀聘教师。我则经老同学王树勋（王刚）的介绍，到昆明天祥中学担任化学教师。

这样我一直在天祥中学上课。到1946年5月，经黄钰生先生介绍，我终于心愿得偿，被南开大学化学系主任邱宗岳先生接受为化学系教员，暂先到南开大学办事处帮助复员前业务结束工作，仍兼任天祥中学的教学工作。

这一年7月，我接受南开大学黄钰生先生和冯文潜教授的派遣，参加清华、北大、南开三校联合迁运委员会，被委派为三校第二批公物北运任务的押运组主任押运员。此项押运任务错综复杂，屡遭变故，延时达一年之久。直到1947年7月我才结束押运任务，到北平交割清华北大公物后，回到天津。

图3-7　1947年申泮文在长沙

回到南开后，我开始参加南开大学化学系的教学工作，先给高振衡教授助理有机化学课，课后辅导、判习题作业、指导实验。第二学期又兼给朱剑寒教授助理物理化学课。这时杨石先先生已从美国归来，高振衡、朱剑寒等教授都是他从美国延聘到南开大学化学系的。当时杨先生已在五十岁的年纪上了，但他依然穿上实验服在实验室里做研究工作，并仍然神采奕奕地给教师们讲《药物化学》提高课。他在学术上坚持不懈的精神，永远是我们学习的榜样。

在南开大学工作一年之后，因老友陈四箴的邀请，我从南开大学辞职，到南京地质矿物学专家谢家荣主持的资源委员会矿产探勘处的化验室工作，做岩石矿物分析。但到了1949年2月，辽沈、淮海、平津三大战役结束，南京市内局面接近混乱。适值父亲过80大寿，我便请假回了兰州。到4月下旬，南京解放。一时间没有探勘处的消息，我就没有回南京，在父母身边休息。

这年9月，我接到高振衡教授的来信，劝我回南开大学工作。经反复考虑，回母校工作对我还是有非常大的吸引力的。于是我辗转跋涉，再度回到了南开大学。

第四章
五六十年代在南开大学

在南开大学的工作

  1946年我在昆明被南开大学接受为化学系教员。7月参加清华、北大、南开三校联合迁运委员会，被委派为三校第二批300吨公物北运任务的押运组主任押运员，副主任押运员为北大地质系的王大纯讲师和清华物理系的黄胜涛讲师，另有北大清华各两名押运员。押运过程中发生了汽车司机走私鸦片的事件，有个小报记者要求我举行记者招待会，我拒绝了。他就在《湖南晚报》上发消息，说我是私运鸦片的后台，结果全国的报纸都登了这个事，把我也传得满处都是[①]。当时南开大学理学院院长是杨石先先生，化学系系主任是邱宗岳先生。邱先生就写封信去质问我，说怎么回事？你赶快给我做一个报告。我就详细写了一封信寄回去，邱先生看了很满意，他就说文字写得很好，处理事情也处理得很得当，这个人很能干。

---

  ① 见申泮文，三校公物复员北运回忆，《云南文史资料选辑》第三十四辑，西南联合大学建校五十周年纪念专辑，115页。《申泮文90回眸》亦收录此文。

将来回到南开大学,让申泮文给我当秘书。

1947年7月我结束了押运任务,回到南开大学工作。原来邱先生已经请了化工系的一位副教授给他当秘书,等我回到学校以后,邱先生立刻让他在邱先生的办公桌旁边安一个座位,说是给申泮文。这位副教授不愿意放弃这个工作,他就来找我,向我表态说他不愿意退下来。我说这样子正好,我还不愿意做这个事呢。所以我就跟邱先生说我想做些教学工作,他也一直跟邱先生讲,申泮文不愿意干,那还是他干吧。这样子我就去做教学工作。开始给高振衡先生助有机化学课,后来又轮到给朱剑寒先生助物理化学课,1949年开始给邱先生助普通化学和定性分析两门课程。我工作做得很勤奋,几位教授对我都很满意。另外,在助课的同时,我还编写了两本中文的化学讲义。

我觉得我自己有这个特点,什么事情都想在前面,能够比别人早有这个觉悟。等到新中国成立的时候,一讲推翻三座大山,我立刻就想到我们过去所有用的教材全部都是外国教材,我们能不能开始建立中国人自己的教育?在给邱先生助课的时候我就想,我们的教材能不能改成汉语的教材?想到这一点,我就写了文章贴在学校教学楼里边的布告栏,讲我们中国有自己汉语教材的必要性。1950年开学前,清华大学化学系主任张子高先生邀请北京大学、清华大学和南开大学主讲化学系一年级化学课的教师,到清华大学共议一年级化学课的教学大纲和教学方案。邱先生是张子高先生的老朋友,虽然身体不好,但坚持自己亲自前往,指定我陪他前去参加会议,会下帮助照料老先生生活。会后回到南开大学我向邱先生提出建议,照他讲课的内容,我把全文翻译成中文,请他审查批改,然后印发给学生人手一份,有利于提高学生学习的质量。邱先生同意了,很支持我的自主动力。这样在上学期我编撰完成了一部《普通化学》,下学期完成了一部《化学平衡与定性分析》。上学期的《普通化学》是钢板刻蜡纸油印的,一次印几张。由于我忙于参加校内"三反"运动,最后没有精心整理出一份全稿,可惜了。下学期的《化学平衡与定性分析》是交付小印刷厂铅印的,有幸我保存下来一本样书,这不但是我个人最早的一本自编教材,也是中国最早期的一本自编中文化学教科书。

1952年夏，全国教育系统开始进行全面的教育改革，教育全面学习苏联，进行大规模院系调整。我因为在"三反"运动后退出党外积极分子位置，所以在教学业务上积极努力，争取做出突出成绩，借以作为对自己的政治保护。此时经邱先生的推荐，我已担任无机化学教研室主任。开始教育改革后，我大力抓教研室建设和青年教师培养，组织集体业务学习讨论，集体备课，深入学习苏联教育体制，研究新教学方法、教学手段进入课堂，提高教学水平。

比如说过去讲课是老师拿粉笔在黑板上写，学生在下边抄。但是新中国成立后，学生受教育的机会多了，学校都大量招生，所以我一般是教120个人的大课，有时候这一年突然多招了，240人大课我们也是照样上。这样的大班，讲课写黑板有些学生就看不见了。当然当时没有现在的大屏幕，我的办法就是用毛笔写大字报。在上课以前写好大字报，特别是图表、图画，我都事先画好了，上课的时候一张一张地往上拿。这样节约了上课时间，学生也可以看得清。

另外，我特别重视课堂演示实验。因为讲课要理论联系实际，许多理论需要通过实验学习，具体看了实验以后就容易懂了。我的老师、时任南开大学理学院院长的杨石先生就很重视实验，他有从国外带回来的 *Lecture Experiment Demonstration* 这种书，就是课堂演示实验的书。我去跟他借来参考，再用我自己思想的创造，尽量把实验做得漂亮、快捷。要很快地出结果，当堂让学生很清楚地看见实验现象。

现在南开大学医学院那个楼，早先是理科四个系占着的。抗日战争胜利回津以后，化学系全部进入了这个楼。我专门把楼里的两个大教室布置了，它的讲台不是普通的讲台，是个实验台，下面自来

图 4-1 20世纪50年代初申泮文在南开大学（前排左三为申泮文，背景是胜利楼无机化学实验室）

水、煤气，什么都有。另外有一个准备室，我有实验员专门给我准备这些实验。我上课的时候，两个或者三个助教把这些东西都推到教室来，当堂帮助我一起做课堂演示实验。我用的仪器都是大件，比如说烧杯，我用大的、长的、高的烧杯，试管，我用很粗的大试管，让大家能看得见。

我那时候还存了很多很好的矿物样本，有的还是我的地质学家同学提供的。讲矿物，让学生看见矿物样本；讲药品，让学生看到化学药品是什么样子，整个一瓶带上来。如果它有颜色，我换成没有颜色的瓶子，让学生看见颜色。所有课上讲的，我都争取让学生上课的时候看见真东西。另外我还制作模型：讲原子结构，我做了原子结构的模型。起先是用泡沫塑料做，后来我用小孩玩的气球。比如说四个长型的气球吹起来，我再把它们的头顶扎在一起，一看就是sp^3杂化态。这样学生就能够具体地、生动地了解杂化是怎么回事。

当时国家还组织全体教师学俄语，我们学了18天俄语，速成。我那时候正好身体有病，体力不支，身体消瘦到屁股上都没肉了，都是拿个棉垫子坐在凳子上听课，听得很困难。我跟年轻助教们一块考试的时候，我一般都是考70多分，那些年轻人都是90多分，我不行。可是我有个好处，就是等到18天学完了以后，我立刻把大家组织起来一块翻译苏联教材。因为那个时候我已经有给邱先生编写中文讲义的经验，认识到教材是教学的灵魂。我想：现在我们学了俄语，又缺乏教材，为什么不去翻译苏联教材呢？所以我们就争先去干。在这个问题上，在全国我们是走在前面的。

我做翻译工作的一大特点是组织"大兵团作战"，即将教师、学生组织在一起，在我的组织领导下分工协作，有组织、有计划地共同完成翻译研究任务。这种组织方式可以充分发挥每一个团队成员的工作能力与工作积极性，极大地提高了工作效率。以后不但是翻译工作，在教学、科学研究工作中我也延续了"大兵团作战"的组织方式，这是我取得成绩的"法宝"之一。

我组织"大兵团作战"翻译苏联教材，首先翻译的是实验、习题集，比如《无机化学实验》什么的，因为我们没有拿到主教材，也还没有翻译主教材的实力。后来才有了翻译主教材的机会。那时候有两本苏联的教材，一本是格琳卡的《普通化学》，这本书后来知道是哈尔滨工业大学翻译了。另外一本是北京大学的张青莲先生主张翻译的，原名叫 General Chemistry，他找了我，然后又找了化学工业学院。我就找了邱先生问参加不参加？我说我们应该参加。本来邱先生不愿意我们大家接受这个任务，后来他经过全面考虑，说好吧，你们就去试着参加吧。这样我们三个单位合作翻译了这本《普通化学教程》，翻译了相当长的时间。

截至1959年，我组织南开大学化学系的老师们先后翻译正式出版苏联教材12部16卷册，总字数300余万字，基本上为全国化学教学改革解决了教科书的有无问题，也为学习苏联的教育经验做出了重大贡献。另外，在1956年，我向科学出版社建议组织力量翻译美国化学会丛书《无机合成》，被纳入了出版计划。这是我一项延续近30年的工作。

1952年的教学改革，包括院系调整，对我们国家的教育体制有着深远的影响。新中国成立以前我国化学高等教育都是英美系统，到了1952年学习苏联以后，因为苏联主张专科制，体制就有很大的变化了。比如说清华大学原来是个综合性大学，一下子就给改成工科大学了，把它的化学系、

图 4-2　三校合作翻译的《普通化学教程》(上册)（左：商务印书馆，1954年4月再版；右：高等教育出版社，1956年5月第1版）

历史系等等所有非工科的系都并到北大去了，像张青莲、黄子卿原来都是清华的，都归到了北大。北京大学在这方面加强了，可清华大学在化学方面就造成损失了。它只有化工系，没有化学系，做事情就配不上套了。这个在教育方面有很大的差别。我们南开原来有化工系，跟化学系很配套的，在天津市是很重要的。可一下子把我们的化工系搬到了天津大学，实际上给我们化学系造成了极大的损失。虽然粉碎"四人帮"以后改变了，清华也恢复了化学系，但是现在它的化学系就跟北大差一大块了。我们也恢复不来化工系了，没那个力量。所以造成很多不平衡，这是学习苏联教育体制给我们带来的困难。

1956年1月，中央提出了"向科学进军"的口号，制定出《1956年至1967年科学技术发展远景规划》。学校为响应向科学进军，开始办专门组，要我们定方向。无机化学的科学研究应该定怎么样一个方向？我就提出来，定无机合成方向。那时在我们的教研室里边还有争执呢。另外一个同志，也算是我的学生辈，她年资比较老，而且又是共产党员，很有力量，希望我带着她搞稀有元素化学。我是主张搞最基础的无机合成，而且那时候我自己选择了方向，就是金属氢化物，在合成方面要做很多工作。所以很有争执，在教研室里边争论不下，后来因为有年轻的教师支持我，我们就定了无机合成作为主要方向。

那时候我很注意硼和氢两个元素，但是五十年代我们在高等学校里开始科学研究工作的时候，我们国家科学研究工作没什么基础，缺少的条件太多了。实验设备条件跟不上，图书跟不上，人的素质跟不上，差的问题很多，得慢慢发展起来。我们那时候才开始从国外订资料，而且经费上也不够。比如说《化学文摘》，我们那时候不能买国外的，要订国内影印的。当然现在看这是侵犯了知识产权，可是当时我们没有钱，版权意识也不够，只能这样做。因为国内资料不够，我就请我在国外的朋友给我邮寄关于硼、氢这些方面的资料，其中就有一本全面介绍氢化铝锂的书。那时候氢化铝锂是新合成出来不久的一个重要的还原剂，合成方法还存在很多问题。我也想参加到里边去，看我们能不能在新合成技术上面找到一条出路。

我关注的另外一个问题就是复合氢化物和氢气的反应。那个时代已经开始讨论未来的能源。氢气燃烧变成水，只要有能量把氢气从水里边分解出来，它燃烧回去，还是变成水，所以氢能是一个清洁的能源，将来可以替代化石能源。这样我特别开始宣传氢能源，自己做了一套很大的幻灯片，走到全国各个地方去给大家讲，宣传未来我们要能够开发出氢能的话，就可以解决污染的问题。这些工作就和我的选题结合在一起了。

另外也还有一个机缘，就是教育部接受了中苏合作项目里面的若干项目，这些项目都是关于军事技术的。其中有一个关于金属氢化物合成的，因为氢化铝等金属氢化物可以作火箭燃料，跟军事技术密切相关。硼的化合物也跟军事技术有关系。另外呢，氧的化合物也是，过氧化物、超氧化物都是高能氧化剂。所以当时中苏科技合作项目里边就有氢化物、氧化物两个项目。氧化物这个项目好像是由复旦大学承担，而我提出来的关于氢化铝锂的新合成技术、氢能源这些课题，正好压上教育部的这个项目了。所以教育部就把我们列入项目提供资金。这样子正好能开始我的氢化物研究。

然后就是"大跃进"大搞科研，后来草草收兵，搞了很大的浪费。我们无机教研室浪费得比较少，因为那时我计划得比较好。大部分学生，我组织他们做小型的化学试剂生产，因为我对化学试剂的生产有很多经验。刚一回到南开大学的时候，买试剂买不到，我就曾经带着两个练习生搞纯化学试剂生产。一方面组织学生生产试剂，另一方面做教育部给我的中苏合作项目的课题。最后做得有结果了，在1950年《化学通报》上发表了一篇文章，就是氢化铝锂的合成方法。

图4-3 《氢化锂铝（LiAlH$_4$）的合成》

《氢化锂铝（$LiAlH_4$）的合成》发表后，在校际之间就都知道我在搞金属氢化物的合成。北京大学有一个苏联顾问特别打听，说你们这是中苏合作项目，氢化铝锂是怎么合成的？我不肯讲给他听。我说这是教育部给我们的课题，算是国家任务了，我们不能随便讲。后来等到暑假我调山西大学的时候，这个苏联顾问特别跑到南开大学找我要看我的实验室。这次我是没在，也没让他看。

这时的科学研究工作，是我做离子型氢化物和储氢材料工作的开端。

50年代，我还做了很多科学普及的工作。那个时期刚一进城，我们党很重视科普工作，可能毛主席也关心这个事，所以那个时候在天津市科委下边成立了科学技术普及委员会。这方面我是个活跃分子，常在报纸上发表科普的文章。那时我最早应该是在《天津日报》上发表了介绍金属钛的文章。金属钛那时候还是刚刚出现的新金属，我根据外文材料写成了这篇文章，占了整个四分之一版面。类似这些东西，我常写。学校的老师，包括邱先生看见了都很高兴，说你还能写出这些东西。在天津市，为了开展科学普及工作，也给中学生、小学生做一些实验。比如说关于阴极射线等跟原子结构有关系的这些用小型的实验仪器就可以做的实验，我也去给学生做。同时也写短小的文章给科学技术普及委员会，他们影印出版后分发给中小学校。我常做这些工作，在天津市也受到注意，所以那时候他们就推选我去做科学技术普及协会的秘书长。

1953年我到东北去参观了鞍山钢铁厂，那是我第一次全面参观一个钢铁企业。那时候正值我国工业大发展、大建设，我参观回来以后，就在天津市做科普报告宣传钢铁工业。我根据自己看见的鞍钢企业，以及在报纸上看到的包头钢铁工业的发展报道，结合在一起讲中国钢铁工业的发展。特别教育群众，就说我们生产这些钢铁要用许多原料、能量，国家要有很大的投入，所以我们每个人应该重视节约。我说我们中国四五亿人口，每个人节约一个钉子，一共是多少重量，给它算出来。在那时候，我这个报告引起了很大的关注，所以后来评选科学技术普及工作的先进分子，我就当选了。1956年10月，我们国家开过一次中国科学技术普及协会积极分子会议。毛主席参加了这个会，每个省市特别挑选了一些人去看毛主席，听毛主席讲话，我就在那里边。当初都有照片，后来这个照片丢了，没有保留下来。这是我们国家开的唯一一次科普积极分子会议，以后再也没有开。

反对极左路线的斗争

刚参加工作的时候，我并不参与政治。但到了1947年，在国共斗争中我的思想已经倾向于支持共产党了，因为国民党太腐败了。我看着，中国如果有希望的话，可能共产党是一个希望。与当时很多知识分子的选择一样，我开始满怀热情地参与政治活动，那时是从参加讲助会开始的。

南开大学迁回天津以后，从西南联大带回一批毕业生做助教。当时我已经三十岁出头，大学毕业十年了，而他们都是二十几岁，所以我与他们相比算是一个大助教。因为我对他们大家都很好，关系都很密切，所以回来以后我在这些青年教师当中威望比较高。

我从小就在我母亲的影响下喜欢动手，凡是新鲜的事物，一定要动手亲自学。像后来开始做小的矿石收音机，硫化锌、硫化铁的小矿石有半导体性质，拿个针尖扎着它，点到一个点上，然后接耳机，就可以接收广播了。在昆明时开始装电子管收音机。抗战胜利以后美军到了中国，获取电子管这些器件更方便了。美国的大兵把军队里边什么东西都偷出来卖。所以我们在黑市上就可以买到电子管、电容器等零件，整个机器的部件都买得到。买到零件动手装配，我自己能装八个电子管的外插式收音机。

我回到天津的时候，许多老师都学会了听古典音乐。因为那时候日本人很讲究这个东西。日本人走的时候，在天津留下了许多古典音乐的唱片。大家学了这个以后，家家都听音乐。南开大学的年轻助教们也都听这个，我也跟他们学。他们就带着我去地下市场买唱片，贝多芬的第五交响乐、第九交响乐、第六交响乐，还有贝多芬的小提琴协奏曲等等。这些唱片买回来，他们都是用指针扎在盘上转的、有一个大喇叭的那种旧式唱机来听。我说现在你们这个东西可以换一换了。我就用装收音机的手段,把收音机的最后一部分改成一个扩音机,装成了电唱机。

学校东门一进门就是一个楼,叫Bachelor楼,作为单身教师我在楼里有一间屋。他们买个唱片来,大家要共同欣赏的时候就到我这来。我这里音质好、音量大,大家都愿意来听。所以这样子,我跟老师们关系都非常融洽,我也就出了名了。

这个时候快解放了,正是地下党活动的时期。地下党看到我人事关系比较好,就让我去帮助他们工作。这样我就成为党外人士之中的一个积极分子。那时候讲究阶级斗争,说是学校里边教授会中的教授、副教授是资产阶级知识分子,他们掌握上层建筑,对广大的低级知识分子进行资产阶级统治。所以北京、天津的大学中都要办"贫下中农"的组织,这就叫做讲师助教会,跟教授会对立。那时候南开大学成立讲助会,就让我出来当讲助会主席,所以我在这方面帮助党做过一些工作。可是他们阶级斗争那些概念,我不接受。我说这些教授们都是我们的老师,我们对他们都是很尊敬的,我并不认为有什么资产阶级统治的问题。所以我不主张跟教授会针锋相对。我主要做什么事情?做青年教师的联谊工作。比如组织大家搞体育比赛、棋类、桥牌这些活动,还办过校际之间的联谊,跟清华北大联系举行桥牌赛,或者举行联谊讨论会。当然这里边有些个人之间的矛盾,因为参加了地下党的那些人,素质很好的人是很少的,所以跟我的性格之间有矛盾。我是很直爽的,碰见有不对的问题,骂人骂得很厉害、很难听的。但因为我在群众之中的威望比较高,他们也不敢惹我。

等到一解放,教授会取消了,讲助会当然也没有存在的必要了,这时候就开始组织教育工会。请教授里边比较进步的比较老一点的当主席,请我去做副主席,我还做过一届秘书长。在工会里边我还是做群众工作,其中最大的事情就是组织教职工的互助会。那时候大家的经济情况都很差,有了困难没法解决。互助会就是每个人、每个月拿出他工资的1%来为大家做一个储蓄。这个钱积蓄在一起以后,谁有困难可以向我们来借款,最多可以借三个月的工资解决他的困难,然后慢慢地一点一点地扣回来。在天津市中华工会开大会的时候,这个算我们南开大学做的一件特殊工作,很受他们宣传的。

再一个就是解决青年教师的伙食问题，给单身住校的这些青年教师们办了一个大食堂。后来我又办了一个工会的娱乐室，也就是工会的俱乐部，买了个比较大的收音机，然后找了一间很大的房子，挂上窗帘，布置得很豪华的。大家晚上到这来下下棋，打打桥牌，或者聚会聊聊天什么的。就是办了这几件事情。

但是从 50 年代开始，在一系列政治运动中，我不再积极参与政治活动，逐渐走上了"白专"的道路。我自己在政治上的变化，是从那时候开始的，这样一系列下来，很有传奇性。根本原因是极左路线开始在党内抬头。我这一辈子始终是反对极左路线的，虽然那时候不认识极左路线，可是感觉到极左思想是不对的，跟我的思想不一致，是矛盾的，我就不干了。

1951 年开始的知识分子的思想改造运动，在南开实际上 1950 年就开始了。这个运动就是说教师是资产阶级知识分子，过去受的教育是资产阶级教育、殖民地教育，不懂得为人民服务。现在应该改造，怎么样转变立场，怎么样接受党的领导，怎么样改造自己的思想，全心全意为人民服务。

接受这个教育的时候，首先每个人都要做一次检查，认识自己的错误。最先的就是这些老教授们去讲。我印象最深刻的就是杨石先先生，他是受过外国教育的。让他在全校大会上台去讲，解剖自己，讲自己有什么缺点，有什么错误，怎么认识，如何改造。当然他也是有思想抵触的，他不会像地下党员，每个人都那么会讲。所以他讲完了以后，下面群众连鼓掌也不鼓掌，他就很尴尬地下台了。这样子三次都没通过。我在台下听了是很难过的，我觉得很心疼。我说我们老师从来不是这样的人，像杨先生这样的人是实事求是的，他不会垢诽自己的，把自己讲得很坏，不会的。一定要他把自己讲得很糟糕，我说这是没道理的事情。因为这个事情，我的心思就有了变化，这些事情距离我对政治上的认识太远了。

再下面也轮到我去解剖自己，检查自己。因为那时我已经申请入党了，所以让一个共产党员跟着我，教导我，也是培养我。而且这时候我已经参加党外组织同情组了，每个礼拜有一次学习，学习入党的知识，进行改造思想。我就必须在这种会上讲我自己的思想改造，解剖自己，自己怎么样来划清界线，改变立场。但是我自己根本就不承认我是资产阶级知识分子。我不是资产阶级出身，也没上外国去读过书，我能算得上什么资产阶级知识分子？所以我也是讲三次通不过。后来我怎么办呢？我就找报纸，把报纸上别人的检查抄下一段，到我讲的时候就拿这段东西讲一讲，这样才通过。我就是在这时产生了反感的心理。

到1952年，全国开始搞"三反"运动。南开大学也开始搞，但一开始就是一个极左的搞法。开始就定调子，说南开大学是个老学校，不可能没有贪污腐化问题，一定有。而且有一个口号，叫作"山高林密一定有虎"。

因为我是党外积极分子，所以也让我带着化学系的一批学生组织一个打虎队，去检查一个校产管理员王九龄。他原来在南开中学的时候是我们的宿舍管理员，人非常好的一个老者，我想也不想就说，这个人绝对不会贪污。因为什么呢？我们南开大学所有的职工爱国心是很强的。况且就算是他不懂得忠于人民，忠于政府，他至少懂得忠于张伯苓。那时我们南开系统就是这样子，我想他一定不会有贪污问题。可是指定了我去审查这个人，那没办法，就得去。而学生们就相信领导提的"山高林密一定有虎"。他管理校产，校产有稻田、藕田出租给外人，土地也租给外边人，这个是肥差，一定有贪污问题。那个时候也不先去调查，先把你叫来，大伙儿围着让你交代问题，都是这样子搞的。老先生不肯屈服，说我可以拿账给你们看，我的账都是清清楚楚的。他们还不相信，说这里一定有假，你要老老实实交代。而且把他女儿叫来，说你是团员，一定跟你的父亲划清界线，你一定要去帮助你父亲交代，或者你也去揭发。我们都很清楚，这样当然弄不出来东西，弄得很尴尬。所以向上级汇报情况的时候，我就提出来了，我说山高林密不一定有虎，南开这些老先生们不会有贪污问题。他们不相信，结果还是抓了我们的校秘书长黄钰生先生，认为他是南开的贪污总头子，让他大会检查。还有我们学校的工务科科长，让他交代问题。他交代不出来，在台上立刻踹他腿，让他跪到那，当时就有警察拿个铐子把他铐走，这样来威胁大家。有的逼供信还出人命了。事务科有个姓田的，一定逼他，说他有问题，让他交代他们科里的问题。他交代不出来东西，晚上回到家里边，就把他自己睡的床立起来，夫妇两个吊死在上面了。所以这样子，那次运动也死了几个人。

等到最后是虎头蛇尾，运动搞不下去了，因为真的是没有问题。等后来说查清了南开大学历年的账目，只有两百万旧币没有对上账。两百万旧币跟新币什么关系？就是两百块钱。这么大的学校，这么多年的历史，两百块钱没对上账，这表示完全清白的，应该是没问题。可是就是不给做结论，就那么把我们的校秘书长黄钰生先生给贬下来，调到天津市图书馆做馆长了。

这时候我那个小队里边打虎也打不下去了，而且学生对我有意见，说是我右倾。正好我的未婚妻曾爱冬从兰州调到天津来了。我那个时候36岁还没结婚，我立刻就报告说，我要结婚，请一个礼拜假。我就走了，完全不管了，到北京躲了一个星期，又继续泡了一个星期，一共两个星期。回来以后，我说离开两个礼拜了，我已经对这个运动的情况不熟悉了，让我回化学系搞运动吧。我回到化学系，也帮助化学系解决了许多问题。因为当初我曾经帮助化学系库房做过许多工作，他们在清查库房的时候，以前买的这个东西也没有了，那个东西也没有了，找不到了。我回去以后，我说东西在什么地方，你去找，样样都知道，都是很清楚的，没有问题的。

等到运动结束以后，我对这个事情就很有看法了。后来在"同情组"里开会的时候，我就提出来，我说运动已经到这个程度了，应该给大家说明南开大学的调查结果，有问题的有什么问题，冤死的给人家平反。毛主席说在什么场合弄错，就在什么场合给人家平反。结果在会上就有人批评我，说我对待运动的态度不端正，应该加强改造自己的思想。我一听非常生气，也不管是在会场上，当场就跟他翻了。下了会以后，我就找他们党组织的人，我说怎么有这种情况，别人提意见不许提，立刻就批判，这是怎么回事？他们也知道我的脾气，就跟我笑，不说话，什么也不说。第二天我就再找他们，找我们化学系里边原来是地下党的一个人，实际上也是我的助教。我就跟他说了，我在这个运动里边教学工作都落下来了，你看都停课，什么事都不能干了。我现在工作干不过来，没有时间了，同情组我不参加了。

我退出来了。因为他们那时候有那么一句话，说是参加共产党，没有参加共产党的自由，只有不参加共产党的自由。我说正好，我要预备多用点时间去搞业务了。很多人劝我，说老申，你还得去，还要去参加。我就不理了，以后我就是真正的走"白专"道路了。

1955年上半年南开大学搞肃反，有机化学教研室助教范秉卓被怀疑当过国民党特务，在全校大会上批判后拘留审察。但没到一个星期，查无实据，把人又放回来了。这下全系都糊涂了，怎么对待他？是接着交往，还是划清界线？我认为对受伤害者应该给予同情和保护，人间应该有温暖，没有问题就不该歧视。于是一反常态，请范秉卓到家里吃午饭。过了几天，有机教研室提出把范秉卓调走，系里专门召开了教研室主任会研究，校党委书记也来参加。全场没有人肯发言，冷寂了一段时间，我表示："如果没别的单位要，可以把他调配到我无机教研室来，我们需要人。"话一发，全场愕然，更没有人说话。后来只好宣布休会，最终范秉卓还是留在了有机教研室。

肃反运动是一段让人提心吊胆、心惊肉跳的运动，是我一生中印象最为深刻的一部分经历，留下了许多思考，也做出了若干结论。我以后的许多作为和表现，大都是从这些结论中衍生出来的。

接着就到1956年的反右运动。反右运动前期有很大的风暴。先给党整风，给党提意见。这时北大有个姓谭的学生[1]跑到南开大学来煽风点火，反对共产党。我们在南院召开了一个讲师以上教师的讨论会，教授、副教授来专门讨论，问题就是共产党能不能领导中国的教育跟科学研究？这时我已经升了副教授，也参加这个会了。开会第一个发言的是物理系的一个年轻教师，他是副教授，刚从国外回来。他不知道轻重，说现在国外科学技术发展得很快，高等教育也发展得很快，我们跟人家差距很多。如果共产党现在领导不了的话，可以晚一点领导。我一听，心想你不应该这

---

[1] 据陈奉孝回忆，反右运动中北大去南开的人是谭天荣、张景中、刘奇弟等人。谭天荣在"文化大革命"开始时被遣送回老家湘潭接受群众专政，被保护起来做学问。1978年平反。

么说。我想得赶快把大家的嘴堵住。所以我立刻就接着发言，我说不能这么说，现在事实证明，中国共产党可以领导。我说1952年的教学改革，学习苏联建立了新的体制。进行院系调整，新的教研室也建立了，新的系也建立了。像我们无机教研室，组织教师们翻译苏联教材，取得很大的成绩。这就证明中国共产党能够领导教育。再一个我们国家制订了《十二年科学发展规划》，杨先生带着我到北京去参加了许多会，我们也领了科研任务回来。苏联到现在也还没有制订科学研究发展规划，他们看见我们中国建立规划以后，也要学习，特别派了他们的科学院院长涅斯梅亚诺夫率领代表团来中国考察，跟我们搞了中苏合作项目。这就表明共产党能够领导科学技术，我们不应该说共产党不能领导中国的教育和科学技术。

实际上我说这样的话，是有两个出发点。一个出发点就是我看清了当时的形势，那时候在北京，七君子受批判，民主党派轮流坐庄受批判。我就注意到关键问题就是共产党能不能领导中国，领导权的问题是要害问题，在这个问题上不要出毛病。第二个，这几年我们确实也做了工作，我们要否定共产党领导，也等于否定了我自己的工作。所以我就这么说。因为我的说法是结论性的，我这么一说以后，下边别人就不好说话了。有的人准备在嘴头上要说的话呢，一听我的话，也就都不说了。

后来东院经济学院的那些人最厉害了，他们从经济发展的角度议论马克思主义的经济学，说是现在中国的经济已经发展到这个阶段了，需要改变了，共产党现在还领导不了，应该改变领导体制。所以他们那边出了一大批的右派。我们南院讲师以上，教授、副教授这一层里面，没有一个右派。后来因为有了2%的指标，必须要抓几个，就在我们化学系年轻的讲师里面抓了两三个。有一个还是共产党员，他说共产党对待知识分子应该像刘备一样三顾茅庐。好的，就这么一句话，右派。后来还抓了几个学生。我们副教授以上的没有一个右派，这是最幸运的。

等最后总结的时候，我们总支让陈天池到我家里边给我个人做总结。陈天池也是杨先生从国外聘请回来的学者，专业是分析化学。他一回国党内就看中了他，特别派他出去参加学习，然后给他机会入党。他在组织里边占有一定位置，政治上非常红了。他来给我做总结说，这次运动一开始,你就说党可以领导中国的教育,可以领导中国的科学技术,这是难能可贵的,我们党组织希望你再前进一步。再前进一步的意思就是让我火线入党。在运动高潮的时候,我要是立刻打个报告申请入党,这又是一个轰动的事情。

我没吭气,没说入党的事情,我就讲一讲我对这次运动的意见。我说第一个意见,雷海宗先生是历史学家,他从历史学家的角度说,现在全世界的科学技术有很大的发展,那么马克思主义也有待于发展。就因为这一句话,就给他戴了帽子,我认为他提的问题是个学术性问题,不能当政治问题给他戴帽子。

另外一个意见就是说在镇压反革命运动时,我们学校里边也乱抓几个,说是隐藏的反革命。抓的几个都是错的,都是先不调查,开着会就把人叫起来,说你什么什么问题,你老老实实交代,把大家都吓得害怕了。所以我也是很反感的。

我还给他提了一个意见。我说"三反"运动说清理了老南开,这个话是完全错的。我说我们南开的这些人,一直受我们学校的爱国主义教育,我们懂得爱祖国、爱人民、廉洁自守,不会出现贪污的事情。可是你们为什么都是这样的态度?所以这样子陈天池很不高兴了,他拂袖而去,算是给我做了总结。

后来他们说要全面做总结,每个人要给自己写一个总结,用大字报的形式贴出来,说明自己有什么错误,对运动有什么想法。有什么错误,自己要改,说每个人都要扔掉芝麻,抱一个大西瓜。然后在学校里边开批评教室,叫作西瓜园,每个人抱个大西瓜。我就用毛笔写了,我说我自己平常有许多右派言论,这次党对我很优厚,没给我戴帽子,我成了漏网之鱼。我以后如何如何认真改造思想。后来他们看了,总支书记来找我说,我们从来没有这个想法,你一直很好的,你赶快把你那大字报拿下来,要不然影响不好。我就没理那套,我那个大字报就挂在那里让大伙儿看。其实我的意思是影射他们给我们化学系的几个讲师定了右派,表达我的不满。

以后就是1958年的"大跃进",先以运动开路,有人鼓动学生给教师贴大字报。有学生画了我的像来丑化我,我非常生气。还有,他们那时候对南开的人说要清理老南开,我也非常反感。我是在南开受的教育,南开给了我信念,我崇拜张伯苓、崇拜黄钰生、崇拜杨石先、崇拜邱宗岳,我心想这些老先生都是好人,都是忠于国家、忠于人民的人,你们这么干,我不干了,我不跟你们合作。从这时候开始我就什么政治运动都不参加,专心一意地把教学搞好。所以那时候我很用心地搞教研室工作,每样工作都做得非常出色,超过别人,这样子你不能说给这样努力工作的人再扣什么帽子,把我打成什么东西,是吧?我实际上就是用努力工作来保护我自己。后来他们没事把教师集合在一起天天军训,我也不去参加。这样他们这些人也知道我的性格了,因为在工作上挑不出我的毛病来,所以就没有怎么我。

再后来海河建闸[①],大家去劳动,我也去参加了。我还有点发明创造,他们用一个小铁车在铁轨上走,上坡下坡很困难,弄不好把人都翻下去了。我就教给他们,车轱辘上面如何做两个闸板,用绳子拉着。下坡的时候,你拉前面那个闸,那么它就一点点下;上坡的时候车要是往下溜,可以下去拉后面那个闸。劳动完了回来以后,我说跟他们和解吧,不跟他们闹了。这样就过去了。

1959年山西省要建一所大学。过去山西有个大学,叫作山西大学堂,跟北京大学是同时期成立的。因为当时归阎锡山管,所以这个大学乱七八糟的。教师们、职工们在宿舍里打麻将,妓女说叫来就叫来,很乱。所以一解放,国家接收它以后,就把它解散了。一部分学生到了南开大学,另外的拆成了几个学院,有师范学院、工学院以及医学院,分散在山西太原各个地方。

那时山西省委书记是陶鲁笳。"大跃进"的时候,各个省都要办大学。他说我们这么大的一个山西省不应该没有大学,应该办一个莫斯科大学式的大学。他就向教育部要求,请别的学校支援。教育部就指定南开大学支

---

① 海河防潮闸位于天津市塘沽区海河入海口处,是一座泄洪、挡潮、蓄淡、航运等综合利用的大型水闸工程。工程始建于1958年7月1日,12月28日建成。申泮文参加劳动在1958年6月至8月间。

援他们数学、生物、化学、物理四个系，要求一个系派三个教师，其中一个是讲师以上带头的，然后两个助教，还要再派一个教务长。

教务长学校早准备了，是从英国留学回来的学经济的陈舜礼，这个人水平是比较不错的。四个系派谁去呢？学校下任务下到各个系。任务下到化学系没人肯去。我们后来知道了，系里边让有机教研室的一个教授去，他不肯去，但因为他是国外回来的，就没有强制他。后来抓不到人了，就把任务下到我们无机教研室，指定让王继彰去支援山西大学。王继彰比我高两班，学问很好的，人也老老实实的，可是他这个时候身体有病。他跟我说"我怎么去？"他身体这么样，夫人是家庭妇女，没有工作，家里边一个儿子、一个女儿年纪都还小。我想他们没有道理，有机教研室教授最多，应该让有机教研室去。我们这个教研室就两个副教授，你让他去了，我一个人怎么挑这个摊子？而且他是高血压、糖尿病，确实是病很严重，我说他要去了，非死在那不行。所以我就说，我们不能承担这个任务，可是学校非把这个任务压给我们。后来我一个一个查看学校各个系派去的人的名单，里面没有一个共产党员，都是老百姓。我就说，既然是支援外省建校的大任务，你们总要派几个共产党员带队。你派这么几个普通老百姓去了，人家看不起，一定说你这是甩包袱甩出来的，你们挑出来不要的东西，扔给人家了，是吧？所以那时候我很是生气。另外想到他们一直在说清理老南开，感觉这时的南开大学已经不是我所熟悉、我所敬仰的南开大学了。

于是我去找邱先生，去找杨先生，说我可不可以替王继彰去？杨先生不同意，说你不能去，你有教育部的科研任务，将来要跟你要结果的，你去了，这个不好办。后来我索性老师的话也不听了，陈天池找我、催我的时候，我就说现在我这边没人去，要不然你跟领导商量，实在没人去，我去。他说好，我给你向领导汇报。后来校党委书记出面，把化学系各个教研室主任召集在一起，没有叫我，把无机教研室副室主任王耕霖叫去，然后拿着教育部的那封信说，你们看看你们化学系始终派不出人来，现在既然申泮文说是他去，就是他去。王耕霖回来跟我说她去好了。我说你甭去，我去。就是这样子定下来我去。这个事我们教研室的许多年轻人都有意见，可是那时候因为反右斗争的教训，谁也不敢抵抗。有的教师说，申先生想找一个新学校，找一张白纸去画他的新图画。

  1959年5月我们就到山西去了。去了以后先了解了解情况，等到秋天正式办调入手续。那时我家还没有走，因为我夫人在天津半导体技术研究所工作，要调她的话，还得跟她的单位商量。后来他们说，这是强迫性的，你一定把家眷带来。我夫人等到1960年年初才调过去，这样我们一家子就去山西了。那时候我心情是很复杂的，可以说是五味俱全。正是我对南开极左表现的反感，支持我去山西重新开始。我也不怕重新开始的种种困难，到那边去可以重新开始一番事业。

第五章
山西大学二十年

白纸上作画

开始到山西的时候什么也没有，山西大学在太原南郊要盖的大楼刚刚破土开工。因为学校定在1959年开学，就把我们安置在太原的山西师范学院，就是老山西大学分出来的师范学院，把体育系的一个楼整个划给我们。当时虽然没有给我正式的名义，但是我做着系主任的工作。

那个时候有一个政治运动，叫作"拔白旗"[1]。什么是拔白旗呢？哪个大学的毕业生，业务好的、不参加政治活动的，这叫只专不红，这些人叫做白旗。拔白旗，就是把这些学生分派到边远地方去当助教，我那儿就分配来十几个人。我一看这些人，北京大学的、复旦大学的、南京大学的、武汉大学的、北师大的，都是好学校的，而且他们业务都是很不错的。所

---

[1] 在1958年的"大跃进"过程中，曾把一些坚持实事求是、反对浮夸的人，以及一些所谓具有资产阶级学术观点的人都作为"资产阶级白旗"加以批判、斗争、处分，当时把这种做法叫作"拔白旗、插红旗"。

以我很高兴,我说有这样的人帮助我一起办一个新的化学系,那确实是可以在一张白纸上画新的图画。

如何能组织他们把化学系办起来呢?我离开南开大学之前特别去看了杨石先先生,跟他谈过这个问题。杨先生对我离开

图 5-1　1952 年的山西师范学院(原载山西大学校史编纂委员会编,《山西大学百年校史》,中华书局,2002 年 3 月)

南开大学表示惋惜,很不高兴。可是他还是告诉我,没有高水平的教师,要办一个学校是很不容易的。你到那去以后,可以联系社会,找社会上高水平的工矿部门,请那里的人到学校去兼职,慢慢把这个学校办起来。那时候中国科学院山西煤炭化学研究所在山西新建不久,这个所是从大连化物所调来一批人新办的,这些人的水平很高。我去了以后就跟他们联系,说能不能在山西大学化学系里边建立一个煤化学研究室,你们来兼课。他们就提出来,他们是新建的所,需要年轻人,希望我们山西大学给他们培养人,所以有这样一个合作。第一期给他们招了 15 个学生,为他们补充需要的人才。

另外我想化学系办起来以后,应该在太原市创出我们自己的名声来。那怎么办呢?我过去对分析化学很熟悉,后来我的老伴到了山西,她也是搞分析化学的。我就在太原建立了一个分析化学的分析站,接受工矿单位的样品,帮助他们做分析。这样子,名声立刻就起来了。大家就说,哎呀,不错,这个新的山西大学成立之后立刻就有建树了。

当时山西在教学方面是比较弱的。山西教育局一听说我去了,看我在国内还有一些知名度,就要求我给山西省高中以上的教师办一个讲习班。讲习班学员有两百多人吧,我是主讲,讲大学一年级的大学化学,办了大约两个月,提高了山西省中学化学的教学水平。

而且那时候，我按照南开大学的实验室图纸重新建立了一个化学实验室。这一工作得到了当时山西大学校长焦国鼐的支持。焦校长是北师大毕业的，他同时是山西省计划委员会的主任，权比较大。他知道我要建实验室之后对我说，我管着许多物资，你成立化学系需要什么物资，能供应的我尽量供应你。那时候我搞氢化物要氢气钢瓶，但氢气钢瓶螺丝口是倒扣，跟别的钢瓶不一样，很不容易买。他说这个钢瓶我能给你买。另外我要搞生产，自己设计的大型仪器要用钢管子，他说我这儿有做炮筒子的不锈钢管可以供给。他还说库里有一公斤的白金。这些白金是当初山西省要搞一个人造丝厂，做拔丝嘴子用的。后来人造丝厂没有上马，这一公斤白金就搁在库里没用。他说你们化学方面需要白金的话，可以拨给你。我说当然很需要了，因为化学系从头办起，分析方面要有白金坩埚、白金蒸发皿，非常需要这些白金的器皿，有一公斤很好。这样，我建设实验室得到了他很大的支持。

因为当时南开大学实验室的实验台、通风橱等各种设备水平在国内是比较高的，所以在实验室建设方面，我们在山西就是很先进的了。加上煤化教研室、化学分析站、化学讲习班，我们新建的山西大学化学系很快在太原就取得了名声。像太原的工学院，他们都很称赞我们，说南开来的人确实是不一样。

但那时也并不是一帆风顺。山西省地方干部对知识分子有偏见，我们化学系的支部书记是解放军里复员下来的，他跟我划清界线划清得好厉害。就是有任务就让我去办，政治上他全管。所以矛盾是很多的。

1959年山西大学第一年招生，化学系大概招来五六十个学生，其中有15个是替煤炭化学研究所培养的。第二年也是招了五六十个学生，在这个班上就开始一条龙式的教学改革了。

这个教学改革的主要内容是调整了化学各学科的授课次序。因为一年级大家都教无机化学，无机化学非常枯燥，学生都反对，他们就觉得这是因为无机化学的教学内容光是事实材料，没有理论。如果先讲物理化学，讲无机化学的时候已经学过了物理化学的许多理论，有理论指导再去实践，实践就实践得好。所以他们认为应该先学物理化学，之后其他的学科都好学。

这当然不合适，他们这是学实践论学歪了。因为大学一年级的时候，中学化学跟物理化学衔接不上，没有桥梁。讲物理化学的理论，学生的水平必须事先经过无机化学课的提升。我认为他们的思想跟矛盾论正好相反，矛盾论是说先有感性认识，然后再提升到理性知识，理性知识再回来指导实践。他们这个办法缺少了前面的感性认识，想直接进入理性认识，当然会遇到困难。

这个改革一开始由教育部下命令，通知各个学校都要改革。所以1960年暑假后开学时，党支部通知大家要改革，大家一块儿来讨论这个一条龙教学。那时化学系的支部书记是军队里边复员下来的，他按照军队的纪律认为，改革就是革命，不改革就是反革命，谈到这么高程度。我那时候觉得由高中化学过渡到物理化学，当中没有桥梁，这样一定学不好的，而且也给教物理化学的老师带来困难。学生有许多数学物理知识还没有学，他怎么教呢？所以我一点也不赞成，坚决拒绝。那时候他简直就要说我是反革命了，最后就说这个事情不让我管，让新来的青年教师管。青年教师里面当然也有"左"倾思想的，觉得这是一个机会，所以他们就这么改了。

改了以后很不顺利，大学一年级的教学还没有结束，就发现不行了，立刻就给停了。等到1961年暑假以后，就要恢复到原来，又让大家来讨论。大家拿不出方案来，最后问我，我立刻在黑板上把我的方案写出来。我说已经耽误了一年，下面只剩下四年，四年怎么教呢？只能把无机化学跟分析化学合在一起来教。现在讲无机化学时热力学、动力学都讲一点，那时候不讲，刚一上来讲基本原理，讲原子结构、分子结构，然后直接进入到化学平衡。我说讲化学平衡主要是讲水溶液平衡，正好可以把分析化学加进去。化学平衡讲完以后，就分两支，一支继续讲元素化学，一支讲分析化学。我这个方案提出来，大家都没话说了。

讲分析化学的有一个比较好的中年教师，是1959年分配来的北师大的研究生。他因为犯点错误，被开除了团籍，可是人很好。他来了以后我很喜欢，就专门培养他，让他来教分析化学课，我教元素化学课，我们两个这一年下来，就把这个课教好了。

上完这一年课，暑假中我开始组织学生做集体实验，还是我喜欢的大兵团作战。我说咱们搞一个新的定性分析系统。过去的定性分析系统用硫化氢做分组试剂，在强酸性溶液里边通入硫化氢，有一部分金属硫化物沉淀出来；在弱酸性或者微碱性、弱碱性溶液中，有另外一批硫化物沉淀出来。用硫化氢分组是经典的方法，是做了多少年的了。但是硫化氢是有毒的，在实验室里必须要有很好的通风橱。如果大家人人都用硫化氢系统，满屋都是硫化氢气体，学生在实验室里都要闻到它的类似臭鸡蛋的气味，对人身体不好。所以我想我们能不能找到一个非硫化氢的分组系统？

我把周期表中的元素，按照它们在周期表中的位置、它们的金属性、氢氧化物的酸碱性以及不同价态的氧化还原性作为分组的条件给学生分组进行实验，用一个暑假的时间做成一个不用硫化氢的元素定性分析系统。也发表了一篇文章，登在1961年或者1962年太原市的科学技术委员会出版的一个杂志上面。但这篇文章没有留下来，什么名字我也不记得了。这是我最早的一篇教学方面的论文。在我们和煤炭化学研究所开过的一个学术会议上，我还做了这个专题报告。

这篇文章的第一作者是李玉生，他是做这个工作的骨干。他能够接受我的指挥，也参加了一些组织工作。所以后来等到他毕业的时候，我就让他把我们的工作写成了这篇论文，署名以他为主，然后推荐他去北京大学做研究生。结果他经过一次面试就被录取，成为严仁荫的研究生。再后来他夫妇两人都到了成都的飞机制造厂，是航天工业部的高级工程师。我和他一直都有合作，我2009年获得国家级教学成果一等奖的《南开大学近代化学教材系列（教材）》里就有《近代分析化学教程》课本，三个主要的作者都是我在山西大学学生，其中就有李玉生。

当时我还做过一个从铀矿中提取铀的工作。这是山西省科委1960年提出来一个任务，说山西省盂县有铀矿，你们能不能把铀的化合物提取出来？虽然我过去不是搞铀的，可是我从龙门书店订过一本书讲铀及其化合物的化学，把从铀矿中提取铀的几种方法都介绍了。所以我一看这个课题，我说不难，这个事情可以做。我就带着张靓华等几个教师一起做这个工作。

首先我先用酸法提取，用硫酸来浸取矿粉。酸浸以后，矿粉中的铀就变成铀的硫酸根络合物，这样就把铀提取出来了。不过硫酸只能浸出六价铀，我们发现这个铀矿是原生矿，铀大概是四价的，怎么把它氧化成六价呢？要用高锰酸钾氧化之后再用硫酸去处理，铀变成硫酸的络合物，再加入氢氧化钠，重铀酸钠立刻就沉淀出了。把它一煅烧，就得到三氧化铀了。

后来我们又做了一些实验，就是不在溶液里面用氧化剂，而是用焙烧的办法氧化。拿砖头砌一个小反射炉，把矿粉放到炉里，下面用煤烧，把热空气反射进去，这样子四价铀就被空气中的氧气氧化成六价铀，再做提取，也可以把铀提取出来。

另外还有一个碱法提取，就是用碳酸钠溶液去处理矿粉，铀变成铀的碳酸根络合物，然后往里边一加碱，重铀酸钠就沉淀出来了。而且碳酸根跟钠离子再结合，碳酸钠又回来了，这样碳酸钠可以循环使用。

这个工作做得很成功。后来要在广州开一个全国的原子能大会，山西省也确定派我们去开会，但这个会议后来又取消了。为什么呢？好像说是因为山西省当地把盂县有铀矿的消息泄漏出去了，泄密了，所以又把铀矿封闭起来，不干了。山西省后来也通知我们，这个工作不做了。所以这个课题就做了那么一段，没有下文了。

到了1961年，我们国家经济困难，山西大学盖的那个大楼盖了半截盖不下去了。那我们怎么办？山西省委决定，让我们跟我们所在的山西师范学院合并，两校合并成为山西大学。原师范学院的化学系主任是跟我同年大学毕业的。我毕业于西南联合大学，他是西北联合大学，是抗日战争时设置在西安的。这个西北联合大学是由北平大学、北京师范大学、北洋大学合并的，其中只有北师大是水平比较高的。而且这几个学校合并以后也不能团结合作，最后解散了。这位同志是1940年西北联合大学毕业的，但因为他是共产党员，我是非党员，他就当系主任，我当副系主任，分工是他管总体工作，我管教学。化学系整个的教学安排、整个的实验室建设、办分析站、跟煤炭化学研究所合作等等这些事情，完全是我一手做的。所以一直到1979年我离开山西大学，我在形式上都是个副系主任，但化学系的实际事情都是我做的。

山西大学中的政治运动

1961年山西大学与山西师范学院合并,由于两校教育文化水平的差距很大,合在一起之后学校内部矛盾百生。这些矛盾也反映在党内,两个党委合在一起也有矛盾。毛主席不是说嘛,党内无派,千奇百怪。两校合并后,他们宗派斗争很厉害。因为我在南开大学是个教研室主任,工作也有特色,在派去支援山西大学的那些人中是个突出的,所以学校的正书记比较支持我。

1963年山西大学派书记带队下去搞"四清"①,和书记有矛盾的一个副书记留在家里就计划整我了。他发动了一场对我的突然袭击,组织人来化学系围攻我,批我,说我带领年轻人走资产阶级道路,走白专道路。而且许多没道理的话都说出来了,甚至就是欲加之罪不患无辞。有的教师批出来了:你在过春节的时候,请某个教师到你家去吃年夜饭,为什么不请我?我也愿意去啊。都是这种话,莫须有的。我为什么请他呢?就是我刚才讲的在北师大被开除团籍的那个教分析化学的教师,过春节的时候他一个人在太原,其他人都回家了。我是按照学校老师的一般习惯,请单身人到家里来吃年夜饭。这是很普通的事情。他们就抓了这一个把柄,说我腐蚀青年。而且那个党委副书记还下了个严令,只许听大家的批判,不许反驳,反驳当反革命处置。

这时候其他老师要么和他们一伙儿,要么被拔白旗拔怕了,没人敢说话。但富有戏剧性的是,第二天还在批判的时候,外边大喇叭播放了,我当选第三届全国人大代表。当时我就觉得奇怪了,这究竟对我是褒还是贬呢?等后来"文化大革命"中我和组织部的干部们成为一派,他们才告诉我,当初是书记提名我做第三届人大代表,他们是经过调查的。因为师范学院

---

① "四清",即社会主义教育运动。是1963年到1966年5月先后在大部分农村和少数城市工矿企业和学校等单位开展的一次清政治、清经济、清思想、清组织的运动。

的这些个老教授们都是地主老财出身，出身不好，而我出身工人家庭，而且政治全部清白。从政治上一比呢，那只有我合适，不可能别人去，这样子才选了我去的。可是这个党委副书记就发话了，为什么是他，为什么我们师范学院的人就不能去当人大代表？这就又是一个矛盾。所以这一次是两校之间的矛盾，加上政治的偏见，再加上两个书记之间的矛盾，我才被批斗。

因为我要去北京开会，就对我暂停批斗。那时候我心里非常不自在，不知道是怎么回事。再加上这次人大会也是极左批判，批判达赖喇嘛、批判李井泉，所以我那次去北京开会是徐庶进曹营，一言不发。而且开会的时候，有很多工人代表一听说申泮文是知识分子，而且他们可能听到传闻，说我在南开、在山西大学是受批判的，就对我冷言冷语，住在同屋的人说话都是很难听的。所以我心里很不愉快。等到开完了人大会，有一个特殊的大型歌舞剧，叫"东方红"。除了看"东方红"比较高兴以外，其他时候都是心里七上八下的，很难过的。等我回到太原，又用车把我接回学校继续批判。

后来1964年省里下来指令，组织一批知识分子去参观"四清"。跟我一块去的有申葆诚，我们两个人又是同姓，又是同学，又是同宗，所以我们俩是"三同"。哪里搞"四清"的批斗大会，我们就去哪里参观。我记得有一次我们去太原的郊区，好像叫高岗村吧，参加过一次省领导出席的大会。有一个省委副书记，他也是知识分子出身，可是挺"左"的。他在上面讲话时，一看我们这些山西大学的、太原工学院的、太原医学院的一些年纪大的教授坐在下边，就在讲话里边含沙射影。怎么含沙射影呢？他讲反面教授。毛主席著作里面不是讲反面教员吗？他不说反面教员，他说反面教授，就是指我们下面这些人了。我说他这讲话是没安好心。

这次参观"四清"持续了一个多月。结束了以后回到太原，大家一起写总结。因为我调查时，在农村里跟农民"三同"，就是和农民同吃、同住、同劳动，了解了一些情况，对山西农村的吸毒问题和天主教反动教父的问题写了一个很好的总结。我的那篇总结在几十位教师里面算是最好的，所以有一个干部告诉我，你写得很好。他说这次让你们各位下来参加"四清"学习，就是给你们大家打防疫针，准备让你们参加大运动。这就是意味着毛主席搞无产阶级"文化大革命"是早有计划、早有准备的,"四清"运动就是前奏。

下边就是"文化大革命"了。1966年6月,山西大学师生收到北大聂元梓的大字报消息后,校内引起一片混乱。一时间,师生纷纷举行声援集会,大字报铺天盖地而来。在山西大学出现的第一批大字报里面就有批判我的,我们化学系的副书记组织教员来揭发我,说我是"申家村"反动集团、反党集团。"申家村"是说什么呢?就是我带的一批年轻教师,我把他们组织成一个课程组备课。他们把跟我比较合得来、比较听我话的人都打进来,说成"申家村"的伙计。他们讲我的罪状,一个是拉拢青年,组织青年走白专道路,腐蚀青年。另外一个罪状是说我铺张浪费。我到山西以后向教育部打报告,把我在南开那个氢化物的项目移到山西大学来了。为了继续做这个项目,我建设了一个实验室,许多玻璃仪器都是到北京玻璃厂定制的。另外因为氢化物怕潮湿,我那个实验室的地完全翻修,用防水的水泥减免潮气,他们没见过这些东西,就说我铺张浪费。

那时候我是要跟他们斗争的。我说毛主席说了,"大字报你一张,我一张",你贴大字报,我也贴大字报。我就讲你们说我是"申家村"是不对的,我跟北京的"三家村"不一样。实际上这时我自己思想也错误了,我以为吴晗他们那个"三家村"真是反动的。我说我跟他们不一样,他们都不是工农阶级出身的,他们的政治历史都是很复杂的。我工人家庭出身,政治历史清楚,而且我是对国家有贡献的,你们不应该否定我。后来别人告诉我,你这样写是不对的,你怎么知道"三家村"是错误的呢?你不应该这么比。我想这也对,我们都是受害者。

之后山西大学分成两派,斗得很凶,学校里边也越来越乱。虽然后来解放军进驻学校,暂时起到了稳定作用,但随着"文化大革命"的深入,两派开始武斗。这时解放军找到我,让我到外地躲一躲。这样在1967年,我全家避难到天津我老姐姐家,住了差不多有半年的样子才又回到山西。

回到太原后,我感到在学校里边很不安全,就在狄村农民家租了一间房子,我带着我的两个较大的儿子住,让我的老伴带着另外三个孩子住到城里我们一个同事家里,我们在山西大学的家里就没人住了。有一天我老伴带着女儿和二儿子回去拿东西，被造反派抓住了，要求交出家门钥匙。他们借口说钥匙是放在一楼邻居家，躲进了一楼外语系教授常风家，然后从后窗户跳窗逃跑。可惜人家在楼周围都布了岗，两个孩子腿脚灵活，逃跑成功，老伴最后一个跳下，被一个姓范的锅炉工抓住，拖回前门，强迫她把家里的东西都搬出来扔到楼梯上，然后把她放回来。老伴告诉我家里的东西全扔出来了，一大堆都堆到楼梯间上，造反派要占了我家的房子。我说好，不怕，就放在那，我们不去收拾，我的东西都不要了。所以我们受了很多的损失，那时我没什么办法了。我们家从此成了造反派的武斗据点，楼上历史系教授刘子威家也被占。直到1968年工军宣队进校，才把房子还给我们。

后来再下来，就是1969年林彪的战备疏散了。我们山西大学全部迁到昔阳，就是大寨所在地。一到昔阳穆家会村，我就被关进了清理阶级队伍学习班。我老伴带着两个最小的儿子住在昔阳老乡家里。那个屋子长期不用，土炕烟道不通。他们也不懂，结果中了煤气。6岁小儿子最重，一氧化碳中毒性脑病影响了他终生。

山西大学在昔阳的清队斗争整的人比较多，也死了人。如化学系的李金波、金启星以及党委的王西都是那时自杀的。当时在学习班里有几个教师跟着我让我写交代材料，后来他们又组织教师职工到全国各个地方去找我提出来的认识我的人，调查我的个人情况。经过差不多半年的时间吧，调查清楚了，我没有什么问题，就宣布给我解放，也宣布了调查的结果，申泮文是个好人，没有问题。同时军宣队也宣布了，以后不许有任何人有伤害我的行动。所以"文化大革命"中，实际上就是1966年到1970年我受到批判，之后就把我解放了。

"文化大革命"时期的科学研究

"文化大革命"期间，只要没被关起来，金属氢化物的研究和生产就一直在继续。我带着王恕昌、张靓华在实验室里生产氢化铝锂，提供给军方。这中间还搞过彩色荧光粉的研制。70年，在昔阳后期，军宣队的一个首长找我说，现在全国在大搞彩色电视机，山西大学也预备搞，给化学系的任务是制备彩色荧光粉，物理系来组装彩色电视机。

这样，1970年8月，我带着两个教师先回到太原打前站，准备开展彩色电视机荧光粉的合成研究。后来又陆续回来两个教师，我带着四个教师研究荧光粉如何合成。当时外国的红色荧光粉是钒酸钇，钇是稀有金属。基于我国的生产条件，我国用的彩色荧光粉是硫化物荧光粉。红绿蓝三基色，红色是硫化镉荧光粉，绿、蓝都是硫化锌荧光粉。要制备荧光粉，先得合成基质材料，就是硫化锌。硫化锌怎么做法？是硫酸锌中通入硫化氢，硫化锌沉淀出来，同时生成硫酸。这是个平衡体系，硫酸锌跟硫化氢起反应的时候，先产生硫化锌。当产生的硫酸浓度大的时候，又把硫化锌溶解。

这种合成工艺产生有毒的硫化氢尾气。少量的硫化锌可以在小瓶子里合成，利用通风橱把尾气排出。可是，这样合成量太小，我们一天起码得生产出半公斤至一公斤的硫化锌，这得用大容器。我就把这套反应装置从通风橱里面搬出来，摆在大实验台上，用大的蒸馏水瓶做反应器。山西省运城有个盐湖出产硫酸钠，硫酸钠焙烧还原变成硫化钠。这种硫化钠纯度很低，连工业纯度都不够。我们买回这个硫化钠，和硫酸反应生成硫化氢气体。硫化氢在一个反应瓶中生成，然后作为生产硫化锌的原料通到我这个大反应器里边去，跟提纯出来的硫酸锌水溶液反应。这个平衡系统里面剩余的硫化氢怎么办呢？我就用氢氧化钠溶液把它吸收，整个系统做成封闭的，大瓶子、大罐子，在大实验台上整个摆着，但是屋子里面一点硫化氢的气味也没有。这个系统做得非常成功，我每天可以生产差不多一公斤的硫化锌。

我这个平衡反应的产物是硫化锌和硫酸。其中硫酸是纯净的，滤出硫化锌以后，硫酸还有一定浓度，我们拿它去处理工业的氧化锌。工业的氧化锌纯度不高，含有重金属，如钴、镍、铜和铅等，这些物质对于荧光粉是有害的杂质。我这个硫酸是饱和了硫化氢的，其他重金属的都不溶解进来，光是氧化锌溶解，与硫酸反应生成纯净的硫酸锌。

所以我这一个方法，它的好处就在于利用反应里边所提供的纯化条件，内部自己提纯，不需要特别的纯化试剂，可以用纯度很低的原料成功地合成出硫化锌。我们做成的硫化锌、硫化镉的质量非常高。接下来另外一个老师，现在在山西大学有一点名的杨频去做彩色荧光粉，就是往硫化锌、硫化镉基质里加上激活剂，然后高温煅烧。他煅烧所需要的高温炉也是我设计制造的，是个立式的炉子，以石英管做反应器，用硅碳棒可以烧到1200度的高温。后来从昔阳又回来大批老师，我老伴带着孩子也回来了，他们也参加研制了其他类型的荧光粉，又做了许多实验。最后物理系用我们这个材料做成了显像管，也做成了成件的彩色电视机。这一个工作我们是做得很成功的。

　　那时候研制彩色电视机是陈伯达倡导的，全国许多许多单位都在搞，造成了很大的浪费。但我们制备的硫化锌荧光粉非常成功，而且非常节约。可是这个工作以后也是白费，因为这个项目全国一下子一块都下马了，是一哄而上，又一哄而下。虽然我们做得很成功，可是也没有再继续了。

　　这个工作的成功，一方面是因为以前我在南开大学有合成纯品化学试剂的无机物合成、纯化的工作经验，另一方面是我翻译这套《无机合成》丰富了我的无机化学知识，对我设计实验是很有帮助的。荧光粉的合成工作虽然没有继续下去，但是通过这个课题我获得了如何放大实验、如何开展大规模无机合成的经验。

　　荧光粉下马后，我又接着在我的那个氢化物课题方面做了一些工作。当初我在天津合成氢化铝锂，是我们中国国内第一次合成氢化铝锂。我到了山西以后给教育部打报告，把我那个教育部的项目移到了山西大学。受当时国家经济条件所限，组建实验室所需要的许多设备和材料都需要我自己跑指标，等氢化物实验室建成并可以开始工作已经是1966年了。

　　这个工作最初也是在外边找的经费，是天津市化学工业公司帮助我找的天津化学试剂三厂，他们提供了两千块钱作为研究经费。我不知道这个钱是从试剂三厂拿出来的，就把我的工作结果报告给了天津化学工业公司，结果试剂三厂就有意见了。后来我完成荧光粉的工作以后，天津试剂三厂来找我，说："当初你做氢化铝锂是我们提供的经费，现在我们想生产这个产品，希望派人到山西跟你学习。"他们派一个技术员，带一个工人来跟我们学习。这样我就带着两个教师重新开始了氢化铝锂的合成工作，这次是比较大规模的生产，一天至少可以生产半公斤。

那时，学校里边还有一个副校长李子康对我的工作也很支持。他听说我的工作能和工厂结合，非常高兴，常常亲自来看看我们。天津试剂三厂的人培训结束以后，我们还继续生产氢化铝锂，因为有单位要买我们的产品。青海的黎明化工研究所是化工部的一个做军工的研究所，他们要拿氢化铝锂做原料生产氢化铝。氢化铝外层成键电子只有三对，是缺电子化合物，不稳定，可以用作火箭燃料的添加剂。我们陆续给他供应了差不多十公斤产品。这个物质是危险品，运送起来很费事的，得装在大铁箱子里面用火车拉到青海去。我曾经带着我的两个助手到西宁去，看看他们怎么样使用我们的产品。可是我们去了以后，他们说那个东西还没运来呢，因为交通方面有困难了。

1974年他们完成了从氢化铝锂合成 α 型氢化铝的工作，由侯祥麟老院士亲临主持开了一个很大的鉴定会，邀请我去参加。这时候山西省又要选第四届人大代表了，山西大学党委书记的意思还是让我去，可是造反派就持反对态度了，一定要我向大家做报告、做检查，斗私批修，自己讲讲自己的思想，怎么去做人大代表？我讲了一次，他们不给通过，所以正在矫情着。这个时候化工部的邀请信来了，邀请我去青海开会。我跟书记一说，书记一叹气，说好吧，你去开这个会吧，第四届人大别参加了。

于我就和张靓华两个人去参加这个鉴定会。我一讲我们做的氢化物工作，他们就说："我们不知道你在做氢化物研究，如果知道早就找你了。"我就提出几个课题，其中一个就是氢化铝如何添加到火箭燃料里面去，从而做出固体的火箭推进剂。现在常用的火箭燃料是偏二甲肼。用偏二甲肼作燃料时，氧化剂是红烟硝酸，也就是饱和了五氧化二氮的硝酸。红烟硝酸中的氮是五价的，是氧化剂；偏二甲肼中的氮是负二价的，是还原剂。火箭燃料的燃烧反应就是二者发生的氧化还原反应。在电视上看到的发射火箭时冒的红烟，就是燃烧产生的一氧化氮在空气中变成二氧化氮。他们希望把氢化铝作为添加剂加入火箭燃料中，增加爆发力。当时我想呢，有这样的一个可能：偏二甲肼这两个氮上面各有一对孤对电子，而氢化铝是缺电子化合物。所以这两个化合物，一个多电子，一个缺电子，很可能结合在一起，产物非常可能是固态的。这样就可能做出固体的火箭推进剂。我就说我们可不可以考虑研究这个问题。

鉴定会开完了以后，化工部就给了山西五项研究任务，其中三项研究任务都是给我的。因为省委安排了，造反派的一个副校长就开了一个会，说怎么怎么样给你配备人，打开实验室给你做。后来，没下文了。我就说怎么回事，怎么没消息了？张靓华说他们还是不让你做，你就别理他们了。

再后来，因为我这些项目一直不能做，我又到农村去搞腐植酸去了。那是山西大学招收工农兵学员的第二年，这一级学生比较调皮。当初我定的这个专业叫做无机合成专业，他们问我，"我们出路在哪儿呢？毕业后到哪儿去，做什么工作？"我就按照当时的教育方针说，"你们从哪里来就回到哪里去。"他们一听就不干了。再加上我们教师里边造反派的挑拨——他们挑拨说，"你们别听他的课。他就是让你们从农村出来，受了苦，再回农村去。这样你们还上学干什么？"结果他们就反了，不好好学习，等于罢我的课。同时呢，当时出了个白卷英雄张铁生。张铁生也反对传统教育，他们就结合张铁生闹起来，造反派的老师们也就势逼着我下台。结果这个课转到了一个没毕业的人手里。那我就把精力放在腐植酸的工作上了。

山西省是一个煤炭大省，各个地区、各个县都有煤矿，在煤露头的地方，粉末状的煤被空气、水氧化出腐植酸基后，变成黑糊状，这就是腐植酸。甚至有些地方，土地下面一两尺就是煤，这些煤都已经风化了。打个眼装点炸药，点着了一爆，就把腐植酸给翻出来。其实腐植酸的来源很多，植物腐烂、木头腐烂、造纸厂剩下的废料，里边都会有腐植酸，不过那些含量都很低，而山西省的风化煤腐植酸是高浓度、高含量的。

当时山西正在推广腐植酸的应用。那时候工业都停了，造成农业肥料不足，所以在农村推广用腐植酸代替肥料。当时我的一个助教马信忠被别人拉去支援研究腐植酸作为肥料的应用，他就拖着我去。那时候山西省腐植酸的管理机构是山西手工业管理局下边的腐植酸办公室，他们要组织农村的人来听教授们讲课，讲讲腐植酸是怎么回事。这样，就让我去讲腐植酸。

我并不确切地知道腐植酸基的结构是什么，但推测它可能是支链的羧基，或者是芳香环上的羟基。我给他们讲解说，腐植酸本身不是肥料，但它已经成为煤粉了，对土壤有疏松的作用。另外，它上边有芳香的羟基，或者是支链的羧基，可能对保护磷肥有好处，因为磷肥会和土壤里边的钙、镁离子结合而失去肥效。所以我当初给他们讲，通过螯合作用，磷就被腐植酸的官能团包起来，成为一个螯合物，这样就把磷肥保护起来了。我讲得通俗，他们觉得有兴趣，这一下子就巩固了我在山西开展腐植酸工作的位置。

因为化学系不让我讲课了，没人管我的工作，随便做什么都行，我就开始研究太原附近有哪些腐植酸的资源。结果发现离我们学校不太远有个郝庄公社，山西念"赫"，郝庄公社有一个武家山煤矿，这个煤矿里边有腐植酸。武家山煤矿的书记彭生开，人很直率，也管事。我就到他那里去考察腐植酸。

经过考察，我对彭生开说，"你的腐植酸资源很好，我教你们怎样把腐植酸变成肥料。"这是怎么个变法呢？太原市有一个苏联帮助建立的生产氨的化肥厂。这个工厂先用煤烧出一氧化碳，然后一氧化碳跟水蒸气反应，产生氢气和二氧化碳。用高压水淋洗来分离氢气和二氧化碳。氢气不溶解，二氧化碳溶解在高压水里边就被分离出来了。合成氨是一个平衡，没有反应的氢气，也通过这个水纯化以后，再回到合成氨的高压炉里边去。高压水通过平衡气体时，会带出一部分氨气。最后高压水不要了，就从阴沟里放掉。我就告诉彭生开，"这个水里边有氨，浓度大概是百分之五六。你拿上桶，到那个地方装水回来，它不要钱的。然后把你的风化煤铺在场子上，叫些工人穿上大胶靴，戴上口罩，拿木锨把氨水跟腐植酸拌起来。然后拿大塑料布一盖，捂它一两天，就可以作为腐植酸氨肥料卖。"这是因为搅拌时，氨水和腐植酸直接反应，废水里边的氨被固定下来，生成腐植酸氨，就真是肥料了！这样他就赚钱了。

同时我还告诉腐植酸办公室主任,可以把郝庄公社建设成为山西省的一个腐植酸工作据点,做腐植酸的分析化验工作。我劝他投一点资,买几台天平,买一些玻璃仪器,招一些年轻人来,给山西培训一些搞腐植酸的人。他同意了。这样,我就带着山西各地来的一帮年轻孩子们,教他们怎么做分析。比如化验中需要蒸馏水,却没有必要花钱买个大的蒸馏器,我们搞化学的有许多简单的办法。那里的水,不管是自来水,还是泉水,硬度比较高,水中钙、镁和铁离子都有。我就让他们在大瓶子里加点碱面,把重金属都沉淀下来。然后,把清水抽出来,因为这里边加碱面了,就成为碱性的。我让他们再往里边滴加硝酸,拿试纸来试,达到中性的时候就好了。这个水就可以代替蒸馏水来用。为什么?这水里边没有了重金属离子和碳酸根离子,光有钠离子和少量硝酸根离子。而钠离子和硝酸根离子并不影响我们做腐植酸的分析工作。所以这样,又省了钱,又培训出一些学生。这个工作非常有效,培养了许多人,现在这些人中有些还在搞腐植酸。

后来因为这个工作属于下乡支农,我就可以调动山西大学的一些教师和学生过来。陈复之和车云霞就被调过来了。我们编了一个简单的教材给培训班的学生们讲课,教给他们基本的化学知识。有了化验室,我们就把几个地方的腐植酸拿来研究和分析,给腐植酸建立了一个全分析方案,后来在《山西大学学报》发表了一篇文章。

另外我在做腐植酸的分析工作时,发现有的地方的风化煤中腐植酸含量很高,比如武家山有几个煤矿洞,我都进去过,它离地面不很深,这里腐植酸含量很高,达到百分之八十接近九十。可是有的地方的风化煤中腐植酸含量就比较低。含量低,并不是腐植酸真的少,而是腐植酸跟矿里的钙、镁离子结合了,生成钙镁的腐植酸盐。我发现其中的钙镁离子很容易拿下来,用三个当量浓度的稀盐酸一洗,钙镁就被洗掉了,腐植酸含量立刻就提高上去了。这是我的一个创造,就是风化煤腐植酸的简易提纯法。我把钙镁含量很高的腐植酸叫作高钙镁腐植酸,拿盐酸一洗就变成高含量的腐植酸,含量可以达到百分之八九十。

发现了这一提纯法以后,我就跟山西省有关的社队商量,如果谁家有高含量的腐植酸,哪怕是高钙镁的都没关系,都可以搞社队企业生产。

后来我们支持了两个社队企业，一个是在孝义县，另一个在晋中。生产工艺首先是高钙镁的腐植酸与稀盐酸反应，拿大铁锅做反应器，在下边烧点火加热。搅拌一段时间以后，把固体捞起来就是腐植酸。稀盐酸会腐蚀铁锅，可是没关系，酸洗快一些就行。低浓度的盐酸侵蚀很少，铁也不至于浸到腐植酸里面来。然后拿去烘干。烘干也简单，就是在农村的土炕上铺上席子，把腐植酸搁上去就可以了。这样制得的腐植酸纯度最高的可以达到95%。

天津化学化工进出口公司编的国外需求产品目录里边有腐植酸。我就直接和山西省的外贸部门联系，请他们帮助我们出口腐植酸。他们联系腐植酸出口挣外汇，是哪个国家要，人家要去干什么用，我们都没调查。我只知道，在1974年、1975年，这两个社办企业腐植酸出口给山西挣了45万美元外汇。

这样山西省的腐植酸办公室就发给我一张红纸，聘请我给他们做顾问。办公室的主任亲自出马，和我这个顾问带着我们这一帮孩子到晋南各个地方走一圈，看看地方上推广腐植酸的工作做得怎么样。这样我就有机会接触到各县的社队腐植酸资源的资料。

我一直强调科学研究一定跟国家的经济开发、经济发展紧密结合，为祖国生产的第一线服务。这个思想也是南开的思想。那时候我想，我既然到下边去了，每个社队有多少资源总该知道吧？我最初只是想统计一下山西省风化煤资源究竟有多少。根据不完全的资料，统计结果是全省大概有八十万吨，各个地方都有。所以我想，既然我做这个统计了，就可以画出一个资源分布图送给化工局。将来要是组织开发山西省的腐植酸资源，这是个很好的依据。

就这样，我统计了山西省各个地区，哪些县、社队有腐植酸资源，是高钙镁、低钙镁的，还是柴皮炭——是更高度风化的腐植酸。然后，我就分门别类，用不同的记号把它画在地图上，画成了《山西省风化煤腐植酸资源的分布图》，把这个图送到了山西省化工局。化工局局长是个老干部，又是我们新山西大学的创办人。当初别人骂知识分子骂得很厉害，他对我还比较客气。我拿这个图去送给他，他是非常高兴的。

再后来，我又有一个发现：腐植酸很容易跟碱中和，不要加热就能反应。比如武家山的腐植酸，我让他们拿氨水来拌，就得到腐植酸铵了。我发现氢氧化钠、氢氧化钾，甚至碳酸钾都很容易与腐植酸反应生成腐植酸盐。就是加点水，一起拌起来，直接就合成了腐植酸盐。腐植酸钾是很好的钾肥。这样我又创造了腐植酸盐简易合成法。

腐植酸盐的合成工作，后来我回到天津也接触过。那时天津化学化工进出口公司有个姓田的工作人员告诉我天津也在生产腐植酸钠，让我去看一看。我看了塘沽的一个厂子，他们说东南亚要腐植酸

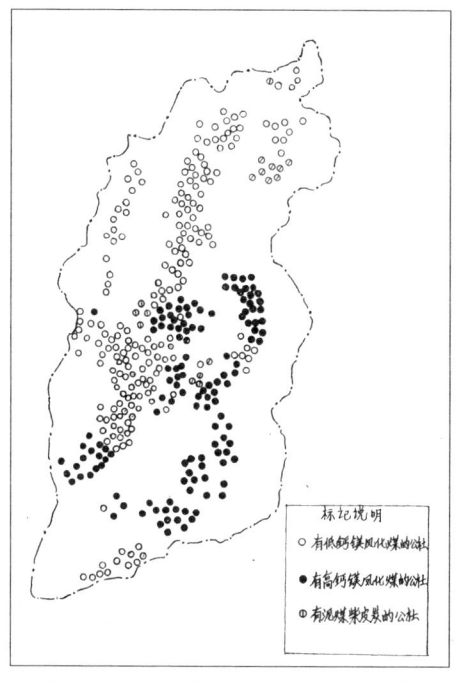

图5-2 山西省腐植酸资源的分布图（《山西大学学报》（自然科学版），1978（2）：53）

钠，可以作农作物的喷洒剂，既可以作植物激素，又可以当作杀虫剂。但他们的生产工艺有问题。他们也不化验，不管是高钙镁还是低钙镁，把腐植酸拿来以后就放在大锅里，加很多水，然后就往里加氢氧化钠。因为天津有化工厂生产氢氧化钠碱液，他们把碱液加进去，就生成了腐植酸钠的溶液。再用大煤火加热，把水蒸发掉，腐植酸钠就像膏药一样漂到蒸发液上面，捞起来冷却以后就结晶了。

我一看就说你们太笨了，这样子又费燃料又费水，水都白白蒸发掉了。我告诉他们，可以到山西去买那些社队出口的工业纯腐植酸，然后在热炕上拿浓氢氧化钠溶液把它拌起来，立刻就生成腐植酸钠了。而且在热炕上一烤，它的水分一走掉，腐植酸钠立刻就结晶出来了，可以得到很好看的紫色晶体。这样生产腐植酸钠很简单，今天合成了，明天就可以装包出口。塘沽化工厂就按照我这个方法改进了生产工艺。并且他们又有所改进，因为热炕总是不好，土炕要铺个席，很不方便的，而且温度也不够

高，蒸发得不快。他们就建平板铁锅，用砖把炉子砌起来，下边烧火，上边在钢板上拌。拌完了以后，它就完全是晶体了。

他们改进工艺以后，我去看了看，说，你们用我的技术，能不能给我一些报酬？他们就说他们的生产如何如何困难，什么也不给。所以我说，我这几项东西，当时都不懂得报专利。我如果报专利，可以报一个腐植酸的简易提纯法，一个腐植酸盐的简易生产方法。下边还有一项呢，是分析化学方面的。

生产腐植酸盐需要知道，每一克腐植酸需要多少毫克当量的碱和它反应。这是一个酸碱中和反应，怎么测定滴定终点呢？它的终点很难测定。因为腐植酸在水里是不溶解的，把它搁到水里边，往里面一滴加氢氧化钠，它立刻就生成腐植酸钠。腐植酸钠是深棕黑色的，可以溶解在水里，它的颜色掩盖了指示剂的颜色，因此就没法确定滴定终点。

当时，在太原的中科院煤炭化学研究所也有人研究腐植酸。可是他们没有像我这样真正下到农村、下到基层，又兼研究，又兼考察，又要解决实际问题。其实这是生产上的问题，我有多少风化煤腐植酸，得要往里面加多少碱才能完成中和，还不能有过剩的碱造成浪费。他们用什么方法测定终点呢？用电导滴定法。可是，腐植酸盐是一个强碱弱酸盐，水解很厉害，所以电导滴定法只能说大致有个终点。我觉得这不科学。

我想到了一个特殊的分析方法，就是比色法。因为腐植酸不溶于水，加碱后生成腐植酸钠，它就溶解到水里来了。溶液是棕黑色的。加碱加得越多，腐植酸钠溶解得越多，颜色就越深。这个比色怎么比法呢？我最早做的时候，称十个样品，每个样品一克，放在一个小烧杯里边，加一点蒸馏水。然后这十个烧杯里边，每个里边逐一地加碱，这个加一毫升，那个加两毫升，下一个加三毫升，这么一直加到十毫升。然后搅拌、溶解了以后，分别转移到十个容量瓶中。我把它稀释成250毫升后，就可以看出各个容量瓶中的液体的颜色不同。前面的含碱量低的颜色较浅，随着碱量的增大，颜色逐渐变深。完全中和以后，颜色就不变了。

这样可以画出标准曲线，横坐标是加碱的量，纵坐标是消光颜色深度。慢慢加碱，它是条升高的曲线，等加碱加到完全中和了，它的颜色就不变了，就成为一条平线。这样就出现一个拐点，拐点处就是滴定终点。这种方法在化学实验里边，叫做连续变化法，是最早研究络合物的方法。这样，我就准确地找到了滴定终点，也发表了一篇文章。这是一个非常好的方法，也是比较聪明的方法。

总而言之，我为山西的腐殖酸研究、推广工作做了这几件事情：最早是办化验室、办培训班；接着发明了风化煤腐植酸的简易提纯法，产品纯度大概不低于95%，我把它叫作工业纯的腐植酸，出口挣了外汇；然后我走遍了山西，画了一个腐植酸资源分布图；再后来发明了腐植酸盐的简易合成法；还用比色法解决了中和过程中的滴定终点难于判断的问题。

等到粉碎"四人帮"以后，山西省召开了山西省科学技术大会。我把这些工作总在一起，也报了一个项目。但是这些工作，都是在下边干的不起眼的活。除了有些用分光光度计的测试工作是到山西大学我的实验室里面去做，其他的都是在农村里边的一个很简陋的实验室里做的。而且我带着的人，一个是我女儿，她当时是高中毕业的水平，另外就是这几个厂子的工人，他们顶多是初中文化水平。你看我发表的文章，署名都有这几个工人。所以他们不懂我这个东西的价值，只给了我一个四等奖。我也并不介意，我说我这些东西都是很出奇的、很特殊的，他们都不懂。

后来这些结果在《山西大学学报》上发表以后，很多人都看到了。跟我发表在《国外科技动态》上的介绍国外化学新发展的那些文章合在一起，对我后来的发展产生影响。这个可以说是歪打正着。做这些工作的时候，我都没想将来有什么提高的希望，我没往这方面努力。只是想反正学校里是这么一个环境，受排斥、受打击，不如我下乡到农村里边去干这个苦差事。

现在成立了一个全国腐植酸学会。它的第一期刊物寄给我，称我是腐植酸工作的先行者。可是现在在我们国内始终没有找出来这么丰富的腐植酸资源能干什么用，没找出它大规模生产后的应用。过去有人应用在什么地方呢？比如铅酸电池，它的电极铅板当中有很多空格，这些空格都是用氧化铅和腐植酸拌起来填充的，这里腐植酸是作为胶黏介质，作铅酸电池的电极用。但这种应用是很有限的，其他没有发现有什么大规模的应用。

离开山西

1970年我被解放后，就开始利用空闲时间去查阅资料。太原有一个华北卫生研究所，我认识他们的领导，就问他说，"我能不能到你们图书馆去查阅一些新来的文献？"他说："我们图书馆不开门了，现在他们都不工作了。"我说："那你能不能想办法让我进你们的书库，我翻翻你们新到的期刊。"他同意之后，就通知他们单位管书库的，每天上午打开书库的门让我进去。而且，晚上允许我把新来的《化学文摘》借回家里查看。当时，我们学校里从国外来的文献都停了，他们这里还有。

这样，我就开始收集无机化学领域中有关无机合成、络合物——后来叫配位化合物、硼的化合物和原子量测定这些方面的文献，同时也发点小文章报告国外的进展。1974年在科学院科技情报研究所的刊物上发表了一篇讲化学元素周期表及其发展的文章。在那时候，许多高等学校的老师们都不念书，都去做逍遥派或者是在家里面过舒服日子了，只有我把一些国外的科学进展介绍过来。像这个宝塔式周期表，叫波尔表，以前在国内从来没有任何书刊发表过，是我第一次介绍进来。因为那时候发表文章都是有风险的，所以我采取两个保险，一个保险是署名只写我的单位——山西大学化学系无机化学教研室；另外一个，我讲《实践论》，给文章戴个帽子。我就讲，科学实践是检验真理的标准，科学历史的发展都是经过实践证明的。实际上这也是讽刺"四人帮"的形而上学。

这篇文章起了什么作用呢？当时学术界万马齐喑，化学知识的新报道没有了，所以大家看到这个东西很新鲜。情报所的所长袁翰青先生看了文章后写信给我说："以后你发表什么文章、出什么书，任何东西，一定给我一份。"当时我没多想，因为1941年我在甘肃科学教育馆任技术干事时，他是科学教育馆的馆长，我曾经是他的部下，他跟我要这些东西我觉得很自然。他愿意了解，那我就什么东西都给他，每次都寄很多东西。那时候我组织翻译的《无机合成》正好出了好几本，我都寄给他。

紧接着又发表了《国际原子量的变迁》。因为那时候已经开始用新的方法质谱法测原子量，新的原子量测定结果不断出现。但在咱们国内，从来没有一本书或者一个刊物讲过化学原子量怎么测的。所以我特别写了，当初化学原子量是怎么测定的，然后怎么转变成物理原子量，怎么用质谱仪来测定原子量。所以这些内容在那个时候是比较新鲜的。文章发表以后，袁先生很重视，做原子量测定工作的张青莲先生知道了，他也很喜欢。这两篇文章再加上在《山西大学学报》里发表的我对硼化学、配位化学的一些新的文献的总结，引起了这些老科学家们的注意。我们山西大学有人到南京大学出差，戴安邦先生对他说："你们的申泮文先动手了。"

南开大学杨石先杨先生也注意到了我的这些工作。1978年5月，天津市委统战部组织天津市的有名教授去参观大寨。杨先生的要求是，去大寨，我要到太原去看看我们支援山西的这些人。我后来才知道，实际上他就是冲着我去的。

和他同行的还有陈茹玉教授。他们住在晋祠宾馆。我跟我们的教务长陈舜礼一块去看望，杨先生说，明天要到山西大学看看你们各个人的家，

图5-3 改变命运的两篇文章（左：化学元素周期系的新发展，国外科技动态，1974（2）：63—66。右：国际原子量的变迁，国外科技动态，1974（5）：59—63）

我慰问你们。第二天,他跟陈茹玉就到了山西大学,陈舜礼安排杨先生到他家吃饭,陈茹玉到我家吃饭。杨先生却说,我要先到申泮文家看看他,看看他的夫人,这么就先到我家了。杨先生到我家一眼就看到我书房里满地堆着我们翻译的新出版的《无机合成》,然后他特别注意了我挂在墙上那张《山西省风化煤腐植酸资源分布图》。

当时,我没注意他看这个图。在我回到南开大学之后,元素所管理总务的副所长告诉我说:"杨先生一回来就大力讲你,讲你那个《山西省腐植酸资源分布图》。说你在那时候能够走遍全山西,收集这些资料,是很好的事情。"看来杨先生是很重视这个图的。他走的时候,我还把我的作品一样送他一本。

后来杨先生回到南开大学,开了一个单子,给国务院副总理方毅打了一个报告。报告说,当初周总理给他的任务建立元素有机化学研究所,研究农药的生产,支援全国农业。可是受"文化大革命"的影响许多人都走散了,现在他要收回十个人。他开了十个人的名单,把我写在第一个。方毅通知到教育部,教育部部长发了一个调令给山西省高教局,因为工作需要,调申泮文回南开大学工作。山西省高教局当时不同意放我走,经过教育部的帮助和多方的努力,山西省最终放行。于是,1978年12月,我先行回到南开大学,我的老伴和孩子1979年才调回天津。

所以我回南开大学是经过艰巨的斗争的。我1916年出生,这时候1978年,我62岁了,已经到了没人要的年岁了。能回到南开大学,我确确实实非常感激杨先生。杨先生把我调回到南开大学,给了我一段新的黄金时代。

图 5-4 山西大学化学系送别申泮文夫妇(前排左起:山西大学化学系主任严德浩,申泮文,曾爱冬,山西大学政治系书记郭学勤。原载山西大学校史编纂委员会编,《山西大学百年校史》,中华书局,2002年3月)

第六章
黄金时代

意外的学部委员

"文化大革命"期间我在山西的工作成果，包括《国外科技动态》杂志上发表的两篇文章，在《山西大学学报》上发表的几篇论文，以及出版的几本译作《无机合成》，引起了杨石先先生、袁翰青先生等老科学家的注意。大家见到了，在大家都不动手的时候，申泮文还在努力做工作。正因为这一点，杨先生才亲自到山西把我要回南开。也是因为这个原因，后来我才当了中国科学院的学部委员，这是我连想都没想到的事情。

1980年那次申报学部委员的时候，杨石先先生是很谦虚的。早年我们南开大学化学系从国外聘请了一批人回来，阵容很强。但因为杨先生是中国科学院化学部的创办人，所以他就说，申报学部委员，南开大学不应该占的名额太多，我们只报三个人。别人呢，杨先生都给打招呼，说你等一等，下一次再报，应该让别的学校，别的单位都能有人上来。所以南开大学就报了三个人，是高振衡、陈茹玉、何柄林。

由单位申报学部委员候选人这个事情，我当时根本就不知道，我连想都没想过这个事情。因为他们几位都是从国外回来的，都有高学位，都有系统的研究工作。而我没有出过国，又没有拿高级学位。我自己的科研虽然做了一点，但还没有完成有系统的工作，因此我根本没有注意这个事情。1981年春，我被《化学通报》聘作编委，在无锡开编委会。我还记得当时正值南方的梅雨季节，天天下雨，感觉无锡比天津还冷。在开会的时候，一个编委王治浩跟我说，中国科学院学部委员评选的结果发布了，你们学校有好几个人上了榜了。我说都是谁呢，他说不记得，你回去就知道了。

等回来以后呢，才知道我们上了五个人，除了高振衡、陈茹玉、何炳林之外，还有陈荣悌、申泮文。我觉得很奇怪，后来上北京见到袁翰青先生，就问袁先生怎么回事。他说你们杨先生没跟你讲？你们杨先生应该告诉你啊！我说我不知道，他说你回去问问杨先生就知道了。他也不讲怎么回事，实际上我是他推荐的。他推荐以后，经张青莲先生等人的复议，我进入了候选人名单。再一投票，可能是因为那个时候我已经取得一定的知名度，而且后来杨先生告诉我说，当初他们讨论时，学部委员的候选人里边无机化学学科几乎没有什么新的人，所以就把我补上去了。杨先生跟我说，他那时候不是很高兴，因为他跟我们学校别的人说了，你别着急，我们这次报三个人，你下次再报。可是现在我和陈荣悌出来了，杨先生人都不好处了。而且外边有的人说，南开大学上了五个人，一定是杨先生有私心了，把他几个学生都弄上去了。实际上没有，杨先生只推荐了三个人，我是袁先生

图6-1 1980年南开大学化学系5位教授当选为中国科学院学部委员（前排左起何炳林，高振衡，陈茹玉；后排左起陈荣悌，申泮文）

推荐的，后来知道陈荣悌是当时化学所所长柳大纲推荐的。

我就这样非常意外地当上了学部委员，我自己根本就不知道怎么当选的。但是，正因为我突然当上了学部委员，我感受到了很大很大的压力。我必须在工作方面给自己增加压力，加紧地去做更多的工作。所以我的工作这时候有一个很艰难的发展。

无机化学教研室的新局面

1978年底我调回南开大学，这时化学系无机教研室的许多年轻老师一再来找我，说你回到无机化学教研室吧，我们教研室没有头。化学系副系主任高振衡也亲自来找我，说让我不必在元素所，一定要回去。这样我也有了想法，想回到无机化学教研室。这边对我来说轻车熟路，另外在山西大学，我一个人带着一大帮子青年人，组织教学，组织开展科研活动，取得了很多的经验。因此我想回到原来的教研室，我可以管得住，领导得起来。

杨先生看在眼里，诚恳地对我说，"我把你找回来就是想让你发挥你的作用，你不一定非待在元素有机所。你愿意在元素所就在元素所，你不愿意在元素所，想到别的单位，我也会支持你。这个问题由你决定。"这样我就回到无机化学教研室。

我回南开的时候，还给南开调回来几个优秀的学生。五十年代在南开大学的时候，我教过两个非常棒的学生。一个叫夏炽中，

图6-2　1984年4月申泮文夫妇与杨石先合影于南开大学校内花园（左起：申泮文，杨石先，曾爱冬）

他学习非常好，毕业以后留校了。因为他外语非常好，能够自学七八门外语，所以留校以后，就给苏联专家做翻译。后来翻译任务完成以后，他就进到有机教研室，因为请来的苏联专家是搞有机化学的。后来他到了山西大学工作，我离开山西大学后，他就找机会出国了。出国学习再回来，南开大学聘他做兼任教授，这是我给办的，跟程津培院士在一个课题组。

还有一个人比他班次低一点，叫周永洽。"拔白旗"的时候，他被分配到三门峡搞泥沙去了。我回到南开大学以后，把他也调回南开。因为我准备搞硼化学，需要用核磁共振，我说你在这方面准备准备，将来我需要核磁共振，你可以在这方面开展工作。因为他是我们南开大学化学系毕业的拔尖的人，周永洽到了我教研室以后，大家都很另眼看待他。

另外还有一个我在山西教的工农兵学员陆秀菁，她和车云霞是同一届的，学习也是很棒的。我把她调到南开大学，先跟我在元素所分析组搞分析，后来元素所把她送到国外。现在她是美国农业部的专家，很不错的。

"文化大革命"当中南开大学校内的武斗很厉害，化学系受到很大损失。我回到化学系时，无机教研室一共有50多个教师，但只有我一个是教授职称，其他最高的职称就是讲师，下边是助教、实验员。而且只有一个去苏联留学过，有副博士学位[1]，其他的人包括我都没有高级学位。经过"文化大革命"极左路线对人思想的破坏，教研室内人心浮动，非常混乱。我回来以后感觉到，要想把这个教师队伍整顿起来，是个麻烦事情。我想首先要把思想安定下来，让大家齐心协力来建设这个教研室。

那时候我想首先要开始科学研究。当时正好学校有政策，要求每个教研室一定要有两个领头羊带头搞科学研究。我根据教研室的情况分析，说我得要三个领头羊。怎么样三个领头羊？第一是跟我做金属氢化物研

---

[1] 副博士学位（俄制），俄语 Кандидатнаук，苏联以及俄罗斯、乌克兰等流行俄式学制的欧亚国家的一种颁授给研究生的学位，级别比硕士学位高，相当于国内大学或欧美日各国大学授予的博士学位，低于俄式学制的全博士学位（相当于博士后）。英制大学也有副博士学位，大体略高于国内大学或欧美日各国大学授予的硕士学位，低于博士学位。

究，我让张允什负责。第二个，五十年代我在南开大学搞氢化物，有一部分人继续下来了，这些人让汪根时负责，研究储氢材料，也是我来带。这样我直接管理的两个组都是研究氢化物：有离子氢，即金属氢化物；也有共价氢，就是储氢材料。最后一个组由我的教研室副主任王耕霖管。她从前坚持要让我带她搞稀有元素，后来我去了山西以后，她转向做配位化学，所以让她带头研究配位化合物。关于配位化合物，我自己也去收集了资料。因为他们那个时候在做冠醚，我就找冠醚跟金属的配合物，就是大环配体金属化合物的合成。这是个总题目，里头有许多的专门问题，我总结了一些材料给他们一份，我说你们参考这个，看你们的工作怎么做。

三个领头羊安排好了以后，剩下的教师自由组织，愿意到哪个课题组就到哪个课题组。人分配完了，再分配教研室所属的实验室。特别照顾配位化学的课题组，先安顿她。有的年轻教师早早地把实验室占住了，我说你们先退出来，实验室给哪个老师，先给他落实政策。他们几位安排完以后，我再挨个儿给你们落实政策。这样就把大家都安顿下来，可以开展科研工作了。

另一方面是教学，包括一年级的基础课和无机化学专门组课的教学。无论是基础课、专门组课，我都是以身作则带他们工作。

我先整顿一年级基础课。基础课那时候都是大班招生，一年级招120个人。我把学生分成两个班，我教一个班，另外一个班安排一个文化大革命里比较活跃的人讲课，这样就把主要的人物都给安排定了。其他的教师也要组织起来，每个星期都开课程组会，研究教材。我亲自跟他们一起讨论课怎么教，怎么辅导，怎么上实验课，研究这些教学中的问题。

还有专门组课。我把专门组课的整个课程安排做了大的修改，过去教得比较好的课程保留下来，然后开一些过去没有的新课。比如说，开了过去没有的《高等无机化学》，我先讲一部分课，年青教师听了课后，在下边共同备课，再往下深入讲。另外还开了《无机化合物的结构分析》，让周永洽来教，他后来还写出书来，这个书也出版了。

我组织专门组教学的时候，下边有几个很得力的人。最突出的是廖代

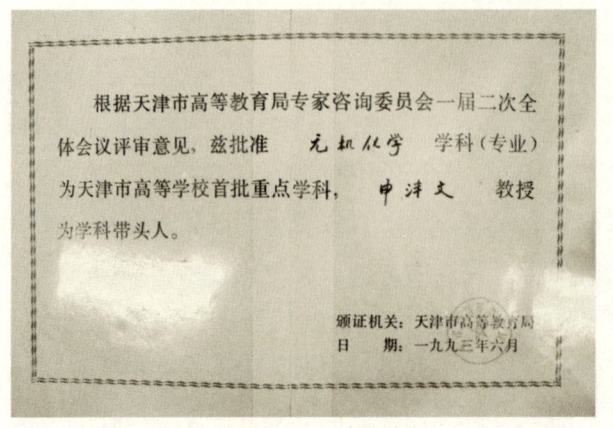

图6-3 天津市重点学科证书

正教授,他是福建人,复旦大学毕业,那时候也是个讲师。他讲"配位化学"讲得很好。通过这样的课程安排,我一下子就把我们专门组课的水平提高了,同时又安顿了一批人。

那时候教研室有50多个人,人太多了。除了实验员以外,教师人浮于事很严重。为了解决人事过剩的问题,我的下一个计划就是让安排不了工作的轮流进修。原来教课的人,现在除了安排主课的以外,剩下的人每个人脱产进修一年。读外文,读无机化学的一年级课以及专门组课,去读书提高,然后明年再轮换。后来讲主课的教师也有去脱产进修的。这样每个人都轮流过来,都有机会进修提高,大家都高兴。这一下子把人心安定下来了,工作就可以正常开展了。

那时候晋升职称压得很厉害,我尽量让能够争取晋升的讲师先进修。现在不行的,我就定下两个五年计划,要求在教学方面和科学研究方面都在这几年里边一定要出成果。第一个五年计划,我要我的讲师们有一批能够晋升副教授;第二个五年计划,把已经成为副教授的人升成教授。这样一来,教研室中教师的职称结构才能算合理。

等到1986年,教育部批准南开大学培养博士生。我于是制订了第三个五年计划,就是到1990年的时候,我的这批教授应该能够参加博士生导师的评选,成为博士生导师。后来无机化学教研室的工作就按着我的计划逐步开展了。到了1995年,我这里就有17位教授,15位副教授,包括我在内7位博士生导师,成为南开大学的重要学术支柱之一。原来化学系中最强的是有机化学,无机教研室则是后起之秀。1993年天津市把南开大学的无机化学评为天津市重点学科,我是学术带头人。

金属氢化物的研究

我做金属氢化物和储氢材料的研究，50年代在南开大学的时候就开始了。当时我的氢化物课题被教育部列入中苏科技合作项目，题目是"发展无机合成学科——金属氢化物与复合氢化物的合成研究"。这一项目在1963年还被列入我国"二五"科技发展规划。

在南开大学做金属氢化物的合成工作，首先是从合成氢化铝锂开始的。氢化铝锂是一类重要的还原剂，在当时才刚刚出现，合成方法还不成熟。我们用的方法是用氢化锂和氯化铝在乙醚中反应，从而得到氢化铝锂。

这个反应有一个特点，就是说反应开始的时候乙醚溶液里面必须先有一点已经合成好的氢化铝锂，才能促进反应进行。我们做这个是在大跃进的时候，那时候国内还没有氢化铝锂卖，我们手头也没有，那么怎么样能有点氢化铝锂呢？我们查资料发现，可以用溴化铝代替氯化铝，就不需要先有氢化铝锂，因为溴比氯活泼，溴化铝更容易跟氢化锂反应。所以我们就先合成溴化铝，这也是我自己亲手做的。在实验室里边把氧化铝减压高温脱水，制成疏松的粉状的氧化铝，跟碳粉混合在一起之后减压干燥，再将溴的蒸气通进去反应。这是在石英管里面，用小管式炉小规模做的，有一点就行了。这样就得到了溴化铝。

这样，最早我们合成氢化铝锂时，开始在里面加一点溴化铝，溶液里就有氢化铝锂生成了。只要第一次合成成功，有了这一点氢化铝锂之后，以后的反应就不再需要昂贵的溴化铝，而是用氢化锂和氯化铝反应。当然要事先在乙醚里边溶解一点氢化铝锂，或者直接将上一次合成时剩下的母液作溶剂就可以了。

合成氢化铝锂，我们的工作是国内最早的。那一年是1959年，我们在《化学通报》的国情号发表了这篇文章。打头的人叫龚毅生，是我的学生，当时我当场看着他合成出来的。那时候有些同事还有疑虑，有人说，申泮文他搞氢化物，容易爆炸，所以系主任高振衡在我们做实验的时候特别来巡视，结果反应很平稳地进行。

另外，这个反应的原料氢化锂是买不到的，需要自己合成。我们用的是金属锂和氢气反应，也是在自己设计制备的反应器中进行的。这一反应也很简单，将金属锂加热到700度以上，通入氢气，十多分钟反应就完成了。如果用工业品金属锂来氢化，得到氢化锂的纯度可以达到90%—92%。可是这个反应虽好，成本却高。那时候金属锂差不多一公斤八百块钱以上，所以用金属锂氢化的方法合成氢化锂，进而合成氢化铝锂的方法就因为成本高而难以工业化了。

1959年我到了山西大学，把这个课题也带了过去。在山西大学，我曾经帮助青海黎明化工研究所、北京化学试剂厂合成过氢化铝锂。同时我们自己也在研究，就是如何用更便宜的氯化锂做原料来合成氢化锂，以降低生产氢化铝锂的成本。

我想到利用钠作为还原剂，与氯化锂反应合成金属锂。但如果用钠直接去还原氯化锂是不行的，为什么呢？因为锂原子小，氯原子比较大，极化很强，锂与氯间的化学键接近共价性，用钠将锂取代出来不容易。但是在无机合成里边有这么一套办法：比如说要想从二氧化钛来合成四氯化钛，用氯气直接跟二氧化钛起反应的话，那不行，氯气不能取代氧直接跟钛化合。可是如果有一个还原剂存在，把氧拉开，氯就可以上去了。也就是说，用二氧化钛跟碳粉混合，把它像揉面一样团成小球，干燥之后放在一个管式炉里面，外面加热，通进氯气，就可以把这个反应完成了。这个实验我五十年代在南开大学准备专门组课的实验时，自己亲手做过。所以我想，合成氢化锂，是不是也可以用类似的反应？用氯化锂做原料，用钠做还原剂，用氢气作氧化剂夺取锂原子，跟锂原子形成氢化锂。原理是跟合成四氯化钛的实验一样的。我们用热力学方法来计算，结果是这个反应大概四百到五百度就可以实现。

动手做这个实验的时候，费了很大的劲，因为我做实验都是靠自己制造设备。除了氢化铝锂是在玻璃容器里边做的，我的许多合成反应都要用大的金属器皿。因为就像我做荧光粉一样，得有一个大的反应器，才能去合成大量的产品。尤其是合成氢化锂，由于金属锂跟玻璃反应，实验不能用玻璃仪器，完全都是特殊设备。所以我必须自己会设计、制造大型仪器，还要自己设计制造温度控制设备，我要什么温度停止加热，就什么温度停。这种自动温度控制器也可以买，但那时候没那么多资金，只能自己制造。这些仪器设备，我都能自己设计，自己动手制造。后来我带出来的学生，像陈声昌、张允什，都学会了自己动手来制作设备。这些设备帮助我们能够做许多一般实验室做不了的实验。

我们在太原做完这个反应之后，结果看着很好。原料氯化锂是灰色的，因为有金属锂混合在产品里边，我们最后得到的产品颜色很白。试了，里面有氢化物，确确实实得到了氢化锂。可是那时候我已经要离开山西了，来不及分析、验证、表征产品，所以就停止到那了。跟我做这个工作的王恕昌后来到了青岛海洋大学。那时候他说，老师，做到这个程度，我们可不可以发表文章？我说这个不能发表，现在没有证明产品是什么，没有表征不行。

后来这反应拿回来到南开大学，张允什他们做了一个特别的金属磁力搅拌器，外边用电炉加热到高温，做出产品以后去分析，证明反应成功了。

1980年车云霞考到我这来做硕士生，我指导她系统地做这个题目。把这个反应推广到其他金属氢化物的合成，除了在540℃制备氢化锂之外，在400—450℃下制备成功了氢化钠、氢化镁、氢化钙、氢化锶、氢化钡。做完系统的反应之后，又给它补做了热力学分析。热力学计算证明在我们的反应温度之下，反应的自由能变都是负值，反应都是自发进行的。

我们还对反应机理进行了研究。它是怎么样一个反应呢？并不是说金属钠还原氯化锂，把金属锂置换出来，金属锂再跟氢反应，不是这么反应。我们研究以后发现，反应中在惰性盐氯化锂中分散的金属钠首先被氢气氢化，生成氢化钠，氯化锂在这一步中并不是反应物，而是钠的分散介质。在经典反应里边，这是氢化钠的一种合成方法，叫惰性盐分散法合成氢化钠。

这个地方，我稍微介绍一下氢化钠的合成技术。要让金属钠蒸气跟氢气在高温直接反应，反应速度非常非常慢。我们在美国《化学文摘》上看到，这个反应进行一天只能生产一克氢化钠。我不相信他这个结果，自己特别做了一个大型仪器：很粗的钢制反应管，两头加上冷水套，里面有一个金属舟，放入金属钠，在外面加热让它变成蒸气，然后通入常压氢气。反应管两头我用有机玻璃堵住，能看见里面。生成的氢化钠会凝聚在炉管上、炉壁上。管子两头有两个活动的耙子，可以把产物耙下来。反应器两头各有一个漏斗管，下面密封地接着瓶子，产物耙下来以后就收集到瓶子里。这样我们每天可以得到十克八克的产品。像什么东西？像街上买给小孩吃的棉花糖。

可是这不是个生产上可用的方法，因为不能大量地生产。大量生产有两种方法。一个叫作油液分散法生产氢化钠，是在石蜡油里面反应。这个油的沸点比较高，把金属钠搁在里边加热，钠在石蜡油里熔化了。然后用一个特殊形状的高速搅拌器，高速旋转，就像我们卖食品用的打碎机一样，把熔化的金属钠打成粉状和粒状的，悬浮在油中，此时油就是很好的分散载体了。然后通进氢气，钠就能够完全变成氢化钠。这样可以在工业上生产氢化钠。因为有许多有机化学反应需要用氢化钠做还原剂，所以我们也做了设备，并在南开大学化工厂无机车间中试成功，后来这个油液分散法制备氢化钠技术转让出去了。这个实验是实验员封显抱做的。还有一种方法叫惰性盐分散法合成氢化钠。比如可以用氯化钠作为惰性盐，把金属钠放在磨得粉碎的氯化钠里边，在高压反应釜里升温升到金属钠熔化，然后搅拌，把金属钠都打散了，再通进氢气，这样也可以得到氢化钠。最后反应混合物中可以含20%的氢化钠。

我研究了我们那个合成氢化锂的反应，实际上分两步进行。第一步是上面说的惰性盐分散法合成氢化钠的反应，就是用氯化锂作为惰性盐介质，金属钠在里边搅拌打散了以后，和氢气反应变成氢化钠。我管这一步反应叫作"Metalo Reduction Hydridization Reaction"，就是金属还原氢化反应，"Hydride"加上"-iztion"就是负氢离子化。第二步发生交换反应，氯化锂跟氢化钠互相交换，把负氢离子交换到锂上，把氯离子交换到钠上。这一步叫"Hydride Exchange Reaction"，负氢离子交换反应。这样子得到的是氯化钠和氢化锂的混合物。我们认为这是我们自己发现的一个系统反应。

这个工作做得很成功，是一个有效的、具有生产价值的反应。首先合成原料不用金属锂了，那时候金属锂一公斤八百块钱以上，而氯化锂只要三十几块钱一公斤，所以原料便宜了。另外用金属锂直接氢化温度要720℃，我们这个反应温度是540℃。温度降低了，安全性也就提高了。

图6-4 惰性盐分散氢化钠的合成研究科学技术研究成果报告表（《申泮文科研档案·惰性盐分散氢化钠的合成研究》，1984.7—1984.10）

张允什等人合成氢化铝锂，就是用氢化锂和氯化钠的混合物作为原料。把它粉碎了以后，放在乙醚里面搅拌，然后滴加氯化铝的乙醚溶液，就产生氢化铝锂了。

但是这个反应有缺点，它的混合物原料占的体积大，溶剂乙醚要整个搅拌起来，所以用的乙醚要多一点，占的反应空间大，用的容器要大一点。它的优点就是有四分之一的氢化锂进入到产品氢化铝锂，剩下四分之三又变成氯化锂，又回来了。反应完成以后，氯化钠跟氯化锂的混合物沉淀出来，氢化铝锂溶解在乙醚中，分离出清液，把溶剂乙醚蒸发出去——乙醚可以循环再用，是一个循环试剂——即得到白色晶状四氢铝锂。

这个反应的副产物，氯化钠跟氯化锂的混合物很好分离，为什么呢？氯化钠完全是离子性的，而氯化锂有一定的共价性，常用有机溶剂，如甲醇就能把氯化锂溶解出来。（氯化锂可以溶解在甲醇、乙醇等有机溶

111

剂，但难溶于乙醚。）可是甲醇溶解得慢，所以虽然分离后产物没有脱水的问题，我们当时也不愿意用这个方法。我们还是用水来重结晶。重结晶也好做，它们溶解度差别很大：温度不管多大变化，氯化钠的溶解度是不太变化的，只要溶液维持在它的过饱和浓度，它就持续结晶出来了。可是氯化锂不同，它是高温溶解度高，低温溶解度低[1]。所以这两个用重结晶分离是很容易的。不过分离出来的氯化锂必须脱水。虽然脱水这个步骤麻烦一点，可是水中的重结晶比甲醇溶解好做，所以就用重结晶的方法分离了。

分离出来的氯化锂可以作为生产氢化锂的原料循环利用，因此氯化锂在这个反应里边是一个循环试剂。这个反应，我们实现了两个循环。一个是原料氯化锂的循环使用，一个是溶剂乙醚的循环使用，都没有损失。反应物质跟外边隔离，不会对环境造成损害，是环境友好的。从绿色化学的角度来看，这一反应是原子经济的，符合绿色化学原则。

当然那时候没有考虑环境，只考虑生产问题，想的就是能不能生产，生产成本的高低。到大概90年代，闵恩泽专门召集了一次院士会讲绿色化学，我跟陈茹玉从天津前去参加，这才知道有绿色化学这个概念。后来又见到了中国科技大学的校长朱清时发表的一篇关于绿色化学的十二条规定，原子经济性什么的，这才开始了解绿色化学。我们合成氢化物的生产工艺虽然早就绿色了，可是跟绿色化学这个概念、这个新名词联系起来是比较晚的。

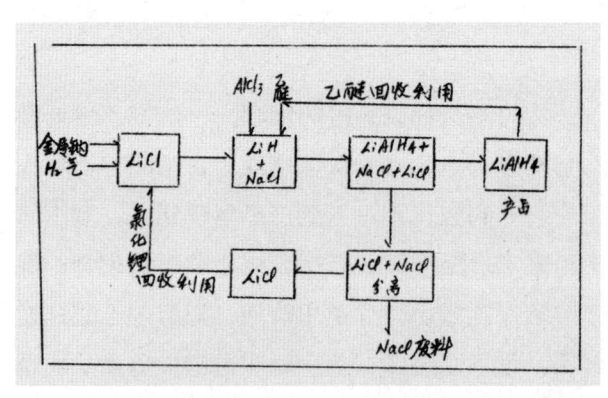

图6-5 申泮文手绘的氢化铝锂合成反应流程图（《申泮文科研档案·氢化铝锂的新合成方法研究》，1980.12—1982.12）

后来我们这个反应在高等学校化学学

---

[1] 溶液温度从0℃变到60℃，氯化钠的溶解度由35.7g变为37.3g，氯化锂的溶解度由67g变为103g。

报里面发表了。当初我被选为学部委员时，袁翰青先生特别嘱咐我，以后在实验研究方面多做一些工作。所以见我发表了这篇论文以后，他很高兴，说你这个工作大概是很费力气了，做了很多工作，很好。

储氢材料的研究

研究储氢材料的小组是汪根时负责的。20世纪50年代，我在南开大学关注过复合氢化物和氢气的反应，以及氢作为能源的问题。我调到山西后，汪根时他们接着我在南开的工作搞储氢材料。等我再回到南开，他们已经完成了一个工作，就是储氢材料镧镍五的合成。原料是氯化镧、氯化镍溶液，用碳酸铵来沉淀，将沉淀过滤、干燥、压结烧干，就变成氧化物。然后氧化物用氢化钙去还原。我一看，很喜欢这个实验思路，说非常非常好。他们这个工艺属于冶金学里水法冶金的一种方法，我国历史上是有的。就是把矿物中的金属变成它的可溶性化合物溶解在水里边，然后把它沉淀出来，再去还原它，就可以得到金属。这叫作水法冶金。我想这个路子可以推广。我就指导从山西带来的一个硕士生殷文娟，让她推展一下这个工作，做四氯化钛和三氯化铁的水解。四氯化钛和三氯化铁都是很容易水解的，在溶液里面加点氨水就可以了。它们水解沉淀为氢氧化物，我们把氢氧化物烘干，就变成活性氧化物，再用氢化钙还原，就得到钛铁，钛铁也是一个储氢合金。

汪根时他们做的那个反应，不仅仅可以合成镧镍五，还可以合成镧镍五的衍生物。因为镍比较贵，可以用其他的金属，比如铁、锰、铬来替代，替代的反应都可以用共沉淀还原的方法来做。我们的钛铁也可以往里面掺杂其他金属。后来殷文娟在外边跟搞储氢材料的人开会，人家说，你做了一定不会成功，她回来说人家说不会成功，我说成功不成功，实践是检验真理的标准，你做，你往下做。她做完以后，还原产物做X射线衍射实验，证明产物就是钛铁。

后来汪根时他们又发展了这个材料,就是用钛铁矿 $FeTiO_3$ 作原料,这里既有铁,又有钛。把它粉碎了,然后进行调解,让它钛铁的比例合适了,再用共沉淀还原的方法去做,就可以由钛铁矿直接合成钛铁。这样我们的工作又取得了一个成功。这两类储氢材料,当时在国际上是最好的。

还有一类就是镁基合金的储氢材料。合成这类合金用金属融合法来做不合适。比如说做镁二镍,两个镁一个镍,镁到1090度就气化了,可是镍的熔点大约1500度。所以要两个金属熔化在一起形成合金的话很不好办,除非用密闭的、高压的容器抑制镁的气化,那才能融合。有什么好办法呢?那时候想到的是,我们给学生教的氧化还原反应,讲电位序,镁是可以从镍的化合物的溶液里边把镍置换出来的。我说可不可以用简单的化学反应,用镁作为一个还原剂,把镍从水溶液里边还原出来,沉积到镁上边。沉积的量达到我们所需要的比例以后,把这个表面上沉积了镍的镁拿去高温扩散,让镍扩散到镁里面去形成镁二镍。可是这个实验失败了。因为在这个置换过程中,一有镍沉积到镁上边,就构成一个电对,这个电对在水里会置换氢。所以金属很快就黑了,放出氢来,实际上得不到沉积了镍的镁的固体。

这时候,我那套《无机合成》对我有帮助了。因为我那套《无机合成》里边,有一章专讲合成无水氯化物。氯化物都带结晶水,而无水氯化物在有机化学反应里面常常要用,所以需要特别合成无水的。怎么样合成无水氯化物?《无机合成》里边有一个合成能溶解在有机溶剂里边的无水氯化物的方法。我就想,水溶液里边起置换氢的反应,我们如果不在水里边,而是在有机溶剂里面反应可不可以?那就不至于有这么多氢生成了。所以我们去试,用二甲基甲酰胺这些有机溶剂,合成了能够溶解在有机溶剂里边的二氯化镍。然后用镁进行置换反应,一下子就成功了。这个原理很简单,只要熟悉化学的基本知识,在大学一年级就能懂这个反应。

这样调节镍原子跟镁原子的投料比是一比二,在有机溶剂中反应,镍就沉积在镁上面了。再用乙醚洗净,吹干后放在真空加热炉里烧到600度,发生扩散，我们就得到镁二镍化合物。这种方法的优点是什么呢？我们这几个反应合成的储氢材料，都是活性很高的。当时国外，比如说钛镍，是在氧化条件下高温熔化合成的，它的吸氢性能很差，必须通氢以后，再把吸收的那点氢排出去，再通氢，再排出去，进行循环活化。国外产品大概要循环活化二十几次，吸氢量才能达到理论值。镧镍也是这样。可是我们合成这个产品，因为是在还原条件下生成的，不论是镧镍也好，铁镍也好，都对氢很敏感，最多循环活化四次五次，就可以达到理论吸氢量。尤其是我们的镁镍不用活化，直接就可以吸氢。

图 6-6　申泮文和浙江大学王启东教授在第五届世界氢能大会（左起：王启东，申泮文。1984 年 7 月，多伦多）

最后我把这些结果总结在一起，到第五次世界氢能大会上去做了报告。会议总结的时候，我们这个报告成为这次会议里的一个优秀论文。因为他们搞储氢的，都是一些物理方面的科技人员，化学的人很少。所以他们看着化学家做出来这个东西，很新鲜，而且有更进一步的想法，说你们这个方法可以用来回收废旧的储氢材料。因为储氢合金使用到一定限度的时候，氢气使它的内部晶格膨大塌陷，慢慢地粉化失效了。他们没有回收方法，因为把粉体的金属去再熔化，是一个危险的事情。我们这个溶解了再沉淀的方法是没有危险的，所以我们发明了回收储氢材料的新方法。大会对我们工作的评价是："有可能降低贮氢合金的制造成本，并为废旧贮氢合金的回收和再生开辟了途径。"

我们这个工作拿的国家科学基金的经费，头一批经费五万块钱，发表了接近二十篇文章。结题的时候，负责的是北大的一个教师，他说你这个

图6-7 1987年国家教委授予南开大学科技成果（氢化物化学）二等奖

工作是我们这一批资助里边最优秀的，我们给你存档了。1987年这个工作得了国家教委的科学技术进步奖二等奖。

张允什等人又在储氢材料的基础上，搞镍氢电池的吸氢电极，储氢电极。储氢电极是一种合金，需要稀土元素，比如镧镍五，就需要镧。这就和这些年我国因稀土跟国外的矛盾联系上了。那个时候，我们的稀土大量出口。我们国家稀土产地有一个是包头，它的一部分铁矿里边有稀土，包头稀土研究院的研究重点就是包头稀土矿的研究。后来我们国内还发现了许多其他的稀土矿，比如广西有独居石，以及江西、广东的离子型稀土矿。

从离子型稀土矿提取稀土的工艺非常简单。把矿石采出来粉碎了，在地下挖个大坑，把矿石粉放在水里边，然后用氯化钠的水溶液去泡它。氯化钠就和它发生离子交换反应，钠把稀土置换出来，这样水溶液里边就有氯化稀土了。氯化稀土拿出来，直接用也可以，或者把它转化成氧化稀土也可以。这样子乡镇小厂子就可以生产。大家抢着生产卖到外国去，就造成我们卖稀土不如卖白菜，或者说是一公斤稀土的纯化合物卖的价钱不如一公斤猪肉。

日本人更坏。现在日本人欺负我们，说中国限制稀土出口了，违反了WTO的贸易规则，要挤兑我们。实际上日本已经储存了很多稀土，他趁着我们便宜卖的时候，用很便宜的价钱收购，然后把它严密包装起来。我估计可能是用不锈钢的大桶，把它封闭起来以后沉到海里，就把稀土储存起来了。日本人储存的我们国家的稀土原料可以用五十年。美国现在也挤兑我们，其实他们也早有储备。

美国、日本人还有一个鬼招呢，就是做研究时，总是尽量地把研究结果的范围扩得极大极大。比如说镍氢电池，做吸氢电极用的材料是要用稀土的，他们就在这方面做许多许多的课题，尽量地扩展他们的课题去发表专利。别的国家再用这些配方，就侵犯了他的专利。为避开日美专利，我就想到我们过去做过锂的工作，怎么样把锂掺杂到电极里面？因为日本人此时还没有想到把稀有轻金属掺杂到里边去。这样，我们做成一种含有金属锂的复合储氢材料，经过实验，用做镍氢电池的电极非常有效。于是就报了国家专利，报了欧洲专利，以及美国、日本各国的专利，我们就成功取得了镍氢电池的知识产权。

有了这个电极，就可以生产镍氢电池了。我最初的想法是不搞中试，我们把技术转让，谁愿意干谁干去，我们拿一笔转让费，再干别的去。可是年轻同志都很积极，说我们一竿子插到底，真正产学研结合。这样我们在南开大学搞了个车间，开始手工制作镍氢电池，叫绿霸牌镍氢电池。所以镍氢电池的生产，在中国我们是第一家。开始做时还是很兴旺的，也还赚了点钱。但是我们自己没有经验，知识分子懂得科学研究工作，可是不懂得开发，不懂得商业经营。后来搞来搞去，赚的钱也都赔进去了。

此时科技部和教育部开始重视我们的研究成果了，他们联合给我们这个项目做了鉴定。有好几个单位参加了鉴定，武汉大学的查全性、包头稀土研究院、天津的十八所都来参加了。然后科技部就决定把我们这个工作中试化。广东的中山县愿意提供一切条件，这样科技部就组织在广东

图 6-8　中国第一支镍氢电池（南开大学新能源材料化学研究所研制，1980 年）

中山县成立了一个中试生产基地，参加鉴定的这几家也都加入到中试基地来。

这样从中试开始，知识产权就无法保密了，技术都被别人拿走了。所以中试虽然成功了，可是技术扩散出去了。我们技术到了南方，深圳的许多小厂子不用机器，只用手工生产，人工组装，就生产得很好。我们这个绿霸牌电池受到影响，结果就赔了。

当时我们这个工作还受到了杨振宁等人的关注。杨振宁、还有陈省身的女婿朱经武，看到南开大学研究出这个电池生产工艺以后，很重视，就给我们找了一个美国资本来投资。实际上是一些在美台湾华侨，他们带着资本进来，说愿意跟我们合作生产镍氢电池原料，就是我们申请国际专利的那个材料。当时工厂开业的时候，杨振宁和朱经武都来了，开得很盛大的会。但这些台湾华侨也是不懂科学技术的，他们来了以后，眼睛也看大了。虽然让张允什去兼他们的总经理，CEO，可是实际上他们在那胡搞，搞来搞去，后来还是黄了。

这样我们没有办法再做下去了。我跟张允什商量，两个人联名打个报告，给天津市市委书记说，我们搞不了了，把技术产权完全贡献给天津市，请天津市组织生产。天津市先找了天津的两家电池厂，他们都亏损得一塌糊涂，可是给他们这个技术却不敢做。因为他们从前生产小电池，没什么特殊技术，而绿霸电池里边有很多技术他们都做不了。后来天津市又找了北方工业集团，他们愿意接受。接受以后，他们又买了日本的自动化生产线，在天津成立和平海湾镍氢电池生产集团，就开始生产电池了。我带的一个硕士毕业生阎德意到那去做总工程师。但他们这个公司也还有保守思想。我告诉他们，应该自己生产电极材料才合算，他们因为有从日本引进的全套的自动化的生产技术、机械设备，还带来日本的工程人员，所以强调一定要用日本的原料。结果他们也弄不好，最后也搞黄了。可是那些年我们国家南方的许多手工生产镍氢电池的企业都生产得很好，你到超市里去买镍氢电池，包括可再充电的电池，都是我们国内生产的，质量也都不错。不过镍氢电池是一个过渡，现在已经变成锂离子电池的世界了。已经改变了，过去了。

因为我们搞镍氢电池的成绩，教育部、科技部都很支持我们氢化物的工作，所以我们就成立了新能源材料化学研究所。建立这个研究所，我们选人很严格，选的都是比较踏实肯干的。所以现在一个是我们这个新能源材料化学研究所，一个是原来杨先生建立的元素有机化学研究所，成为了南开大学化学学院的两大学术支柱。到1995年时我退居二线，只做他们的学术委员会主席，工作就交给年轻人做了。

第七章
真诚的教育家办教育

化学概论

1995年我80岁的时候就从无机化学教研室的职务上退居二线了,科学研究工作都交给年轻人去做。从那个时候起,我的主要精力都集中到了教育改革上来,带领多位志同道合的中青年教师们一道开展高等化学教育的现代化改革。我从1942年被派到兰州女中做兼职化学教员,从教七十余年,从来没有离开过讲台,对教学工作有着深厚的感情。如果从科学家和教育家两个身份中选择,我宁愿做一名教育家。我晚年之所以把全部精力放到教育改革的事业中,起因在于我国高校自改革开放以来校外环境与校内形势的深刻变化。

我国教育界自从大量开展科技研究,风气慢慢变了。这是因为搞科学研究,评定教师的水平都要靠论文。这样一来,人们急功近利,投机取巧、弄虚作假的问题也出来了。所以方舟子在网络上学术点名,批判这个,批判那个,都跟这些有关系。以论文评定教师水平造成的一个影响就

第七章　真诚的教育家办教育

图 7-1　各个时期作为教师的申泮文 [由上至下：(a) 1946 年天祥中学生欢送申泮文（第二排左四为申泮文，30 岁）；(b) 上世纪 50 年代初申泮文在南开大学二教楼前（前排左三为申泮文，约 40 岁）；(c) 1980 年，南开大学思源堂 211 教室与学生课后讨论（右二为申泮文，64 岁）；(d) 2007 年，申泮文为南开大学化学系新生上第一堂《化学概论》课（左一为申泮文，原载 2007.9.23《天津日报》，91 岁）]

是重视科研，轻视教学，不把教学摆到主要位置。不只我们南开，所有的高等院校都这样子了。为了有更多的时间搞科研，化学系一年级的基础化学课从原来的 120 个学时压缩为 50 个学时，这是不对的。以前教学计划设置的 120 个学时是有道理的，因为一年级是打基础的，应该通过一年级的基础课，引起学生对化学科学的广泛兴趣，引导他们自己找一个方向去发展未来，这是很重要的。而且这 120 学时也是参照国外高等学校的教学日历设置的。这在国外都有死规定的，比如美国，学校的教学日历、教学计划，修订的时候必须申报给美国化学会，美国化学会批准以后，你才能执行。我们中国就没这么一个监管单位，所以说改就改了。

我就开始想怎么样能够把教学计划变回来。新中国成立以来，我们一直没有接触到外国有关高校化学教学的资料文献，不了解外国教育是怎么样进行的。到了九十年代学了计算机，可以上网了，我就开始查美国一些著名大学的教学计划、课程设置、课程内容。人家现在是怎样做的？我发现，我们跟国外很不一样。国外一年级化学课程，都叫作 General Chemistry，可是我们国家却是无机化学。

再往前查，我发现人家多少年以来一直是 General Chemistry，而且是所有的国家都一样，全世界都一样。我还发现，除了大学一年级化学课叫 General Chemistry，他们一年级生物学课叫 General Biology，物理课叫 General Physics。所以我就想，为什么都叫 General，General 怎么理解？我们从上世纪五十年代开始改为无机化学，再以前都叫普通化学，这个"普通"跟 General 之间是什么关系？那时候我就感觉到疑惑了，人家都是 General Chemistry，为什么我们把它翻译成"普通化学"呢？

我专门考虑了 General Chemistry 应该怎么样翻译，翻译成"普通化学"，究竟对不对？我的想法是，不能叫作"普通化学"，这样的翻译不对。"普通化学"是什么意思？化学哪一个是普通的，哪一个是不普通的呢？而且 General 译成普通，也不是个科学名词。因为普通是什么意思？比如说人家问了，申泮文讲课讲得好不好？如果有人说，普通吧，很普通，这就不是个称赞的词。这里"普通"就是不好不坏，不高不低，不深不浅，这就是"普通"。要评价一个东西的时候，说是"普通"，意思绝对不是拔尖的，不是最好的。可是科学永远是精密的，永远是高超的，拔尖的，我们把一门科学用"普通"来形容是错误的。从翻译的角度说，要做到大翻译家严复主张的"信、达、雅"。信，符合实际情况；达，很通顺；雅，有一种艺术性。单从"信"的角度说，用"普通"来形容这门化学课就不对。《有机化学》，它是有内容的，讲的确实是有机物的化学；《无机化学》是讲无机物的化学。但"普通化学"是讲什么普通呢？什么化学是普通的，什么化学是不普通的？没有。所以我想 General Chemistry，把它定名为"普通化学"，绝对是错误的。这个"普通"，掩盖了整个课程的内容，掩盖了课程的教学指导思想，掩盖了课程安排的教学法。

那么应该怎么样改变一下呢？在 2005 年，我给中国的《科学术语研究杂志》寄了一篇文章，讲到了自然科学的三个基础课，这些挂 General 牌子的课程翻译成"普通"是不对的。我认为都应该改为"总论"、"概论"，或者"导论"，它们是 Introduction to the Science。这么说我们也有根据，依据就是我在西南联大上学时的一个经验。当初西南联大有陈岱孙先生讲的一门课《经济学概论》，它原文名字就是 General Economics。为什么叫做概论呢？因为经济学有很多流派，比如说资产阶级经济学、马克思主义经济学等等，这些流派不能一下子就给学生讲清楚，都在一年级的时候每一种介绍一点，可是都不深入讲，给学生一个概貌。到高年级以后，每一个流派都有二级学科，都有自己的课程。但一年级只讲一级学科，全面地讲一讲。还有中国通史、西洋通史，叫 General Chinese History、General Western History，都是"General"，这个"通"就是全的，还有一个意思是从古到今"通"下来的。所以这就启发我们，"General"译作"普通"是不对的，应该是"总的"、"全面的"、"系统的"。比如说我们写一篇文章，最后讲了一些东西以后，用"in general"总结，如果翻译成"一般来说"、"一般而论"就错了，应该是"总而言之"。

所以，General 应该是"总的"，General Chemistry 直译就是"总体化学"，也可以叫"化学总论"。但译成"化学总论"呢，不能表达出来课程的深浅，内容的多少。因为我们是给一年级学生讲课，他们是在高中化学的基础上入学，不能给他讲深了，也不能给他讲得太多了。所以这

图 7-2 2007 年 2 月 13 日《科学时报》报道申泮文开博客谈教育改革

个"总"字在信方面、在达方面不够,不如"概"。"概"就是说,对一年级学生,我们不是要教给他们太深、太多的内容,而是要给他一个化学的概貌,就是一个高级科普课。所以就翻译成"化学概论"。

那当初为什么叫普通化学呢?我认为是一百年前我们引入国外高等化学教育的时候,中国的这些老化学家们跟我国当时的落后状态相适应,他们的知识水平没有达到国际水平,所以他去理解这门课程,General,字典里边有那么一条说可以翻译成"普通","普通化学"很顺嘴,就囫囵吞枣地把它译成"普通化学"了。这些老一辈的化学家把化学引入了中国,是有功劳的。可是他们没有详细研究每一门化学课程的内容应该是什么。有教科书,知道它的内容,可是这教科书怎么教法?应该有一个教学指导思想。这个教学指导思想,我们中国从来没有研究过。所以我说虽然这一百多年,我们先后有很多人到国外去学化学,可是他们的目的是学习科学知识,拿学位回来,学个专门技术回来,没有人关注在国外的高等教育中化学的每门课程是怎么样开的,教学法是如何,整个系统是怎么安排的。所以我们是在对教学法完全愚昧的状态下开始教学的。国外的老师讲什么,用哪个书,我们就讲什么,用什么书,对于课程的指导思想,我们完全不知道。所以我说,将"General Chemistry"翻译成"普通化学",是我国高校化学教育的一个"一百年的失误"。

后来,有记者把我这个思想作为一篇文章写在了《青年报》上,方舟子看见了，就在他的博客里骂我了。他说这个老院士老糊涂了，普通化学很正确，为什么要把它改成化学概论？我不像别人，他批了别人，别人不敢吭气，也不理他，怕惹事，因为他的"新语丝"很有势力，有一帮子人帮他，就是逮住一个人就臭骂的。我说不行，我得跟他辩一辩，我就写了一个反驳他的博文贴到他的博客上去。我说 General Secretary 应该翻译成总书记，不是普通书记；General Manager 应该翻译成总经理，不是普通经理。他不回答。他怎么回答？正面回答，反面回答，他都是错的。后来，他又说"General"这个词除了做"总的"含义之外，本身就有"一般的"、"普通的"概念。叫作"普通"的意思，就是讲基本知识、基本原理。我就给他回击，问他一句话，我说一年级课只讲基本知识、基本原理，这是什么时候的事？你别不懂装懂，你给我回答。他这个也不敢回答。后来我邀请他，我说你是个有名的打架专家，我请你到南开大学来给我们开个讲座，我接待你。他答复说你要邀请我，是给我开鸿门宴。他不敢来了。

方舟子骂错许多人的。我当时确实预备，他要来了，我就邀请他所有点过名的人都来参加。他点对的人，那个人有错误，再听他说说，看这些人如何自己反省，因为我们身边确实也有风纪败坏的问题。再一个，要是他点人家的名点错了，人家可以跟他争论，他也可以纠正。这样才是好的学术争辩的态度，大家做君子之争，共同进步。他不敢来，因为他的许多观点是强词夺理的。

所以对于这个"General"应该怎么翻译，我自己有一定的见解。我还很高兴，在我与方舟子争论的时候，在网上就看到已经有人把"General Biology"翻译

图 7-3 《近代化学导论》书影
（高等教育出版社出版）

成"生物学概论"。所以我很高兴,我说的是对的,得到了支持。90年代末期,我编写了一本教科书,原来我的思想还是作为无机化学来写的。后来高教出版社的一个编辑见到我,他说你说得很好,我们预备接受你和建议出版。后来我想呢,那我就用这个机会把书名改了,不叫"无机化学"了,就叫"近代化学导论",因为 General Chemistry 也就等于 General Introduction to the Science Chemistry。这个名词的确定,是我教改的一个基础。根据这一思路,我们在南开大学建设的化学一年级基础课《化学概论》,经多年不断地建设改进,获得了国家的认可。后来这一课程被评为国家级精品课程。2004年11月,获校级教学成果奖一等奖;12月获天津市教学成果奖一等奖;2005年9月获国家级教学成果奖二等奖。

火箭模型

美国是当今世界上的超级大国,在经济、国防、科学技术、文化教育等方面都处于国际前列。这种事态可以说明,美国的教育体制,特别是高等教育,是先进的,是美国之所以成为经济科技大国的有力支撑。近几十年来,国际上的重大科技创新大多来自美国,近些年的诺贝尔奖获得者也大都在美国,当今席卷全球的知识经济的发展同样始源于美国。所以今天我们面对的教育改革,应该对此有所考虑。如果不能说教育全面学习美国,至少也应该说,我们可以结合我国实际情况,参考借鉴美国教育的先进经验,加速我们的改革步伐,使我们的高等教育尽快尽早与国际接轨。

我从20世纪90年代开始关注美国各大高校的化学课程设置,一年一年地查,每十年做一个总结。我在网上调查了哈佛、普林斯顿、康奈尔、麻省理工、加州大学伯克利分校等美国知名大学的化学系教学计划,发现他们的课程设置极为简明,化学系必修课只有五门,分别是 General Chemistry、Physical Chemistry、Organic Chemistry、Inorganic Chemistry 和 Experimental Chemistry。

我注意到他们的第一门课 General Chemistry 的授课目的，是向新进入理工科化学系的学生全面地介绍化学学科的概貌，化学学科的各个分支，化学学科发展的现状、前沿和发展的潜在远景，化学与其他自然科学、技术科学以及人文社会的关系和互相渗透，化学学科整体对人类社会的作用和贡献等等。也就是说，在这门课中给学生以高素质的化学通才教育，增强学生对化学学科的全面和深入认识，增强他们学习化学的兴趣和信心，巩固专业思想，同时也帮助学生对选择未来专业方向投下初步印象。这门课在西方高校被认为是重头课，总安排有盛名有深厚学术造诣的老教授担任主讲教师。我们将一年级基础课改为《化学概论》，就是借助的这一经验。

另外我发现，美国高校的无机化学课并不是在大学一年级上。我们国家把大学一年级基础课由普通化学改为无机化学，是在 1952 年全面学习苏联教育经验时开始的。当时引入的两部大学一年级苏联教材是 Глипка：ОбщаяХимия 和 НекласовКорс：ОбщаяХимия，都是 General Chemistry。可能是什么地方出了错，在教育部统一指导下制定的化学系通用教学计划中，第一门课定为"无机化学"，一直错到今天，我把这个错误叫做中国高校化学教育的一个"五十年的失误"。后来有的学校进行了个别改革，但没有人正式提出改正意见，所以今天大部分学校仍以无机化学作为化学专业的第一门课，以化学基本原理和溶液化学为引导，主讲元素化学。

这样的课程设置，给我国高校化学学科的发展带来了很多的苦头。元素化学大部分是枯燥的纪实材料，虽然有元素周期系理论作为系统骨架，但一个一个的元素及其庞杂的化合物，材料仍属烦琐，学生难于记忆和掌握。加以辅助教学手段之缺乏或不得当，课堂讲授枯燥乏味，很难引起学生的兴趣和深入学习的努力。乃至这门课程素有"老师不愿意讲，学生不愿意听"的评价。我们教授大一无机化学的时候，曾想各种办法让学生感些兴趣。比如教学生背元素周期表，我们编了元素百家姓帮助记忆；再比如我花很多时间在课下写大字报，后来又写幻灯片上课放映；还比如我费很大力气准备课堂实验，收集试剂、矿石样品给学生看。虽然用尽心力，可是学生始终不喜欢无机化学。这种课程安排，既影响了学生专业思想的巩固，也使学生对无机化学这门化学重要分支造成了错误印象。他们错误地认为，无机化学学科的研究范围就是他们在一年级学习时读到的讨厌的纪实元素化学。其不良后果是，有些聪明的学生不愿意死背纪实材料，等到念完了一年级以后就转系了。或者等到三年级分专业，都不肯去无机专业。把谁强硬分去无机化学专业，谁都是含着眼泪去的。所以就当初我这种教学方式，尽管我自己很努力，为引起学生兴趣、提高教学质量做了很多工作，但我心里也觉得不好受，我想为什么化学这么难学，学化学这么苦？

这样一年年下来，对无机化学学科的发展非常不利。本科学生不愿上无机化学专业，继之也就影响到无机化学专业考研读博的生源和优秀人才的选拔，直接影响到了学科的发展。若干年来，有些学校也意识到这一问题。他们化学学科的教学改革，就是围绕无机化学课的变动。但因为各种阻力，都是避重就轻、避难就易，改来改去，因为没有踢开历时已久的原苏联课程体系的旧框框，所以收效甚微。率直地说，大家都没有改好，没有可以值得学习的先进经验。

其实，从学术观点上来看，到上个世纪中期，由于化学科学的迅猛发展，无机化学已经成长为一门与近代有机化学比翼双飞的独立分支学科了，不能简单地用元素化学代替无机化学。Miessler和Tarr编写的《无机化学》是国外最近的一部无机化学教科书，其内容包括无机物的结构与对称性、分子轨道理论、酸碱与主客体化学、固体化学、主族元素和过渡元素化学的新近发展、配位化学、金属有机化学、金属有机反应催化、生物无机化学与环境化学。内容丰富多彩，但显然它应该是一门高年级课，需要在学过了物理学和物理化学课之后开设，而不是一年级化学课。

依照这个思想，我重新设置了高等学校化学课程体系，编写了《高校化学本科基础课程体系新课程设置方案》，形象地画出一个火箭模型。我认为，高校化学本科的课程设置应以《化学概论》为先导，实验化学和物理化学为主体，无机化学、近代分析化学和有机化学并列作为课程体系的比翼助推器。总体设计是一年级讲一级学科，二年级三年级讲二级学科，最后四年级是专门组课，就是三级学科。根据这个课程设置，我花十年之工，组织编写了一套新的教材，叫《南开大学近代化学教材丛书》。这都是我为新的教学体系付出的努力。

还有一个改革问题，是分析化学问题。我们在研究国外的教学体制后发现，从20世纪80年代开始，国外已经没有定量分析课了，都把它并入到化学概论里面。可是我国现在仍然在讲定量分析，我们距离国外的水平至少有三十年的差距。因此我主张，废除定量分析课程，把它的四大滴定放到化学概论的四大平衡中讲。而高年级的近代分析化学课专讲仪器分析。但这个事情要想改阻力很大的。科学院让我提供的《知名科学家学术成就概览》，他们把我的话都给改过来，说不要这么写，还说要撤销分析化学课，就是把分析化学知识纳入无机化学课。

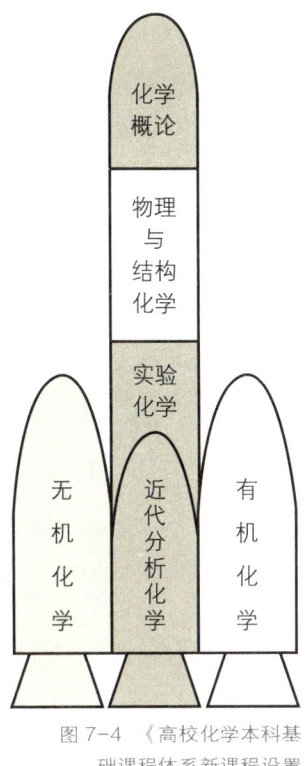

图 7-4 《高校化学本科基础课程体系新课程设置方案》中的火箭模型

不断前进的教学改革

这样，通过对美国高校历年来化学教学体系的调查研究，我将我国高等学校化学教育体系的问题总结为一个一百年的失误，一个五十年的失误，再一个三十年的差距。针对这些问题，设计了新的教学体系。但我的教学改革计划实施起来是相当困难的，遇到很多阻力，经历了许多尖锐的斗争。

1999年，我们在新能源材料化学研究所和新催化材料科学研究所的基础上建立了材料化学系。材料化学系的第一门课还讲无机化学，让车云霞来教。我就跟她说，这个系新建立，没有包袱，我们就从这个课上改。那时候美国的一些学校，比如说加州大学伯克利分校，把化学系一年级的课程叫作 General Chemistry and Quantitative Analysis，把分析化学并入，而且把名字还挂上。我估计在他们国内也是有矛盾的。由于材料化学系没有什么历史的包袱，我也就不管那么多，在开始的时候就把一年级化学基础课名称定成了我主张的"化学概论"，教材用的是我们编的《近代化学导论》。但到现在十多年过去了，取消分析化学课，将其并入化学概论课，除了我们学校这样改了，其他学校这么做的仍然不多。所以我们的教育改革是不但在我们本校、而且在全国范围内都有反对力量的情况下推进的，这个阻力我们得慢慢克服。

后来，我们的教育改革工作很有成效，获得了许多的表彰和奖励。在这些奖励之中，凡是国家级的重大奖励，例如连续获得三届国家级优秀教学成果奖（2001、2005、2009）、国家理科基地创建优秀名牌课程（2003）、国家级精品课（2004）、国家级精品资源共享课（2013）、国家级教学团队（2007），《近代化学导论》第二版国家级规划精品教材（2009），国家级教学名师（2009）等，都是我们按照自主申报、并经正规评审而获取的。国内与教育有关的团体、网络媒体和报章传媒，几乎每年都会给我们一些表彰和鼓励，这些都不是我们自主活动得来的，使我们有些受宠若惊，我们只有对这些关爱我们工作的团体表示衷心的感谢。同时我们也认识到，是

图 7-5　申泮文三次荣获国家级教学成果奖（左起：2001 年 12 月，《化学元素周期系》多媒体教科书软件及教学成果，国家级教学成果奖一等奖证书；2005 年 9 月，深化化学课程体系改革，创建《化学概论》精品课程，国家级教学成果奖二等奖证书；2009 年 9 月，南开大学近代化学教材系列（教材），国家级教学成果奖一等奖证书）

我们的高等教育教学体制改革工作得到了关心高等教育人士的广泛关注，是他们给予了我们信任和激励，我们应该不负众望，努力把高等教育改革工作继续坚持下去，与我国正在执行的"十二五"计划结合起来，以期在全国高校中起到可能的示范作用。

这些奖励同时也说明国家承认我这个改革了。我跟学校校长、党委书记说，《化学概论》课已经成为国家级的精品课程，应该在化学院的其他教学班推广，大家应该跟我一致。就这样，在2008年，《化学概论》精品课开始在化学学院其他教学班（化学学院当时共有九个教学班）全面推广，这个当然阻力更大了。任何改革都会有矛盾有分歧，要在教学改革前进的过程中慢慢克服，我们坚定地往前看，往前走就对了！在推进教学改革的这十几年中，每当我的工作遇到强大的阻力，面对激烈的反对意见时，我都把它当成我继续前进的动力，帮助我增强意志，促使我坚持改下去。就像项羽"彼可取而代之"的英雄气概，我个人也有这样的性格，只要我觉得对的事情，越是受人反对，我越有动力坚持去做。

我的坚持是有依靠的。我的改革方案是经过多年的调查研究逐渐形成的，而且还在与时俱进地不断改进，所以我对它是很有信心的。我坚信我们改革的内容都是正确的，现在在国内是领先的。而且中国高校化学本科教育发展到现在的形势，也到了必须要改革的时候。将来只要国家正式同意高校化学教育全面改革，大家一定得参考我这个改革的模式。

特别值得庆幸的是，进入2011年，我们得到了教育部领导的关怀，允许我们的"化学学科教育教学改革"在国家的教育体制改革计划中正式立项，我们多年来在小范围的自主教改活动，终于得到了国家教育部的正式承认，我们可以在更大范围内做更多的事情了。这是一则以喜一则以忧的机遇，忧愁的是改革工作范围的扩大将会遭遇更多的矛盾与困难，国家的教育体制改革的政策也还没有正式公布，会不会给我们改革者以宽松的改革政策和优惠的改革条件，把我们当作特区来看待，让我们也"特"起来？这些都在未定之中。为了应对这种情况，我们暂时把一期改革范围缩小一点，把改革范围暂定在大学本科（一、二、三年级）基础课教育教学的改革上面，重点放在优秀教师队伍的建设和提高教学质量方面，大力纠正重科研忽视教学的倾向。另一方面强化我们在过去改革中取得的成效和有自己特色的成果：继续推行计算机在化学教育教学中应用的师生课余第二课堂"化软学会"的工作，新建设一个推动化学科学向高端发展的"分子科学计算中心"，从不同方向促进高等化学教育的发展进步。没有教育体制的改革，我们的国家是难以进步的！

化软学会与分子科学计算中心

　　1966年的诺贝尔化学奖颁发给美国科学家穆利肯教授，表彰他在创立分子轨道理论，阐明分子共价键的本质和电子结构方面所做出的贡献。1998年的诺贝尔化学奖颁发给了美国人科恩教授和英国人波普教授，表彰他们发展了量子化学中的电子密度泛函理论和量子化学计算方法，将化学带入一个新的时代。他们的获奖预示着化学的发展将会出现重大的变化，化学科学的未来现代化，必将是实验研究、高层次量化理论研究和计算机化学应用三驾马车互相融合的联合体。化学教育者也应为此做出深思熟虑，集思广益，为培养未来现代化的精英化学家制定妥善的教育方案。受两届诺贝尔奖以及微软创始人比尔·盖茨的业绩的启示，我意识到一个新兴的交叉学科"计算机化学"即将诞生，利用计算机的先进技术改革化学教学、提高教学质量的时机已经到来。在这二十多年的教学改革过程中，从"化软学会"到"分子科学计算中心"，从"《化学元素周期系》多媒体教科书软件"到"《化学概论》国家级精品课"、到"新课程设置方案的火箭模型"……我们一直是沿着"利用计算机的先进技术改革化学教育教学"这条主线工作的，我们的化学教育教学改革是有明确的指导思想的。

　　如上文所述，我总结了我国过去五十多年教学改革的经验和教训，调研了美国多所知名大学的化学教学计划和课程设置，对我国高等学校化学教育体系存在的问题归纳为"一个一百年的失误，一个五十年的失误，再一个三十年的差距"。针对这些问题，构建了高等化学教育近代化发展的理念，在重视和保留我国优良传统的基础上，结合我国高校的实际情况，创先设计了有前瞻性的新的教学体系。另外，为在我国开展新兴交叉学科"计算机化学"，我们组建了师生课余社团"化软学会"，在全国高校率先将计算机多媒体技术应用于化学教学改革，坚持十余年，既取得了众多国家级教学改革研究成果，又培养了创新型交叉学科人才，促进了新兴交叉学科"计算机化学"的发展，一举多得。

有了明确的教学改革指导思想，我首先对大一化学的教学难点"元素化学"开刀，提出利用计算机技术编撰一部多媒体电子教科书软件，用一张元素周期表为菜单，把一百多种元素的化学性质用多媒体的形式表现出来，提高学生学习的兴趣，从教学内容、教学方法和教学手段上改造《化学概论》课程中元素化学的传统教学。为完成这一教学改革的重任，编撰一部前无古人的多媒体电子教科书，我们组织成立了师生课余社团，我给它起名字为"南开大学化软学会"（即Chemisoft，效仿Microsoft）。化软学会秉承了我一贯"大兵团作战"的工作作风，吸收部分学习好、计算机技术也好的学生来参加工作，既能完成教学改革的任务，又能帮助学生增长知识技能，发挥他们的计算机技术特长，培养创新型交叉学科人才。

还有，关于量子化学教学的改革，也是教学改革中的一个难点。大学里《量子化学》是研究生的课程，对于本科生，只是在《结构化学》课程中有一些浅显的结论性的介绍。但现在量子化学在化学研究领域越来越重要，我认为我们应该对"计算机化学"学科的诞生做好准备，从教学角度来看，无疑应该在本科生中普及量子化学教育与计算化学教育。

南开大学化学学院是有几个搞计算的人的，比如唐敖庆的大弟子赵学庄在我们南开，编写出版我们丛书中《基础量子化学与应用》的刘靖疆老师也是讲量子化学的，还有其他几个老师。人是有，可是他们在重科研轻教学的大形势下，没有做教学改革工作的精力与动力。我想这也是个难度很大的问题，就尝试组织一些年轻人做这个事情，比如周震、言天英、孙宏伟、尚贞峰、李姝等。我跟他们商量，能不能想办法开一个非常科普的课，叫作《量子化学入门》。先不要作为正式的课，我贴布告，谁愿意来听就自由自主来听，也不算学分，学生愿意来就来，不来就拉倒。先试讲这

图 7-6　申泮文在化软实验室用气球模型指导学生画 sp³ 杂化轨道示意图

么一个课。如果他们讲得好了，能写出一本书来，那么我们就有开选修课的条件了。这样，孙宏伟、言天英、尚贞峰先后在伯苓班、分子专业、化学专业和材料化学专业都开出了《量子化学》、《计算化学基础》、《计算机材料学基础》等相关课程的必修课或是选修课。现在，在本科生中普及量子化学教育与计算化学教育的工作，正在朝着我们期望的方向进行着。2011年底，我们在"化软学会"工作的基础上组织筹建了"分子科学计算中心"，并在2012年3月得到学校批准成立，任命周震教授为中心主任。如果说"化软学会"的工作主要是推动了计算机技术在化学教学改革中的应用，那么"分子科学计算中心"则是为了把计算机在化学中的应用提升到理论高度、提升到指导化学科学研究工作的高度，打造一个教学与科学研究为一体的创新平台。现在越来越多的青年教师包括其他学院的青年教师加入到"分子科学计算中心"的队伍中来，使得我们在这方面的教学改革工作得以更进一步发展。

第八章
著作和译作

无机化学教材的翻译与编撰

新中国成立初期，我国高校化学教学处于衰微状况，连自主编撰的中文教科书都是没有的。在给邱宗岳先生的助课工作中，我于1950到1951年编撰完成《普通化学》和《化学平衡与定性分析》教材各一部，这应该是国内最早的自编中文化学教材。

1952年开始进行全面学习苏联的教学改革。教育部设立了全国高等学校院系调整课程改革委员会，张青莲先生任化学组副组长，主持化学专业的教学计划审定、教学大纲的厘定工作，召开了多次校际会议。我当时是南开大学化学系无机化学教研组主任，参加了无机化学教学大纲的讨论，从此正式开始了化学教科书的翻译、编撰工作。

根据教育部学习苏联的指示，张青莲先生建议由北京大学、南开大学、北京化工学院三校的无机化学教研组合作翻译苏联化学出版社出版的涅克拉索夫所著《普通化学教程》。当时我刚刚突击18天学成了俄语，主动翻译了几部苏联实验材料与习题集，对翻译工作有了一定的信心，因此经系主任邱宗岳先生的同意接受了任务。北京大学组织了13位、南开大学9位、化工学院3位教师集体参与翻译，初稿集中到张先生那里统一修订。经过艰苦的工作，历时三载（1953—1955），共翻译105万字，分上、中、下三册陆续出版。这部教材的翻译出版，不但解决了化学教育改革中大学一年级化学教材的有无问题，也推动了其他年级教材的翻译出版，全国各高校化学学科很快形成了模仿苏联的教育体系。另外，这项工作无形之中成为三校发展无机化学学科的进军号，参加翻译工作的许多教师后来都成为所在高校无机化学学科的骨干力量。

到1958年"大跃进"的时候，各个地方办红专大学，天津市也办了一个，让我去讲普通化学。我就一本一本编出来十个分册，由高教出版社出版，那时候叫《普通化学》。后来我把这十本书整合在一起，改了名字叫做《无机化学简明教程》，在1960年我到山西后不久出版了。这是我独自编撰出版的第一本无机化学教材。

1964年，高校教育形势有了新的变化。这年的春节毛主席有一个春节讲话，要求大、中、小学校缩短学制，减少课时，增加实践活动。当年6月，教育部和高教出版社在南京组织召开了化学教材编审委员会扩大会议，制订新的教学大纲，组织人力编写化学各个学科的简明教程。山东大学的尹敬执特别把我拉到旁边，说你明不明白这次会议找我们俩人来干什么？就是想让我们两个人合编一本简明教材。

尹敬执是旗人，家在北京，一直惦记着回北京，不愿意在山东大学干。他跟高等教育出版社内部有联系，出版社预备请他到北京来做副总编。所以这次找他来，由山东大学和山西大学两个学校合作编写这本教材。当时山西大学只算是创办不久的一个地方大学，能把我邀请去，我想可能是因为张青莲先生的推荐，也可能是因为我在几年前已经出版过一本《无机化学简明教程》了。

我开完会回去以后就跟学校党委副书记商量，我说全国要编教材，无机化学教材让我们两个人编。我们想找个地方安静地工作，你能不能在山西大学给提供一间宿舍，让尹教授来山西，我们两人合编教材？他同意了。尹敬执就到山西来住在山西大学宿舍，到我们职工食堂里吃饭，或者自己出去下下馆子。这样我们在 1964 年用一个暑假的时间把这本书编出来了，全书约 32 万字，于 1965 年 7 月出版，正好供秋季学期全国通用。但是这本书的寿命并不是很长，1965 年出版，全国通用，第二年就开始"文化大革命"。除了个别学校在 1972 年后招收工农兵学员尚有使用之外，这部书总的来说是销声匿迹，不再起作用了。

1972 年山西大学也开始招收工农兵学员。一知道这个消息，我立刻就想到这些学生可能水平是很低的，有的是初中水平，最高是高中水平。特别是插队的学生，什么东西都忘了。他们来学化学，得非常启蒙地讲。所以我早早地就赶进度，编写了一本非常浅显的、非常简明的教材，准备他们来学。那时候在山西大学有一个副校长是北师大毕业的，他支持我的工作。我编写出教材以后，就在山西大学自己的一个小印刷厂里铅印出来了。那时候搞派性，工人们也是两派，印刷厂里一些老工人是支持我的。我去印东西，他们说申教授你肚子里有东西呀，能够很快地把这个书写出来。我当时就跟他们开玩笑，我说我肚子里没别的东西，只有下水——山西管内脏叫下水。

这样学生来了以后，我用这个教材给学生讲课，很受学生欢迎。我还带学生下农村、下工厂去锻炼。我们去过一个合成氨厂，高压机器的轮子一直在转，早上一睁眼就听见机器的声音。早上起来开个会，我鼓励学生说，你们一睁开眼睛就听见机器的声音，这个声音就是祖国的心脏跳动的声音。你们来参加这些工作，应该激励自己将来为祖国建设服务。这样子鼓动学生，所以学生对我讲课是非常欢迎的。

"文化大革命"结束之后，高等教育逐渐得到恢复。1977 年教育部组织了以武汉大学牵头的 8 所大学，在重新编写的教学大纲的基础上，分工合作编撰了一部《无机化学》书稿。因为我跟尹敬执两个人编写过《无机化学简明教程》，所以经 21 所院校参加的初稿审定会议后，于 1978 年初邀请我们两人到北京参加定稿小组。

通知到了山西大学，造反派就压下来，不让申泮文去。后来我有一个学生，他是 1960 年入学，1965 年毕业后留校工作的。这个人和造反派有一定的关系，但思想上倾向于我。他知道了教育部有函来让我去参加教材编写工作，可是信被造反派压住了。于是就跑去找校长，说这是个难得的机会，为什么不让申老师去啊？校长也说，这是全国统编教材，找我们地方大学的人去参加，这机会太难得了。这样校长就通知了化学系，我才知道了消息。

我和尹敬执两个人大约用了三个月时间完成了统稿定稿工作。这部教材通称"统编《无机化学》"，上下两册，于1978年1月出版。由于我在"文化大革命"中根据自己多年教学积累的经验，已编写了一部书稿，所以在给统编教材定稿时，就把自己书稿中认为精彩的材料，作了一些移花接木的工作，使该书的质量得到一些改进。比如在元素化学部分，我对共价原子的成键特征和所形成化合物的价键结构加入了我的分析与概括论述。这部书后来又经两次修订再版，一直使用到20世纪末期。

在统稿定稿期间，我和尹敬执商议，需要编撰一部知识层次稍高些的教材供高校教师参考。经教育部和出版社同意，我们编撰了一部《基础无机化学》。这本书约100万字，他写理论部分，大约占全书的四分之一，我写了四分之三。因为他比我大一岁，我尊敬他，所以署名是尹敬执、申泮文合编。这部书于1980年出版，1986年荣获国家优秀高校教材一等奖，也沿用到20世纪末。

这部《基础无机化学》还被用作全国高校无机化学研讨班的教材。经过"文化大革命"期间的教育空白，当时教课的都是一些新人，不熟悉教学情况。因此教育部组织了一个全国的讲习班，把组织授课的任务交给我们南开大学。我就和尹敬执，还有南开大学、吉

图8-1 八校联合编辑，尹敬执、申泮文统稿的《无机化学》（人民教育出版社，1978年1月第1版）

林大学、辽宁大学的几个老师一起来开这个课，在南开大学开班，招收了 120 个学生。

讲课的时候我用了写透明胶片的投影仪，这在那时候还是新技术。我们特别布置了小礼堂，用支架把大幕布悬在上头作为屏幕，在下边特制了一个桌子，两台投影仪可以分着用，一台放胶片，一台老师在上面用玻璃板写字，这么给学生讲课。后来美国化学家鲍林到中国来，访问南开大学时也在我们布置的这个地方讲过课。

这个讲习班开了一年时间，两个学期。我们讲得很详细，把这部书全部细教给学生了。毕业后大家也都高高兴兴地回去了。后来这些学生都成为各个学校的教学骨干，或者升成教学的领导，还有一些人成为开展无机化学研究的带头人。我们讲这个课以后，许多学校都邀请我去开临时的、短期的无机化学讲习班，这对于推广我们的教学方法，推广无机化学的新知识是有好处的。

后来我总结说，从 50 年代到 80 年代，我和尹敬执两个人左右了中国高等教育一年级化学教材的编写工作，为我国的化学教育事业做出了贡献。但是，就把无机化学作为一年级的基础课这一点来说，是错误的。在一次高教出版社组织的全国教学会议上，我做了检讨，我说从 50 年代到 80 年代，我跟尹敬执两个人主导了中国高等教育的一年级化学教材《无机化学》的编撰工作，出了各种各样的书，前面是《无机化学简明教程》，然后是统编《无机化学》，以及接下来的一系列无机化学教材，都是我们主导的。但是现在看来，我犯了两个错误。一是把无机化学作为大一基

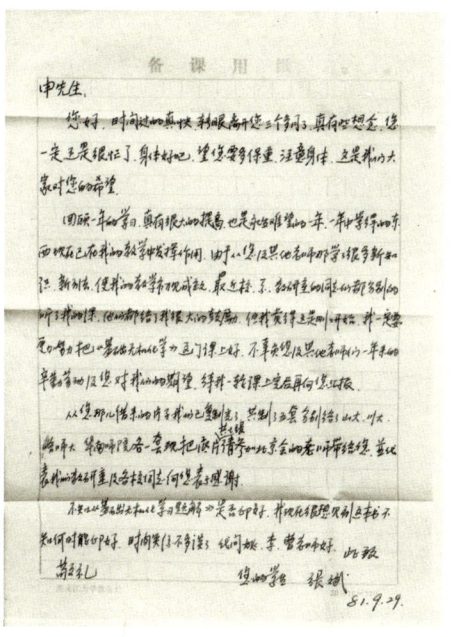

图 8-2 无机化学讲习班学生张斌写给申泮文的信（1981 年 9 月 29 日，讲述回校后《无机化学》的教学情况）

础课，二是翻译内博盖尔的 *General Chemistry*，将名称翻译成"普通化学"。在第七章中我对这两个错误有详尽的阐述。这是我个人的错误，我承认错误，应该负责任，现在我要改，但是现实是改也是很困难的。

《无机合成》丛书

我是一名翻译家，在中国算是有一定地位的。《中国翻译家辞典》对我的记述是"申泮文是一位有能力的集体翻译工作的组织者，他所组织的翻译工作以快速和文笔流畅著称。"

做翻译工作需要有汉语、外语两方面的基础。我的汉语基础是在小学赵老师、王老师，中学名师叶古甫、孟志荪等老师的教育、熏陶之下养成的，还得益于课下广泛涉猎的"大字足本"的演义、传奇小说。外语基础是自1934年高二，经"一个暑假的胜利"，建立了科学高效的学习方法而逐渐获得的。因为有了这两方面的基础，我才能不知不觉地就做出这些翻译方面的工作。我一生工作时间的三分之一都用在翻译工作上。

我早期的翻译工作是在1952—1959年对苏联教材的翻译，那一时期先后翻译正式出版苏联教材12部16卷册，总字数300余万字。在大约相同的时期，除了俄文教科书的翻译工作之外，我还注意到了美国化学会的丛书《无机合成》，开始了我对这套丛书持续近三十年的翻译工作。

在那个时期，中国有一个引入西方文化的机构，就是上海的龙门书店。它影印西方的书介绍给国内。我常去天津的外文书店看龙门书店的影印书，跟我工作有关系的，我一定要都看看。后来知道他们有定期出版的书目预告，我就给龙门出版社写信索要。这样它每期的目录都寄给我，我看要是我关心的，就都买了，所以我买的书很多。通过这个渠道，我注意到了美国化学会出版的丛书《无机合成》。它每年出一卷，我一卷一卷地看，觉得非常好。我想我们国家在无机化学方面还没有开始发展，而且无机合成属于无机化学发展的最基础的内容，同时我自己也很喜欢实验，所以我就有了翻译它的想法。我给科学出版社写信，说这套《无机合成》每年一本，是很好的书。我愿意把它翻译成中文介绍到国内，你们愿不愿意出版？他们同意了。这是在1956年，我除了俄文翻译之外，又多了一项翻译工作，也是"大兵团作战"，组织老师们一起来参加。通常的做法是，将外文书稿复印下来分给大家，大家分头翻译。译文初稿汇到我这里，我来修改、润色、统稿。因为利用了集体的力量，同时自己夜以继日的努力，使得工作总可以快速、优质地完成。最典型的工作是1978年用4个半月的时间翻译完成105万字的内博盖尔《普通化学》。即使在现在看来，这也是效率极高的工作。我们的集体翻译工作方式，在全国来说是独树一帜的，堪以自慰。

《无机合成》同样是集体翻译的成果。在"文化大革命"前出版了1—5卷，主要参与者是南开大学化学系的龚毅生、张允什等。"文化大革命"开始后工作暂停。1970年我在山西大学被"解放"之后，开始组织一批老师脱离派性斗争搞翻译，工作得以继续进行。他们几个人合作翻译一本，我给修改。参加的人很多，工作效率也高，第13卷3个月完成，参加翻译的有张靓华等11位教师，在翻译第14卷的工作中甚至有车云霞等18个工农兵学员参与。怎么署名呢？我就跟大家商量，让同志们选出人来署名，我作为校对者，这样子每一本书可以推出一个人在出版物上出出名，将来有助于他们晋升。张靓华是大家所公认的好的，还有李士绮、陈惠萱、马维、齐景韶、王靖芳等。所以他们都说我是肯于提拔年轻人的。

那时候科学出版社工作也没停，所以在"文化大革命"期间，出版了《无机合成》的第6、第7卷和第11卷。"文化大革命"后工作恢复，立即在1977年出版了第8、9、10、13卷，1979年出版了第12卷。这部书的持续出版，对我调回南开大学、当选学部委员都有积极的影响。

1978年底我回到南开大学，第二年成为无机化学教研室主任，我就想给大家一点业余的工作来聚聚大家的心思。正好《无机合成》是一个长远的任务，它可以让我们持续翻译下去，所以我就组织无机教研室里跟我们搞无机合成的同志们一起来翻译。同时，我与山西大学、河北工学院、天津医学院等单位的人都有联系，他们也参加了翻译工作。

那时候还做一本书《固体化学及其应用》的翻译工作。就是陈荣悌院士请美国西北大学化学系的配位化学家 Fred Basol 来南开大学讲学。这是在中国改革开放以后，我们最早请来讲学的外国专家。我参加了接待工作。他看我是无机教研室的，就送我一本他的著作，叫作 Coordination Chemistry，是一本小册子。这个小书在他们美国很风行，是给低年级学生读的，比较浅显，介绍配位化学的。这一套书共十本，他写的这本就送给我了。我拿到这本书，就组织宋银柱、王耕霖等搞配位化学的老师和我一起来翻译。1982年出版时做成英汉对照，左边页是它的英文本，右边就是我们的汉语翻译。给我们的学生对着读，可以引导他们对专业英语的学习。

后来科学出版社给我来信说，《无机合成》的销售情况不是很好，虽然没说要怎么样，但意思是来辞退我。我立刻就提出来了，我已经翻译了20本，我们要停止到第20本，以后不翻译了。这样，从1959年9月《无机合成》第1卷出版，至1987年8月第19卷结束（第20卷于1986年出版），这一工作持续了近三十年，一共翻译了20卷。我觉得这20本书为我国无机化学发展打基础曾经起了很好的作用。另外，翻译工作也提高了翻译者

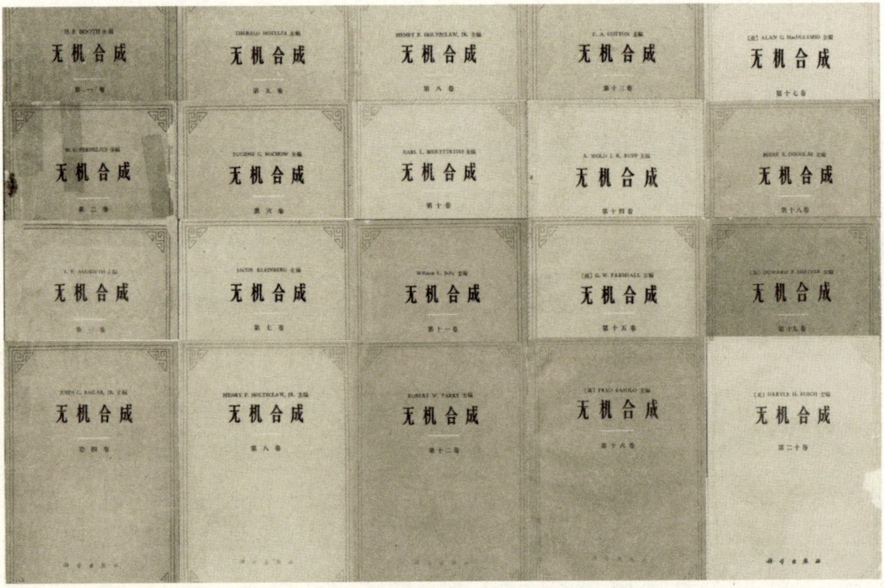

图 8-3 《无机合成》1—20卷（科学出版社，1959年9月—1987年8月）

的科学研究水平,培养出许多人。我在后来的科学研究工作,很多思路都来自这部《无机合成》。

几十年来,作为一名多产的翻译家,翻译工作中的种种酸甜苦辣,在本书附文《我的翻译生涯》中有更为详尽的描述。

《无机化学丛书》

1977年我向科学出版社建议,编撰出版一部无机化学大型手册性参考丛书,得到出版社同意。当年12月开编委成立会时,在北京市内安排不下会址,最后在顺义召开。出席会议的有张青莲先生等十余人,出版社王丽云为主持人。在我的特别提议下,公推张青莲先生为主编。大家又决定以戴安邦先生、顾翼东先生为顾问,我为副主编,尹敬执、曹锡章、吕云阳为编委。

1978年8月在沈阳召开了编委会第一次扩大会议,我是主持人。在张先生的领导下,确定了丛书编撰计划以及各卷各专题撰稿人人选。鉴于我

图8-4　1978年8月沈阳《无机化学丛书》编委第一次扩大会议(前排右2—4:顾学民,苏勉曾,申泮文,前排右6—8:顾翼东,戴安邦,郑汝丽。第二排左2吕云阳,右3龚毅生,右5张靓华)

对氢化物的研究成果,我被分工负责第一卷《稀有气体·氢·碱金属》的总编任务和"氢"专题的编写任务。

丛书最早乐观地计划5年完成。1984年5月,第一卷顺利出版,我分工的内容如期完成,给以后诸卷的出版起到示范作用。但后来丛书的出版遇到了很多预想不到的困难。其中一种情况是有的作者拖延交稿,一拖十几年,最后声明由于个人原因或单位变迁原因,不能承担编撰任务了。出现这种情况时,张先生就会把救火打补丁的任务交给我来完成。这是对我的信任,又是给我的锻炼机会。我一般会与合作者在6个月时间内紧急完成,满足尽快交付出版的要求。丛书第九卷中的铁系元素部分和第八卷中的钛分族部分就是我紧急救火完成的。

后来出版社的王丽云、赵世雄等责任编辑先后参加编委会为兼任编辑,襄佐组织管理等工作。后期在攻坚阶段,特聘北京大学唐任寰教授为编委,辅佐主编督战,完成最后诸卷的编撰出版。经过编委会成员和全体作者艰辛的奋斗,最初计划5年完成的这部丛书经历了18年的艰苦岁月,于1998年9月始克全功。这项编撰任务的完成是我国无机化学学科发展的一个重大里程碑。

图8-5 《无机化学丛书》第一卷(科学出版社。左起:1984年5月第1版,1984年5月第1次印刷;1998年10月第2次印刷;2011年3月第3次印刷)

《无机化学丛书》是中国有史以来第一部无机化学百科全书性质的巨著，全书18卷41个专题，总共700余万字。前10卷为各族元素分论，后8卷为无机化学若干重要领域的专论。相比化学其他学科百科全书的编撰，我们无机化学是非常突出的，《无机化学丛书》真正成了一大套工具书，在中国起了很大的作用。

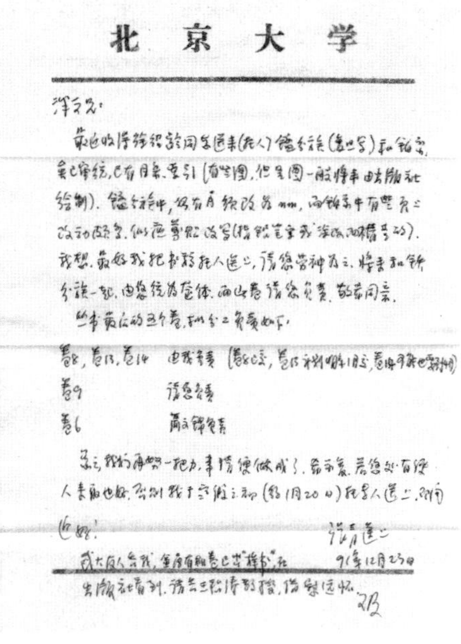

这部丛书为我国广大化学工作者提供了一部丰富的近现代化学的原始资料资源库，对促进我国化学教学和研究的迅速发展，解决我国矿产资源的综合利用、新型材料的

图 8-6 1991年12月23日张青莲写给申泮文的信，讨论《无机化学丛书·第九卷·铁系元素》的编撰工作

合成、无机化学新观点与新理论的提出等问题，都起到了不可估量的助力作用。

这部丛书的编撰立竿见影地加速了我国无机化学人才的培养和无机化学学科研究队伍的建设。本丛书最初组织的作者成员，大多是中青年学者，或在高校任职不久，或刚刚接触科学研究。这部丛书的编撰工作与他们的实际工作相结合，帮助他们迅速成长起来。到20世纪末，这部丛书的大多数作者都成为我国无机化学界的知名专家，也标志了我国无机化学学科队伍的健康生成。

这部丛书的编撰促成了我国高校和科研单位无机化学各个领域研究方向的合理布局。早在上世纪50年代，张青莲先生就利用他的学术地位和在政府及科学院中的兼职，尽心筹划我国无机化学各研究方向在全国范围内的布点问题，但由于新中国的前30年各种运动的影响而收效甚微。《无机化学丛书》的编撰，提供了一个新的机会。张先生利用编委会组织编撰作者的有利机会，把遴选作者的工作与科研方向的布点理念结合起来，借助各高校和研究单位原有的科研基础和条件，一石二鸟，毕双功于一役。比如复旦大学的丰产元素化学，南京大学的配位化学，北京大学、兰州大学、长春应用化学研究所的稀土元素化学，北京大学的稳定同位素化学、放射化学，南开大学的氢与氢化物化学等研究据点的建成，都几乎是与这部丛书的编撰同步的。张青莲先生在这方面的贡献，是老一辈化学家中最为突出的，他是当之无愧的我国近代无机化学学科的重要奠基人之一。

《化学元素周期系》教学软件

1984年7月，我去加拿大多伦多参加了第五届世界氢能会议。回程时经中学同学刘维政介绍，我访问了美国密歇根大学，在那里第一次见到了计算机辅助教学[①]。

计算机对自然科学的教育发展非常重要，美国因为科技进步比我们早得多，计算机在各个领域的应用比我们早二三十年。20世纪60年代个人计算机在美国开始普及，到80年代比尔·盖茨发布Windows操作系统和Office等应用软件，计算机在美国就非常通用了。在学校里边，各个系都要开展计算机辅助教学，即CAI教学。我见到这种教学法后深受触动，觉得能这样改进教学的话，那真是太好了。我就找他们的主管威廉姆·巴特勒研究员，问他说你愿不愿意明年到我们天津来讲一讲CAI教学？我招待你。他说他的夫人刘蓉蓉就是华人，很愿意到中国来。这样回国以后我立刻办邀请他的手续，后来发现我在山西大学的一个助教与他的夫人是表姐表弟，这样就更方便了。就这么邀请他来，把这种教学方法引入到中国来。

---

① 计算辅助教学（Computer Assisted Instruction，CAI教学），是由计算机、学习者、教师构成的人机系统。这种教学方法将现代教育思想、学科内容、教学目标、教学方法固化在课件上，与计算机技术紧密结合，充分发挥计算机声、光、色、形动的优势，通过教师和学生的双连活动来实现教学目标。

现在每一个办公室都有计算机了，可他到中国来的时候我们学校里边还没有计算机呢，计算机专业也没有成立。我就到校外租了五台计算机，四台并联，老师们在下边扎堆看，有一台作为处理机放到讲台上。他来讲，他的夫人给做翻译。他的夫人中英文都精通，而且外国人习惯盛装，她挂上一身的首饰，讲得非常好。比如他给我们讲利用 CAI 怎么进行实验教学。学生在来做实验以前，先课下自学预习。开始实验时学生先进实验室旁边的计算机房，打开课件看操作图。比如说酸碱滴定，画面中就有一个滴定管，一个烧杯，下边有个磁力搅拌器。烧杯里是酸性溶液，加了一个指示剂，有颜色，接着用标准氢氧化钠溶液滴定。一点点滴，计算机自动画出滴定曲线来。随着滴定的进行，曲线慢慢移动，等到终点的时候，指示剂颜色一变，曲线就上去了。这种演示非常生动。看完演示以后，课件还会展示实验报告的格式。学生看完这个课件，进入实验室做实验就不需要人指导了。现在我们还强调，开实验课，我们院士，还有长江学者、杰出青年教师都要参加实验指导，采用人海战术，这个没有必要。你院士该做你院士的事情，长江学者做你长江学者的事情。一年级的实验，实验室有一个人在那里招呼就行了，学生完全可以自己做。这样既培养学生自己动手的能力，也培养学生使用计算机的能力。

接着我们资助巴特勒到别的学校，先是北京，然后到西安、杭州、上海，去我们推荐的几个院校再讲一讲 CAI 教学。所以我们在全国第一次做了计算机辅助教学的推广工作。当时巴特勒送我三十几张苹果机用的光盘，但是我没有计算机，没有办法用。后来他还给我来信，说现在做了新的光盘，你要愿意要，我还寄给你。但有一天他出去打猎，在大树上碰见猛兽，从树上摔下来偏瘫了。所以以后就没有再联系了。他为我们国家的计算机辅助教学起了启蒙的作用。

可是当时因为认识问题和财力问题，国内计算机教学在很长一段时间内没有得到普及。一直到 90 年代中期，国产 386、486 机逐渐流行，我们自己才有了计算机。我先是个人买，后来又要求无机教研室的实验室买，我说你们一定先把计算机买上，他们才买了。但那时巴特勒送给我们的光盘已经过时了，不能再用了。

这时我认为用计算机技术改进教学的时机已经到来，结合我们一年级化学教学工作中遇到的困难，我就想能不能制作一个以元素周期表为主要内容的教学软件，把枯燥的元素化学部分用软件来教授给学生？在1995年中，我找了正在做我的在职博士生的车云霞，安排她做这方面工作。当时我已经学了计算机，她还没学呢。她说："我从来没摸过计算机，我都这么大岁数了还能学计算机？"我说可以学，我这么大年纪都学了，你也能学。

这样，软件开发工作从1995年底艰难地开始了。到了1997年，这个工作被纳入国家计划委员会"九五"国家科技攻关项目和教育部"九五"重点教材计划，解决了经费问题。南开也拨给了办公室和实验室。工作才这样一点点做起来了。

在这个工作中我们遇到的一个很重大的障碍，就是向科学进军，做科学研究发表论文成为教师的一个主导工作了。评定一个教师的水平，用论文来考评他，他能不能从副教授升教授，要看他的论文在什么刊物发表，是否SCI收录，影响因子多少，而不是看他的教学。这个影响很大的。科学研究工作能让教师得利，相比而言做教学工作就没有任何好处。再加上那时候谁也不会计算机，都要从头学编程，开发这个软件要费大量的时间、精力。所以没有教师愿意做计算机教学的事情。

后来我提出教师的力量组织不起来，我们就利用学生的力量。有的学生在中学就学计算机了，会打字、玩游戏什么的。他们到了南开大学以后，学校规定不许在宿舍里自己买计算机，学校图书馆也没有计算机房，所以只能到外边网吧、或是回家里去玩。我就想了，如果我们组织学生社团来开发电子计算机对化学教育的应用，对于我们充实工作人员的力量，去做真正的推广工作、发展工作就有了人力，同时对于提高学生的水平也有好处。我们就组织成立了南开大学化软学会，并于1998年3月获系、校领导正式批准。

编撰《化学元素周期系》多媒体教科书的工作，还有两项必须解决的重大困难。第一是要有一笔资金投入，建设一间至少有10台电子计算机的实验室和相应附属设施。第二个困难问题是经过估算，完成本项工作需要大量熟练人力投入和较长的工作时间（后来统计证明，完成《化学元素周期系》多媒体教科书课件共使用了每年30余人次的业余人力，工作时间持续了3年多，始优质胜利完成）。这两项困难的解决很有传奇性，对我们的工作起着决定性的推动作用。

为解决资金来源，1996年春，我以开发计算机在化学教育中的应用、推动教学改革、提高教学质量为由，向有关教育领导进行游说。中共天津市教卫工委书记邢元敏同志率先响应表示支持，指令天津市高教局拨给专款10万元作为启动经费。南开大学校长侯自新教授闻风跟进，拨专款6万元支持实验室建设，并指令化学学院拨给一间40平米实验室和一间20平米办公室，基本建设问题得到彻底解决。插补一段后续发展，进入新世纪2007年年终，新校长饶子和院士来校履新，视察了我们的实验室，在现场主动提出拨给5万元经费帮助更新设备。我们这种得天独厚的经历，在校中是唯一的特例。我说："这是领导英明，也是我们得道多助！"

这样，我们以每年投入30多人的人力，用了3年时间，至1998年底将这一软件全部开发完成，并于1999年初由高教出版社正式出版。《化学元素周期系》教科书软件不但是中国的第一部多媒体教科书，而且在国际上也是一部创新之作。因为当时多媒体技术还属于刚刚发展起来的新兴技术领域，在这方面的成果贵在争先。所以在2001年，这个工作获得了国家级教学成果奖一等奖。

1999年3月，我们把这个软件赠送给了天津市的四所高校。5月初，教育部在南开大学组织了一次《化学元素周期系》软件的应用培训班会议，有30多所院校的主讲教师参加，软件开始在全国范围走入兄弟院校。后来我们还把

图8-7 "化学元素周期系"软件（主编：申泮文，林少凡；副主编：车云霞，郭浩宇。高等教育出版社，1999年）

它赠送给了国内很多高校。虽然我们没有做统计,可是我们知道后来的确有人在本科教学中部分采用了我们的软件及软件配套的教学方式。要想全面地采用这个软件,就需要教学改革。如我在上一章中所述,这样的改革是有阻力的,一般的人碰到这种阻力,还是要和谐相处。像我这样子不怕矛盾迎难而上,一定要进行教学改革,这在国内是比较少见的。

《南开大学近代化学教材丛书》

《南开大学近代化学教材丛书》也是荣获国家教学成果奖一等奖的工作,这是和我倡导的教学改革联系在一起的。20世纪90年代,我研究发现我们的高校化学教育必须进行改革,就制定了《高校化学本科基础课程体系新课程设置方案》。因为当时我已经退居二线,没有指挥权了,就向化学学院的院领导提出来改革。院领导则希望我能编出一套教材来配合我

图 8-8 南开大学近代化学教材丛书

新设置的教学体系。这样，我利用化学系原有的一些教材编写基础，组建丛书的编委会。我作主编，邀请有机化学教研室的王积涛教授作副主编，编委还有南开大学的12位教授、校外的2位院士、6位教授。

丛书的编撰思想是和我提出的高校化学教学体系"火箭模型"相配套的，要害在于一年级的《化学概论》课程教材，就是我们编写的《近代化学导论》。这个教材的着眼点是化学这个一级学科，讲化学的总体，不讲任何单独二级学科的化学。就像人去旅游一样，旅游点第一天要给讲一大课。放个录像给你看，旅游内容是什么，这几天分几个项目，每天看哪一个，有什么特点，有什么注意事项。我们一年级化学课就等于是这么样一个课程。

另外，新的课程体系取消了定性分析、定量分析课，将其内容精简、改造后放到《近代化学导论》中的水溶液化学部分。这部分内容有四章书，分别讲授酸碱、沉淀、氧化还原、配合物四种平衡反应。与原先的《分析化学》相比，讲授内容做了大的修改，不像以前在各种平衡计算里绕圈子，而是将重点转入了平衡反应与实际应用的结合。

比如说酸碱平衡那一章，我的重点不在酸碱容量分析，而在酸碱平衡在生命体内的作用。这一章讲酸碱平衡，讲pH值，讲缓冲溶液，因为化学逐渐要跟生命科学融合，所以pH值缓冲溶液是这一章书的重点。老师要自己去查资料，给学生讲人身体里边有哪些缓冲溶液。比如说我给学生讲，你拿棍子去捅马蜂窝，蜂窝"砰"一下子掉地上，马蜂就会扑向你，给你脑袋叮一下，立刻肿起一个大包。为什么呢？因为蚁酸进入身体里边，超过你体液的缓冲界限了。可是慢慢地这个包会消掉，过了几天不疼了，好了，那是为什么呢？这是缓冲作用，缓冲溶液慢慢地把蚁酸吃掉了。这样给学生讲缓冲溶液不是很有趣吗？

而且还可以讲，我们身体里有好几个缓冲系统，血液循环系统是一个，体液循环系统是一个，消化系统是一个。还有土壤，现在华北有不少盐碱地，可是正常的肥沃的可种农作物的土壤，它里边的水分、pH值是确定的。这样可以讲，所有的微生物、植物、动物，都要有缓冲溶液在它的循环体系里边起作用。

151

再比如说我讲沉淀反应。现在的沉淀滴定都已经作废了，重量法做定量分析也作废了，那么沉淀反应干什么用？一个重点就是说如何提纯溶液，除去溶液里面的杂质。常见的杂质是铁杂质，如何把铁杂质除去？那就要用沉淀的方法。先看铁是两价还是三价。三价铁最好沉淀，它的沉淀值跟 pH 变化有关系。如果有两价铁，先用一个氧化剂把它氧化成三价铁，然后用氨水或其他碱，就可以得到很好的氢氧化铁沉淀。还可以与硫化物反应，生成黄铁盐沉淀。要具体问题具体分析。

还有硫化物，它有不同的溶度积。虽然都是低溶解度的，可是溶度积有大有小，溶度积大的物质可以用来沉淀溶度积小的物质。比如说从某一锌矿得到一个锌的溶液，里边有铅、铜、铬等几种金属盐杂质，怎么除掉它们呢？很简单，先拿一部分溶液沉淀出一些硫化锌来，然后把硫化锌洗干净以后加入到原溶液里边，它就把铅铜什么的沉淀掉了，锌又回到溶液里边去。这是提纯溶液的一个很重要的方法。

还有一个重点是共沉淀反应，这是把沉淀反应跟材料科学结合起来。现在许多重要的功能材料可以用共沉淀的方法来合成。比如说钛酸钡，过去钛酸钡是用钡的氧化物和二氧化钛混合烧结合成的。河北大学有个老师到我们这来进修，我们教他的是我们专长的共沉淀技术，就是从钡盐和钛盐的溶液中，用水解和沉淀的方法把钛酸钡沉淀出来，其他金属元素也可以用共沉淀的方法方便地掺杂进去。就是这样一个简单反应，他回去办了一个厂，现在大量出口掺杂的钛酸钡，生意很好的。

讲氧化还原时，我们着重讲电极电势。原先分析化学教师讲氧化还原反应时不讲这方面内容，可是作为无机化学、物理化学的一部分，电极电势是非常重要的，因为电极电势涉及电动力了。现在我们说的电动汽车，因为用洁净能源，将来在我国可能要很快地发展，超过汽油汽车。电动汽车用的各种化学电源，就与氧化还原电势密切相关。这部分内容还跟我们自己的科研工作相关。我讲我们研制的镍氢电池，它是什么样一个电池，电池的工艺怎么完成的？这样子化学理论就和应用结合了。

再比如讲配合物。以前讲金属离子和络合剂 EDTA 的反应是一比一的，强调用它来做络合滴定，但是现在大家都不用络合滴定了。我们告诉学生，EDTA 这个物质很有用，是个药物，铅中毒要服用 EDTA 把铅从血液里面带出去。类似这样的，许多配合物都可以成为药物。配合物也可以做许多功能材料。

另外，还要注意在教材中随时加入新的内容。我经常查找一些新资料给授课的教师，告诉他们哪些内容下次讲课的时候应该进入教材。比如说当初三聚氰胺奶粉一被曝光，我立刻就查资料分给大家，要求课里边要讲这个问题。食品里不允许添加三聚氰胺。为什么有人加呢？我跟大家讲清楚，这跟分析化学有关系。要测定奶粉里的蛋白质含量，没法分析，太难了，所以只好测定氮元素含量。用凯式定氮法测出氮的百分含量是多少，乘上 6.4，就是蛋白质的含量。这样不良商贩就利用这个科技问题来蒙人，在奶粉里面加了三聚氰胺。三聚氰胺中的氮含量很高，这样子测定结果就是奶粉里面含有更多的蛋白质，实际上是假的。其实三聚氰胺有很多用处，比如说制造我们现在用的钞票就要用三聚氰胺。做钞票的纸印出来以后，要用三聚氰胺处理，等于用一个树脂来处理一样，钞票就不容易磨

图 8-9　不断改进的教科书与精品课程（2009 年 9 月 24 日《化学概论》课程组教师集体备课，申泮文做讲解。右排左二为申泮文院士）

损。油漆里面也有三聚氰胺。因为我们国家生产氮肥，主要产品是尿素，而尿素是生产三聚氰胺的原料，所以现在我们国家是一个生产三聚氰胺的大国。

再比如 2010 年诺贝尔物理学奖授予了英国的 Andre Geim 和 Konstantin Novoselov，表彰他们在二维石墨烯材料方面的研究。我们也要在书中加入这方面的内容，同时告诉学生我国也有跟石墨烯接近的先进的化学研究工作。中国科学院化学所有机固体重点实验室成功完成了石墨炔的研究，这是水平很高的工作，能不能拿诺贝尔奖，这是可议论的。教科书中加入这些能和实际联系起来的内容，是非常生动的。这样来编写教科书，可以让学生在大学一年级对化学各学科的基本情况、现今发展有一个总体了解，同时还激发了学生学习化学的兴趣。

经过十余年的努力，《近代化学导论》先后被纳入"面向 21 世纪课程教材"和"十一五"国家级规划教材。使用这部教材的课程《化学概论》，2004 年被评为国家级精品课程，建立了远程教学网，也受到了兄弟院校的欢迎。天津大学的王静康院士对这部书的评价是："《近代化学导论》确实具有创新性，概括了化学发展的脉络，内容从基础到科技发展前沿，和国际接轨，让学生能够找到自己的兴趣点，为将来从事某一方面的专门研究奠定基础。"这项成果对全国都有非常大的影响。

分析化学授课内容的调整是我们课程改革和教材建设的亮点之一。我们组织国内有丰富实践经验的专家集体编撰了一部分析化学《近代分析化学教程》。依据这本材料，在分析化学课中删掉了绝大部分定性分析和定量分析的内容，而当代分析化学技术的基础——仪器分析成为课程的主要内容。

无机化学课改在三年级上，这样就端正了无机化学课程在高校化学教学计划中的正确地位。我组织国内 10 位专家编撰了一部有我国特色的高年级教材《无机化学》，2002 年出版。后来又接受了出版社的再版要求，改版为《高等无机化学》，并纳入了"十一五"国家级规划教材，正在编写中。

为迎接计算化学新学科的到来，我选定量子化学和计算机化学新教材为重点建设教材，在 2004 年和 2005 年先后出版了刘靖疆的《基础量子化学与应用》和乔园园的《简明计算机化学教程》。这两部教材的出版是编委会的创新亮点，具有极高程度的前瞻性和创新性，反映了当代化学科学发展的水平，为推进化学科学进入"严密科学"新时代、逐步进行高校化学课程体制的深度改革，率先在全国做出贡献。北京大学的徐光宪先生看到了我们的量子化学教材后给我来信说："昨天刘靖疆同志寄给我他编著的《基础量子化学与应用》，大致翻阅一遍，觉得内容选择很好，既有基础又有应用。因此看到南开大学的教育课程设置方案，反映了21世纪化学的迅速发展，体现了与时俱进的精神，对我国化学教育做出了卓越贡献。"

《有机化学》是南开已故王积涛教授的名著教科书，在我国化学教育中享有盛名，不仅被大陆多所院校选为教材或参考书，甚至为台湾的高校选用，并成为许多自学者首选的畅销书籍，到2009年为止已经19次印刷达到52000册。由王永梅教授主持的该教材第三版的编撰工作，被列入"十一五"国家级规划教材出版计划，并于2009年顺利出版。新版不仅继承了这部教材优秀的传统，还增加了许多与时俱进的新有机化学反应和绿色化学的知识，在每一章的末尾增加了大量精选的英文文献题目，与实际紧密结合，提高学生灵活应用所学知识的能力。

这样，从1999到2008年为止，我们尽10年之功，一共编撰了27部32卷册化学基础课程和部分专业课程教材，总字数近1800万。成果工程巨大，教学效果显著，这些教材为提高教学质量和培养创新型人才创造了良好条件，对全国高校化学教学改革做出了贡献。丛书2009年2月通过了天津市化学会组织的教学成果鉴定会，来自北京大学、复旦大学、天津大学、西北大学、湖南大学、大连理工大学等高校的9位同行专家一致认为："《南开大学近代化学教材》系列成果工程巨大，为我国高校化学课程体系的深度改革、提高教学质量和培养创新型人才创造了良好条件，对全国高校化学教学的改革产生了较深远的影响。该项成果具有创新性、科学性、适用性和示范性，是我国化学本科课程及教学改革的一项重大研究成果，达到国内领先水平。"同年9月，这部丛书荣获国家级教学成果奖一等奖。

还有值得一提的是我的双语化学教材。南开大学化学学院在本科一年级开设了2学分的双语化学入门课，每年选课学生近300人。现在这个课不是我教了，是我带出来的两个年轻人教。当初我上课时就教学生我的学

图 8-10 2009 年 2 月《南开大学近代化学教材丛书》成果鉴定会（左一文振翼教授（西北大学），左二史启祯教授（西北大学），左三天津市教委领导，左四高占先教授（大连理工大学），左五张邦华教授（南开大学），中间申泮文院士，右一姚守拙院士（湖南师范大学），右二杨宏秀教授（天津大学），右三范康年教授（复旦大学），右四苏勉曾教授（北京大学），右五黄竹坡教授（北京大学），右六王静康院士（天津大学））

习方法：朗读。在课堂上，我带着学生，我念一句，他们念一句，一定要大声念出来。有的时候还带着学生早上起来到学校荷花池前面，我来念书，他们大声跟着我念。这样让我们的学生能够外语、化学结合在一块学习。所以在那个时候，化学系学生的四、六级考试成绩全校第一。

后来我就把这个经验总结在一起，写成一本《双语化学入门》。清华大学出版社的人看见了，抢着给我出版了。现在已经出了第二版。这本书开始是元素的名称，接着是常见的术语，然后给一些课文，最后给出英语的许多习惯用法，尽量提供材料让学生自学。

对一年级学生，以我翻译的美国 *General Chemistry* 那一套书作为材料，将它分成三本书，分别是基本化学原理、溶液化学初步、元素化学教程，英汉对照印出来发给学生，让学生能对着看，养成双语的习惯。因为有外国版权的问题，这三本书没有出版，自己连续印了三年，内部发给学生。所以对于双语教学，我是有自己的一套办法的。

第九章 社会活动

南开学校复兴日

张伯苓校长于1951年2月在天津逝世,遗嘱告南开学生:"竭尽所能,合群团结,为公为国,拥护人民政府,以建设富强、康乐之新中国。"南开学生永远铭记在心中。

但随着新中国成立以后各种政治运动的开展,在极左思想的影响下,国内将新中国成立前南开学校定性为资产阶级的学校,将张伯苓校长定性为国民党残渣余孽、资产阶级反动教育家,将南开的教育定性为资产阶级反动教育,并加以批判。南开校训、校歌被废止,南开精神长期受到压制。这种局面到1986年才有了根本的改善。

张伯苓校长诞辰100周年的时候,大陆并没有举办纪念活动。但台湾则是盛大纪念,给张校长出了一部有蒋介石题词的精美纪念刊物。在美国的南开校友也开了纪念会,有许多旅美华人和美国知名人士参加。1986年值张伯苓校长诞辰110周年,得知台湾和海外仍会有类似的纪念活动,我驻美大使馆的张参赞给外交部写了一个报告，鉴于张校长的社会影响力对团结海峡两岸和海外广大华人及知名南开校友有重要作用，建议大陆也应及时举行适宜的纪念活动，以利于我海外统战工作。外交部上报党中央后，党中央正式认真研究张伯苓和南开学校的历史后，英明地决定于4月5日在南开大学由国家教委和全国政协联合举行纪念会，委派国家教委主任李鹏和全国政协副主席周培源主持大会①。纪念会主持者的阵容显然在国内是创纪录的。

一般每年的政协会、人大会都是在3月份开，那年不知道为什么推迟到了4月份。举行张伯苓诞辰纪念会的时候，我正在北京参加政协会议。我听说了这件事，就联系南开校友跟会务组商量，能不能允许我们这些政协委员、人大代表中的南开校友去南开大学参加这个纪念会。会务组说，不行，我们正在开会，你们怎么能走呢？后来我一想，政协副主席周培源是张伯苓纪念会的主持人，他能去我们也应该能去。

当时政协的另一位副主席钱昌照是我的好朋友。我和他相识是在1985年，那个时候他计划带全国政协的一个小组考察海南岛，给出一个如何建设海南岛的建议报告。小组成员中需要有搞教育的、有搞炼钢的、有搞各种工业的。其中需要一位搞教育同时也懂得化工的。民主促进会的副主席陈舜礼推荐了我。我和陈舜礼是一起从南开大学支援山西大学的，他在山西大学当教务长，后来当了一段山西大学校长，然后调到北京做了中国民主促进会的副主席。1980年我加入了中国民主促进会，任民进中央参议委员会委员。所以陈舜礼就向钱昌照推荐我，说让政协委员申泮文参加你们的考察组。

这样我就跟着钱昌照到海南考察。钱昌照委托我带另外两个政协委员沈性元和季树农考察教育。那边教育发展很不平衡。比如说在海口、文昌有几个好中学，每个中学的校产都有一两千亩的山林，学校办得很阔。虽然教师的水平差一点，可是整体办得不错。但在三亚那边就很穷苦了，海南大学也刚刚开始建，学生都是自己带着粮食来上学，自己刨个坑，架个

---

① 见申泮文：《南开大学复兴日记事》，《申泮文90回眸》，2005年，第114—116页。

锅，自己做饭。宿舍里边床铺都没有，自己弄两个凳子，架些木条，然后铺上铺盖，就这样睡觉。我们把这些情况写成一个海南岛教育考察报告，钱昌照说我这个报告是写得最好的，带回去作为提案参加政协会了。这个事情也算我做了一件参政议政的大事情。

这样我跟钱昌照建立了比较好的关系。所以1986年我找到钱昌照说你能不能帮助我们，允许我们这些校友去天津参加张伯苓纪念会。他说："我也是张伯苓的好朋友啊，我也去。"于是通知全国人大代表、全国政协委员，愿意到南开大学参加张伯苓诞辰纪念会的就一起去。这样，两位全国政协副主席和随从人员、百余位全国人大代表和政协委员乘坐的数辆小汽车和三辆大旅行轿车组成了一行车队，前后还有警卫车开路殿后，于4月5日清晨浩浩荡荡开赴天津，直达南开大学。

参加张伯苓诞辰纪念会的有国家教委相关领导、天津市党政有关领导、南开大学党政领导、张伯苓生前好友、知名南开校友和张伯苓家属等600多人。会上李鹏、周培源、黄钰生做主要发言。李鹏说："张先生的一生，是进步的、爱国的一生，他办教育是有成绩的，人民将永远记住他的功劳。"时任全国人大常委会委员长的彭真特别给张伯苓题了词，说他是"兴建学校、改革封建落后教育的民主主义爱国教育家"。

这一题词给张伯苓的评价定了基调。会后在南开大学新建的张伯苓纪念陵园隆重举行了张伯苓铜像剪彩揭幕仪式，为纪念会增添了声势和光彩。4月6日全国报纸都以重要版面给予报道，张伯苓的业绩从此获得了国家级领导的承认和全国人民的认同。

对南开人来说，这次会议的重要性在

图9-1　1986年张伯苓诞辰110周年纪念会
（主席台后排右二为申泮文）

图 9-2　1986 年，张伯苓诞辰 110 周年纪念会后，国家领导人为张伯苓铜像揭幕剪彩（剪彩人右起李鹏、钱昌照、周培源、身后二排右 2 申泮文）

于，大会正式给张伯苓平反、落实了政策；给南开事业平反、落实了政策；给"老南开人"平反、落实了政策。这个举措影响极大，海内外广大南开校友和张伯苓生前好友、家属无不额手相庆。

张伯苓诞辰纪念会着实对南开事业起了不可估量的推进作用：天津南开中学校领导层开始主动从事收回大操场和东楼教学楼的努力，改名为东方红中学的南开女子中学校复名称为天津第二南开中学，改名为重庆第三中学的重庆南开中学恢复了原校名，南开大学随即有校友返校集会并竖立校训纪念碑。原先在南开学校不能讲过去的校训，不能唱过去的校歌，不能讲过去的南开传统，可是经过这次会以后完全放开了。大家就讲南开校训，唱南开校歌，讲南开传统。就是从这时候开始，我写了许多赞美我们南开教育的文章，也做了 PowerPoint，年年给学生讲南开的教育思想。

为母校南开效力

我是一个老南开，受南开的教育成长，也愿意竭尽全力回报母校，为南开奉献自己的力量。为南开中学收复大操场、收复东楼是我带头为母校做的工作之一。

比如说关于爱国主义教育，在上世纪 90 年代以前，我们党中央没有指示。1987 年是抗日战争爆发五十周年，我们全国应该纪念了，可是大家没有纪念。为什么没纪念？因为没有上级的指示。我说既然粉碎"四人帮"以后改革开放了，1937年我们南开学校被日军炸毁的事情应该让学生知道。但是那时候党委不动，学校领导也不动。我就在给一年级学生讲课的时候组织了一个南风宣，就是南开校风的宣传队。我组织他们在学校里边挂出大的壁报，把南开被炸的相片贴上去。因为南开被炸是在暑假期间，所以在放暑假以前就贴出来了。学校里边也不敢管，因为这个事不是坏事。可是上边没有指示，所以都不吭气，没有表示。等到1990年，就是鸦片战争爆发150周年，江泽民同志说了，应该加强爱国主义教育。所以从那个时候开始，我们全国教育里边增加了爱国主义教育内容。学校里边也开了一个党政工团的联席会，研究如何在南开大学校内开展爱国主义教育，还把我请去参加，说申泮文是第一个在南开大学宣传爱国主义的人。

天津南开中学最初创办时是私立学校，1952年改为国立全国重点中学。但由于新中国成立初期流行的极左思潮和历史虚无主义，当时地方上认定南开中学校长张伯苓在政治上曾依附国民党反动派，把南开中学看成是反动资产阶级学校，以致南开中学事实上被剥夺了学校独立法人地位，处于政治上接受严格管制和改造、校舍场地被非法蚕食没收、传统教育受严厉批判的不利处境。就校舍场地被蚕食强占而论，原校有场地300余亩，逐年被邻近单位蚕食掉近200亩。

1954年，南开区政府非法没收南开中学大操场及所属设施面积70余亩。当时的校长也没有尽力争取，他说张伯苓让学生把体育放在第一位，是资产阶级思想，要彻底取消，就不要操场了。还有南开中学当初搞学生演话剧，这也是一种资产阶级思想，所以把大礼堂内部全部拆了，住家属，不允许学生再演话剧了。所以说，南开校园被逐侵占，是极左思想影响下的恶果。

1977年，天津市将南开中学东楼近2000平方米划归天津市文化局管辖，强行征没南开拥有的全部有关周恩来同志在校学习的纪念文物，由文化局接收建立周恩来同志青年时代在津革命活动纪念馆。这样，经过多次侵占，南开中学校舍最后仅剩余面积50亩，成为全国重点中学中的一所最小的丑小鸭。

南开中学被逐年侵占，校舍一步步地缩减，办学困难雪上加霜。尤其因东楼是南开学校教育体系的总发祥地，是南开校园不可分割的组成部分，被占后纪念馆用粗铁链与南开中学其他部分拦截隔离，在国内国际观瞻上都起了不良影响。这所国际知名学校办学设施和环境每况愈下日趋萎缩的状况，在海内外校友和国际友人当中引发了深为不利的舆论批评。

我自1978年起开始担任全国政治协商会议委员，此后连任第五、六、七届共15年。1978年12月我从山西大学回到了南开大学，1979年3月我就在全国政协第五届二次会议上，组织一些南开校友委员联合署名提案，要求归还南开中学大操场。第二年，又提交了要求归还被占南楼的提案。此后这个提案年年提，国务院办公厅年年把提案转发给天津市人民政府研究解决，但由于占用单位坚决抗拒，天津市政府也就拖着不办，久而无功。甚至一波未平，一波又起。1985年春，天津市政府又侵占南开大学校园48亩修建中环路拆迁的回迁楼。我在当年的六届三次政协会议教育组委员的讨论会上，如实介绍了此事，引起了大家的愤慨。大家共议之后，又共同署名提出了《建议国务院再次明令重申政府机关、部队和各类公私单位均不得以任何借口占用学校的校舍场地案》。

1986年"南开学校复兴日"之后，天津南开中学校领导层开始主动从事于收回大操场和东楼教学楼的努力。南开校友会北京分会、1936班校友会、旅台南开校友会也分别致信天津市领导、全国人大常委会，恳请有关领导重视南开校舍被占问题的影响，张致祥、吴阶平等人也向上反映了意见。在南开校友以及各届热心朋友的共同努力下，问题的解决终于迎来了曙光。1993年初，全国人大常委张承先对操场问题做出了指示，3月3日当时的天津市市长聂璧初视察了南开中学和南开体育场，23日亲临南开范孙楼主持召开现场办公会，拍板决定将体育场还给南开中学。并拨款1000万元，在鞍山西道南侧征地100余亩为天津市南开区另建一座新的体育场作为对南开区的补偿。4月20日，天津市政府办公厅下发了由有关委、局会签的《会议纪要》，对归还体育场和支持南开中学的建设发展做出了明确、具体的规定。

1994年6月，我和其他七位南开校友（均为中国科学院在津院士）给天津市市委书记高德占等各级领导写了一封信，请他们再举行一次现场办公会，落实将体育场还给南开中学的问题。并以我个人名义，向

图9-3 南开中学大操场（何文摄，2015年6月）

民主促进会中央拍发加急电报，请其转呈正在召开全国教育工作会议的副总理李岚清和教委主任朱开轩，请他们派工作组调查支持南开中学收回操场和东楼的斗争。这样密集的"轰炸"很快起了作用。7月25日，当时已经卸任天津市市长、转任天津市人大常委会主任的聂璧初又一次来到南开召开现场办公会，决定由天津市财政和天津教育局再给南开区30万元补助，并限定他们在9月30日前办清过户手续，在年底前全部从操场撤离。这样，被天津市南开区占用40年后，大操场又回到了南开中学的怀抱。

趁热打铁，为收加东楼，我起草了一封信，请了十几位院士签名[①]，直接写给中共中央委员会政治局和江泽民总书记，说明了东楼被占的情况，并阐述了南开中学树人的光辉成就，为南开中学申请重奖。重奖无他，就是将东楼和校存的周恩来纪念文物还给南开中学，比照湖南长沙第一师范学校自办自管毛泽东同志纪念馆为前例，准由南开中学自办自管周恩来纪念馆，作为对本校师生及校外各界人士进行爱国主义教育的基地。后来中央决定设立周恩来、邓颖超纪念馆，和这个事情很有关系。1998年2月周邓纪念馆开馆后，周恩来青年时代在津革命活动纪念馆建制撤销，并入周邓纪念馆开馆，东楼原址终于移交南开中学。至此，从1979年3月第一次政协提案，到1998年2月归还东楼，我牵头的为南开中学要回校舍

---

① 此信写于1994年8月25日，联署人有：张存浩，马杏垣，叶笃正，刘东生，孙大中，涂光炽，邹承鲁，娄成后，申泮文，张滂，周恒。《申泮文90回眸》中收录此信。

的斗争经历了整整20年。这其中的挫折困难一言难尽。我们在这过程中做出了许多当初别人不敢做的事情。为什么呢？我们这一批人是抗日战争以前南开学校毕业出来的，虽然后来也经过"左"倾路线的洗礼，可是我们青少年时在南开学到的精神已镌刻在骨子里，是永远改掉不了的。我们敢出来，甚至给江泽民总书记写信。可是我们在天津动员南开中学的校长们参加时，他们都不敢。所以我说人的受教育的传统不一样，他的思想意识都是很不一样的。再有，南开学生都比较豪爽，比较开敞，比较敢讲话，而且擅长团结大家。这些人都是主张正义的，主持公正的，这就不一样。

这期间牵涉到我加入中国共产党的事情。1978年我回到南开以后，正值党的十二大新党章刚出来不久，入党条件有了新变化。我的几个老朋友，比如李万华就劝我了，说申公啊，你把组织问题解决了吧。后来我想，我应该申请入党。为什么呢？因为我是政协委员，参政议政过程中有许多事情别人不敢做的，我都敢做。邓小平同志要拨乱反正，如果我要同他一样做拨乱反正的工作，他没问题，我可能还是会有问题的。这样我就想，我既然有全国政协委员、院士、民主党派的身份，要再有一个共产党员的身份，我做这些事情就比较安稳了，不至于被人家说是反攻倒算。

所以我就申请入党。那时新党章公布出来大家学习，学习完了以后学校里特别组织讨论，让我参加。我就先检查自己过去走白专道路，对党认识不足。现在新的党章出来了，我们国家走向改革开放，搞经济建设，我应该能够参加一些。这样我就成为预备党员了。当时我还有一部分工作在元素所，所以我的推荐人是两个元素所的党员。后来我带着预备党员的身份转到化学系无机教研室工作。虽然教研室工作都听我安排，很顺利，可是教研室党支部对我有戒心。为什么呢？因为我一去就跟党组织说了，我回到南开无机教研室，有三个政治要求。第一在教研室不允许有人在政治上排斥他人，第二不许我们南开毕业的人排斥外校来的人，第三不许搞派系。我这三条，就是针对极左路线的。这些党员们一听说我这些要求，都对我有些反感。

另外他们总有人说我工作不民主，不跟大家充分讨论。我哪讲这个，这些人的思想都是受极左思潮影响很深刻的,头很难剃的。要说是开会研究什么,七嘴八舌,什么事也决定不了。所以我有时会利用我的权威,我说怎么安排就怎么办。当然大部分人是赞成我的,可中间也有人反对,这是免不了的吧。

由于这些原因,到了预备满期一年,应该讨论转正了,教研室党支部就不讨论,把我搁在那了。我把我的情况告诉尹敬执,他说就是给你来一次下不来台嘛,没关系的。学校的组织部部长陈俊坤是我的学生,他来说,申老师,你跟大家谈一谈,交交心,解说解说。我就说,行就行,不行拉倒,算我没申请。

学校的副校长崔希默也是老党员,他特别来找我,说我们党讲究改造思想,可是人的本性是改不掉的,该坚持怎么样还坚持。不过这个事情呢你也别着急,反正早晚会解决。所以这样子我被拖了半年,别人是一年以后转正,我大概是一年半。最后由校党委指定无机教研室支部讨论申泮文转正。结果一开会,每个人都说申泮文怎么怎么好。这样我才结束了预备期,成为中国共产党党员[①]。之后我继续为南开学校贡献自己的力量,除了牵头为南开中学要回校舍之外,我还为南开大学办过几件值得一提的大事。

1991年国家教委在直属高校中选定了十所大学为部属重点大学,南开大学名落孙山。我和南开大学化学系的陈茹玉、何炳林、陈荣悌一共四位院士,由我起草了一封信,主动上书国家教委,为南开大学争取进入重点大学行列。并趁国家教委主任李铁映来南开视察的机会,我当面进行汇报,起到了良好的效果,南开大学被补选为全国重点大学。

南开大学的教职工宿舍,存在积存累年的困难。到上世纪90年代,教职工居住的贫民窟式危陋平房总面积达三万平米。该处住宅地势低洼排水不畅,建筑及设备老化,经常发生断水、断电,且雨季水浸,上漏下涝,教职工苦不堪言,严重影响工作生活。以至在80年代时《雷雨》剧组曾选定此处拍摄剧中贫民窟外景。1997年2月我和南开大学的六位院士,仍然由我起草,联名上书国务院副总理邹家华同志,请拨专款为南开大学解

[①] 申泮文入党事可参看2009年8月《天津支部生活》。

困。这封信取得了实效,国家计委拨专款三千万元解决南开大学教职工宿舍建设问题,使教职工住宿得到全面的改善。

天津大学和南开大学两校夙有渊源。1952年院系调整时,南开大学工学院与天津大学工学院合并,还有一部分组成了机械学院、电机学院、化工学院,最后合并成为工科高校新天津大学,迁入七里台新址与南开大学比邻。南开大学则接受原天津大学理科诸系的补充,建成文理综合性大学。当年学习苏联的教育体制进行院系调整,后来弊端逐渐显现,对两校的发展都产生了不利的影响。1998年10月国务院副总理李岚清与教育部部长陈至立来津视察工作时提出了两校合并的建议。我们两校的两院院士经过集体讨论,认为南开大学和天津大学过去有血缘关系,许多教师之间的关系相当密切,另外两个学校地域相邻、特长互补,在诸多方面都具备合并成为亚洲一流大学的条件。合并带来的两校资源共享、优势互补的增益效果,绝不会仅仅是一加一等于二,而是会产生矩阵乘积效应,极大地提高教学质量与科研水平。如果我们这两个学校合并,可以建成一个不但是在华北、在中国,而且是在远东也是最强大的学校。1999年10月,由我起草信件,南开大学与天津大学的十二位两院院士署名上书李岚清副总理,表达对两校合并的热忱。后因阻力较多较强,改为两校资源共享,联合办学。2001年12月成立的南开大学—天津大学联合研究院就是两校合作的代表。

另外,对于在"三反"运动中蒙冤,被迫从南开大学调往天津市图书馆的南开大学秘书长黄钰生先生的平反工作,也是我坚持推动的。给黄先生平反的经过我曾作文详细记述,录于本书的附录之中。南开培育了我,成就了我,尽我所能为南开学校做出贡献,是我毕生的愿望与荣耀。

爱国主义教育与民间对日索赔

我是在抗日战争的大环境下度过求学生涯的,南开学校的爱国主义教育让我受益终生。我始终认为,爱国主义教育环境出英才,所以总是不失

第九章 社会活动

时机地教导学生,作为社会主义祖国的公民,应该有高度的荣誉感、自豪感和责任感,有为保卫祖国、建设祖国奉献自己毕生努力的坚定信念。

作为一名化学教师,结合讲课向学生宣传祖国的丰富资源、祖国的复兴伟业,鼓舞学生为祖国的化学化工事业做出贡献,这是几十年如一日的常事。至于抓住各种时机,结合政治事件,对学生进行政论性的爱国主义宣传,则是起步于1986年南开学校复兴日。当时借张伯苓校长诞辰110周年纪念会的东风,我组编了一套名为《张伯苓与南开学校》的幻灯片,介绍了南开学校创办历史、张伯苓教育思想、南开学校今昔对比、南开学生的德智体全面发展、周恩来是南开人的光辉典范、张伯苓的历史功绩与身后哀荣等,在重庆南开中学和四川自贡蜀光中学放映时甚至引起了轰动。

1987年7月是"七七事变"五十周年纪念日。我以抗日战争亲身参与者与经历者的身份,课上课下向学生宣传中国人民八年抗战的伟大意义,起到了良好的作用。7月29日是南开大学校舍被日军炸毁五十周年纪念日。我在化学系87级学生中建议组成了一个南开校风宣传队(简称"南风宣"),向他们提供我珍藏的抗日战争图片,在校园内展出,并为图片展撰写了前言。这个宣传展览一方面揭露了日本帝国主义的残暴本质,另一方面加强了南开学校新旧历史的对比,受到了全校师生的重视,前来参观者经久不衰。12月12日,南风宣展出我提供的四十余张历史图片,沉痛纪念南京大屠杀五十周年,在师生中也引起了很大震动。

在1987年宣传教育工作的基础上,以后每年6月底学期即将结束时,我都将南开大学旧校园被日军残暴炸毁的图片在南开校园内展示,提醒全校师生年年不忘侵华日军暴行,以起到"前事不忘,后事之

图9-4 1987年,申泮文在南开大学大中路张贴纪念南京大屠杀大字报(右二俯身张贴者为申泮文)

图 9-5　1991 年，申泮文为纪念南京大屠杀 54 周年制作的展板

师"的教育作用。我认为这是南开校史的一个宝贵资料，是对学生进行爱国主义教育的一个非常宝贵的资料，所以每年我都为学生开设南开校史的讲座。1990 年党中央为纪念鸦片战争 150 周年，号召加强爱国主义教育，在南开大学党政工团研究部署爱国主义教育活动的会议上，与会同志一致承认我是在校内坚持不懈地进行爱国主义教育的先行者。在 1990 年和 1991 年，我先后被评为校级和市级优秀思想政治工作干部。一个由旧社会过来的老知识分子，被选为党的优秀政工干部，不能不说是一项殊荣！

1994 年 10 月 17 日是南开大学建校 75 周年和天津南开中学建校 90 周年纪念日。我在《南开周报》上发表了《校歌诠释》和《校训释文》两篇文章，对校歌校训的爱国主义教育内涵做了充分的阐释，同时对其中蕴含的南开精神、对南开学子全面发展的要求做了全面的说明。这两篇文章在南开大学和南开中学师生中起了很大的反响，继承和发扬母校的优良传统在校园内蔚然成风。

1995 年值抗战胜利 50 周年，我编写了一本《天津旧南开学校覆没记——侵华日军 1937 年 7 月 29—30 日轰炸纵火全部毁没天津南开学校罪行录》，由南开大学出版社出版，记录了天津南开学校全部毁没于日军轰炸和纵火的事实，作为南开师生的爱国主义教育教材。此外，我又在南开大学学生工作部主办的"铸我南开魂"系列讲座中做了一次题为《纪念抗日战争胜利50周年》的讲演，以"前事不忘，后事之师"为中心，建议学生们不要忘记1840—1937年百年国耻，不要忘记八年抗战，不要忘记南开学校的爱国主义传统。由于这个讲演结合了南开学校的实际，在学生中引起了很大的震动和激情，受到热烈欢迎。国内十几家传媒均在显著版面予以报道。

作为全国政协委员，在1992年全国政协七届五次会议上，我起草了《我国民间个人和民间团体应可以向日本政府对日本侵华战争造成损失提出赔偿要求》提案稿，征求委员署名，引起与会委员的普遍反响。后来由24名委员共同署名的提案提交大会，交由外交部研究。

自日军1931年发动"九一八事变"侵占东北，到1945年战败投降为止的14年间，日军残暴地烧杀掳掠，给中国人民造成巨大的损失。中国无辜死亡人口达三千余万人，全国财产损失达六千余亿美元。1962年我国政府与日本政府签订中日友好和平协定，毛泽东主席和周恩来总理为顾念日本国的困难和表达我国政府的宽怀大度，在协定中宣布放弃日本的战争损失赔偿。从法律上讲，这个协定是政府对政府之间的协定，并未限制我国民间个人和民间团体因日本侵华战争蒙受损失而向日本国政府提出赔偿要求的权力。20世纪90年代，日本已成为经济发达国家，拥有承担战争赔偿的能力。因此我在提案中建议我国政府向日本政府提出交涉，允许并接受我国受害的民间个人和民间团体，向日本国政府索取战争损失合理赔偿，以维护国际公理和巩固两国人民的友好关系。

来自北京化工干部管理学院的邢文卫委员和南开大学的周与良委员非常同意我的意见。她们说，周总理曾强调，中国人民是有权向日本提出赔偿的。恢复邦交正常化时在任的日本首相田中角荣也在电视中发表讲话说："在中国政府对日本宽大的感召下，日本应乐于赔偿中国人民在战争中蒙受的损失。"她们认为，把战争赔偿与受害赔偿分开计算是公认的国际惯例，《中日联合声明》中并没有放弃国民受害赔偿的字样，因此，我国人民向日本政府提出赔偿要求，并不违反《中日联合声明》的精神和国际惯例，也并不违背《中日友好条约》，同样也符合《海牙关于陆战规则公约》中的有关规定。

我倡导民间对日索赔，和我亲身经历1937年7月29—30日天津南开学校被日军炸毁有关。当时日军对天津南开大学、南开中学、南开女子中学、南开小学进行了野蛮的飞机轰炸和纵火，同时从海光寺军营以重炮对南开大学进行毁灭性轰击。南开大学全部校舍（包括文科楼秀山堂、科学楼思源堂、木斋图书馆、男生第一、第二宿舍和女生宿舍芝琴楼），南开中学的图书馆、南楼教室、西楼教工宿舍、学生第六宿舍等，南开女子中学教学楼、南开小学教学楼全部毁于炮火。南开中学部分劫余校舍经日军八年占领，损毁殆尽。南开大学和南开中学现有校舍均为战后重建，南开女子中学移址重建，即今南开第二中学，南开小学战后无力重建，现不复存在。

29日下午，日军曾暂停炮击。有目击者说，有一长列装满东西的日军卡车从南开大学开往海光寺。事后得知，日军暂停炮击是为了抢劫尚未搬走的图书。战前南开大学木斋图书馆藏有中外文图书14万5千余册，馆藏中除数百种珍贵的元明善本以外，尤以数学类书刊的质量为国内罕有，来访的外国学者都对此称羡不已。经济类图书馆藏也很丰富。这些图书少部分提前转移至法租界，1939年拟由海路经香港、海防转至昆明，但海防沦陷时这批图书被日军截获运往东京。木斋图书馆所藏大部分图书未及转移，均被日军掠走或毁于炮击。抗战胜利后，仅有少数西文图书从日本东京找回。这些图书至今在扉页上留有一个印记："民国二十六年此书被日寇劫去，胜利后由东京收回，刊些以资纪念。"这是日军侵华的一个铁的见证。战前南开大学生物系、物理系、化学系的大批教学和科研仪器，和图书的命运一样，或从南开大学、或从海防被日军掠走，再未归还。

战前南开大学思源堂西南侧钟亭内，悬有原海光寺遗留大铜钟一座，重1万8千余斤，制作精美，上面雕刻着《金刚经》全文。据记载此钟造于晚清，是一件有纪念意义的珍贵文物。南开大学建成后由天津市拨给南开大学保存。大铜钟不仅在校园内构成一独特景观，而且也派上了用场。每逢毕业典礼，在颁发毕业证书时总要撞钟纪念，有多少毕业生就撞钟多少下，声闻数里之外。"八里台钟声"成为天津市少有的名胜之一。大铜钟也在29日被日军掠走，再也没有找回。或云此钟已被日本侵略者熔铸成枪弹，或已为侵略者隐匿起来，都没有确切的消息。

政协提案发出后，我又起草了《为私立南开学校被毁掠校产向日本政府提出索赔发起人宣言》，要求日本政府主动向南开学校道歉并赔偿损失。二十余名南开校友、南开创始人后裔联合署名。但外交部于1992年5月对政协提案做出回复，认为日本军国主义发动的侵华战争给我国人民带来巨大的损失和深重的灾难是确凿的历史事实。我

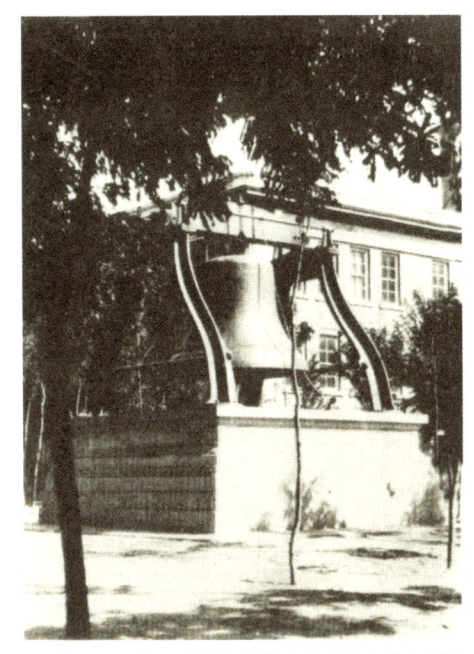

图9-6 被日本侵略者掠去的南开大学大铜钟

国政府从中日两国人民友好这一大局出发，宣布放弃对日战争赔偿要求，对中日两国邦交正常化以及而后发展两国友好合作关系乃至整个国际局势都产生了重要的积极影响。实践证明，我国政府的这一重大决策是符合我国人民根本利益的。因此，外交部并不支持我们提出的民间索赔的主张。可惜的是，鉴于外交部的态度，一些参加签名宣言的人员宣布退出，使这一宣言"胎死腹中"，并未公开发布。

1992年的这一政协提案是我国大陆民间对日索赔活动的起点。在3月18日上交提案的第二天，贵州团人大代表也提出类似内容的索赔提案。《中国化工报》、《法制与生活》杂志，乃至台湾《中央日报》都对我们的政协提案作出报道，民间对日索赔运动逐渐受到民众的注意。我高兴地看到，二十多年后的今天，祖国各地对日索赔已掀起风潮。其实得到赔偿仅是目的之一，真正重要的目的仍然是"前事不忘，后事之师"，通过民间索赔工作清算日本侵略者为中国人民带来的灾难和损失，提醒后代永远不能忘记国家危亡时中国人民为国家民族独立付出的巨大牺牲，让当年的悲剧不要再现。

附录一
申泮文年表

1916 年

9月7日（农历八月十日），出生于吉林省吉林市。幼年家居松花江畔。

1921 年

9月，入小学。一薛姓语文老师锡名"泮文"。

1923 年

冬，举家移居天津。转学到天津城东南角草场庵广北小学走读。

1926 年

9月，全家迁入法租界地民宅居住。通过考试转学至旅津广东小学四年级就学。在小学时，曾专门学习画山水国画两年。

1929 年

7月，广东小学毕业，考入南开中学。

1931 年

9 月 18 日，"九一八"事变爆发。

1932 年

夏，南开中学初中毕业，升入高中。

1934 年

暑假，发奋攻读英语两个月。

1935 年

7 月，南开中学高中毕业。到冀晋察绥四省区统税局的收发室做一名文牍员。

12 月，失业返津。

1936 年

2 月，为南开中学数学教师张信鸿做助教，旁听高三课程，边工作边准备投考大学。

9 月，考取南开大学免学宿费奖学金学生，入化工系。继续为张信鸿做助教，以解决大学生活费问题。

年底，以优秀学习成绩获得南开大学"三六"奖学金。为报答张信鸿老师的恩情，无偿地继续批改 1937 年的数学作业。

1937 年

6 月底，以优异成绩读完南开大学化工系一年级，到南开大学应用化学研究所勤工俭学，做硫酸厂烟道中残留气体分析和剩余原料气的回收研究。

7 月 7 日，抗日战争爆发。

7 月 28 日，日军占领天津。29—30 日以大炮轰击、飞机轰炸、纵火劫掠等手段炸毁了南开大学、南开中学、南开女子中学和南开小学校园。

8月底，以流亡学生身份乘海轮逃离天津，辗转来到南京投奔南开大学驻南京办事处，应中央军官学校之召，报名参军，任少尉候差员。

9月，赴江苏省溧水县接受紧急军事作战训练一个月。

9月底10月初，军训结束。因淞沪战事紧张，被紧急征调到松江前线教导总队队部做后勤副官工作。

10月中，奉队部命令带领二十余伤病兵员突围，两腿感染病毒，发生肿胀与局部溃疡。

11月1日，南开大学、清华大学和北京大学三校组成的临时大学在长沙开学。

11月中，带领伤病员步行撤回南京。向部队提出返回学校复学要求，得到批准，遂往长沙。

11月末，到达长沙，恰逢日军飞机轰炸长沙火车站。是时南开大学化工系已迁去重庆，遂转到化学系报到。适逢杨石先教授任化学系主任，特别批准他转系，确定了他的终身事业。

12月，开始在校医室治疗双腿。

12月13日发生南京大屠杀。

1938年

1月初，长沙临时大学举行第一学期考试。因病和丧失信心未参加考试，无成绩，被教务处布告勒令退学。时学校已决定西迁昆明。申泮文找到南开大学秘书长黄钰生教授要求随校到昆明续学，获得批准。但因学校已予除名，只能自费参加"长沙临时大学湘黔滇旅行团"。

2月19日，随"长沙临时大学湘黔滇旅行团"出发前往昆明。

4月28日旅行团到达昆明，精神状态逐步振奋。

5月1日，昆明西南联合大学正式开学，为1937学年度第二学期。杨石先教授为化学系主任，再度签字同意申泮文恢复学籍，进入化学系二年级就读。

1940 年

7月，申泮文用两年时间完成了三年的学习任务，以较好成绩大学毕业，取得西南联合大学和南开大学双重学籍的理学士学位。

在毕业前，经朱汝华教授的介绍，到在昆明新建的国民政府军事委员会下属的航空委员会油料研究室去工作，职称是实验助理员。

12月，日军攻占越南海防等沿海城市，云南告急，航空委员会油料研究室决定内迁成都。申泮文负责油料室实验室搬家的任务，工作认真而有成效，受到了室内的表扬。

内迁前，研究室主任何伟发研究员向油料室成员宣布所有人员都必须宣誓参加国民党。申泮文在会下找何伟发提出异议。室里举行集体宣誓仪式之时，申泮文请假外出。何伟发对此非常不满，在另一研究员蒋揩冰的劝说下，将此事暂时搁置。

1941 年

年初，油料研究室迁到成都成贤街。实验室照申泮文原设计计划，很快摆好实验台开始工作。

2月，何伟发对申泮文施加压力，要求加紧解决加入国民党的问题。最后申泮文以不愿参加国民党为由写一份辞职报告，何伟发如实上报航空委员会。

4月，收到大哥申郁文自兰州来信，已为他联系到新工作，希望他尽快去兰州。遂在一天晚饭后，趁研究室职工群体上茶馆之际，弃职潜逃开赴兰州。

5月，在大哥申郁文所在单位资源委员会西北运输处的介绍下，申泮文以助理工程师职称进入中国银行创办的兰州制药厂工作。负责两方面任务：主管原材料大库和主持建设溶剂酒精车间。

9月，酒精车间建成投产，但因与该厂经理曹柏年发生非业务性冲突，辞职离厂。

10月，申泮文被中英庚款董事会兰州科学教育馆邀聘，到该馆任技术干事，工作任务就是主持该馆化验室对外的分析化验工作。

1942 年

被派到兰州女子中学兼任化学教员，被评为名师。

1944 年

5 月，兰州制药厂厂长卞松年被武汉迁滇华中大学邀聘去担任化学系主任，邀申泮文到华中大学任教。申泮文接受邀聘。

7 月，伴同卞松年全家来到喜洲，在化学系任讲师，主讲有机化学课程和主持全系的化学实验教学管理工作。申泮文勤奋和高效率的工作表现，受到校方的表彰。但由于不喜欢教会学校的宗教习惯，产生了离职的念头。

1945 年

8 月，抗日战争胜利，从华中大学离职，到昆明寻找机遇。

8 月底，经老同学王树勋（王刚）的介绍，到昆明天祥中学担任化学教师。

9 月，开始给天祥中学上课，为该校开发了实验教学，教学表现深受学生欢迎。兼任初中三年级的班主任，结交了一大批青年朋友，师生友谊数十年延续不衰。

1946 年

5 月，经黄钰生教授介绍给南开大学化学系主任邱宗岳教授，被接受为化学系教员，暂先到南开大学办事处帮助复员前业务结束工作，仍兼任天祥中学的教学工作。迁入文化巷南开大学办事处居住。

7 月，接受南开大学黄钰生教授和冯文潜教授的派遣，参加清华、北大、南开三校联合迁运委员会，被委派为三校第二批 300 吨公物北运任务的押运组主任押运员。

1947 年

7月，结束押运任务，到北平交割清华北大公物后，回到天津，与胞姊家庭重聚。

迁入单身教师宿舍东楼（百曲乐楼）居住，结识了一批中青年朋友，多数是西南联大校友，跟随他们学会了欣赏西方古典音乐。钻研电子管无线电技术，组装收音机和电唱机，成为青年音乐爱好者的中心活动分子。

9月，开始参加教学工作，先给高振衡教授助理有机化学课，辅导、判习题作业、辅导实验。第二学期又兼给朱剑寒教授助物理化学课。

1948 年

7月，从南开大学辞职。接受老友陈四箴的约请，到南京地质矿物学专家谢家荣主持的资源委员会矿产探勘处的化验室工作，做岩石矿物分析。单位地址在南京马泰街。

1949 年

2月，辽沈、淮海、平津三大战役后，南京市内局面接近混乱。适值父亲过80大寿，申泮文请假回了兰州。

9月，接高振衡教授从天津来信，再度回到南开大学。

给邱宗岳教授助一年级普通化学和定性分析课。经邱宗岳教授同意，完成《普通化学》基本原理部分油印稿，及铅印本《化学平衡与定性分析》，这可能是国内第一本华语化学教材。

新中国的成立，给申泮文带来许多振奋，除了努力于本职教学工作外，也积极于社会活动，担任过"讲助会"主席，学校教育工会筹备会的副主席，后任工会秘书长，参加了党组织领导的党的"同情组"，每周参加政治学习，成为一位党外积极分子。

新中国成立初期，教学实验缺乏化学试剂，又值经费困难，申泮文带领两位练习生买来粗制工业产品，在实验室中自行提纯，蒸馏生产纯品三酸，结晶提纯试剂盐类，从实验废液中回收银、碘等高值物质，等等。

1950 年

年初，开展知识分子思想改造运动。申泮文两次检查没有通过，不得已，抄了一段报纸上的检查材料过了关。看到杨石先教授三次检查通不过，受到听众冷落，感到心疼。

6月6日，在《天津日报》发表科普文章《漫谈化学》，此后又陆续发表多篇科普文章。

8月18—24日，中华全国自然科学工作者代表会议在北京清华大学礼堂召开，成立"中华全国科学普及协会"。

10月10日，中共中央发出《关于镇压反革命活动的指示》。从1950年12月开始，在全国范围开展了镇压反革命运动。

1951 年

11月，教育部召开了全国工学院院长会议，提出《全国工学院调整方案》，开始了全国范围内的院系调整工作。

12月1日，中共中央作出《关于实行精兵简政、增产节约、反对贪污、反对浪费和反对官僚主义的决定》，全国规模的"三反"运动开展起来。运动中申泮文担任一个打虎队队长，审查校产管理员王九龄的"贪污"问题，发现搞错了，提出"山高林密没有虎"的论点，受到批判。

1952 年

1月4日，中共中央发出《关于立即限期发动群众开展"三反"斗争的指示》，要求各单位立即按限期发动群众开展斗争。很快，在全国出现了一个群众性的检查和揭发的高潮，"三反"运动进入高潮。

2月，与曾爱冬结婚。请假结婚的同时避开了打虎队队长任务。

5月，"三反"运动基本结束。申泮文在"同情组"学习会上，要求运动公开总结，给每个被审查人落实情况，给冤死者昭雪。因此受到批判。会下他向党组织提出退出同情组的学习。从此，申泮文长期走上"白专道路"，与极左政治保持距离。

是年夏，全国教育系统开始进行全面的教育改革，全面学习苏联，进行大规模院系调整。担任无机化学教研室主任。

1953 年

1月1日，长子申元出生。

是年，由于其在教学改革中的优异成绩，经邱宗岳系主任提名，被破格提拔为副教授。

4月，担任天津市科学技术普及协会秘书长职务，以擅长科普讲演和写作著称，当选为天津市科普工作积极分子，10月参加在北京召开的全国科学技术普及积极分子大会，荣幸得到毛主席接见。

7月，译作《无机化学实验》由商务印书馆出版。这是申泮文出版的第一部苏联教科书译作。

10月，译作《普通化学教程》（上册）由商务印书馆出版，中册于1954年4月出版，下册信息不详。1955—1956年本书亦由高等教育出版社出版。

1954 年

是年出版多部苏联教科书译作。计有：1月，《普通化学实习》，商务印书馆；2月，《普通化学作业和问题》，商务印书馆；6月，《普通化学实验》，高等教育出版社；8月，《微量定性化学分析》，高等教育出版社；12月，《普通化学习题集》，商务印书馆。

1955 年

6月1日—10日，中国科学院学部成立大会。

6月，申泮文恩师杨石先教授被推举为中国科学院学部委员。

是年上半年，学校里搞肃反运动。申泮文在整个运动中保持反感和沉默，但也曾为范秉卓等同志打抱不平。

是年下半年搞审干运动，对每位教师职工进行严格的历史甄审，需要交出可以作为凭证的历史资历证件。申泮文各段历史经历都有文字履历证明，经审核，结论"历史清楚，没有政治历史问题"，由冯文潜教授代表党组织接受履历资料入档，并表示党的信任。

1956 年

1月，中央提出了"向科学进军"的口号，制定出中国第一个发展科学技术的长远规划——《1956年至1967年科学技术发展远景规划》。南开大学无机化学教研室经过争辩和讨论，决定先建设以无机合成化学为专门方向的无机化学专业。申泮文选定"金属氢化物与复合氢化物的合成"为研究方向，恰好与教育部主管的中苏合作项目选题相吻合，被纳入项目，得到重点支持。

是年上半年，在化学系教授陈天池的要求下，邱宗岳教授布置了调动任务，把申泮文调到分析化学教研室做主任。

暑假，与陈天池到中国科学院长春应用化学研究所和沈阳金属研究所的分析机构作了深入考察。

8月，译作《微量定性化学分析》由高等教育出版社出版。

12月，译作《络合物化学概论》由高等教育出版社出版。

是年，向科学出版社建议组织力量翻译美国化学会丛书《无机合成》，纳入出版计划。

1957 年

秋季开学，南开大学无机化学专门组开始举办，开设四门课程：稀有元素化学（申泮文、王耕霖）、物理化学分析（王继彰）、络合物化学（夏树屏）、无机化合物研究方法（张允什）。第一期接受学生30名。

12月，译作《无机合成手册》由高等教育出版社出版。

是年冬，开始"共产主义大跃进"。

1958 年

3—4月，被学生贴了人身污辱的大字报，深为恼火，拒绝参加一切活动。当时停课，学校组织教师职工参加军事训练，申泮文拒绝参加，把自己关在家里生闷气。

6月，参加化学系教工学生到海河建闸工的劳动，给溜铁轨四轮运土车设计制造了简易车轮闸辊，保证安全运转，受到工地指挥的表扬。

8月劳动归来，在化学系的劳动总结会上，当众唱了一段民歌"绣金匾"，缓和了各方面关系。

9月，著作《普通化学学习法指导书》（初稿）第一分册由高等教育出版社出版。

译作《物理化学分析基本原理》（第一册）由科学出版社出版，第二册信息不详，第三册于10月出版。

11月，译作《普通化学教学法指导书与测验题》由高等教育出版社出版。至此，苏联教材的翻译工作完成。

下学期继续停课，要求破除迷信、解放思想，大搞群众运动，组织师生大搞科学研究。申泮文把分给无机教研室的学生大部分组织到一间实验室里，建立一个化学试剂车间，学生分成小组，由教师分别带领做化学试剂的生产研究。

是年开始带领少数人从事中苏科技合作项目中的金属氢化物与复合氢化物的合成研究，在中国的实验室中第一次以新路线合成出来复合金属氢化物。为以后的氢化物研究奠定了基础。

1959年

4月，受命前往复建的山西大学。

5月，见到化学系的各名校分配来十余名毕业生，如获至宝。带了几位青年教师回南开大学，暂先在南开大学备课，准备暑假后招生开学。

9月，带长子前往太原。新山西大学开始建校，化学系招收新生60人，借用山西师范学院部分校舍开学上课。

译作《无机合成》第一卷由科学出版社出版，自此开始了这套丛书近三十年的翻译工作。

10月，在《化学通报》发表科研论文《氢化锂铝（$LiAlH_4$）的合成》，这是申泮文进行氢化物研究发表的第一篇论文。

11月，译作《无机合成》第二卷由科学出版社出版。

1960 年

春，全家迁往太原。

暑期再招第二班本科生 60 名。

9 月，编著的《无机化学简明教程》由人民教育出版社出版，这是申泮文第一本正式出版的无机化学教材。

是年，接受山西省科学技术委员会下达的科研任务，从山西盂县产的铀矿提取铀化合物。组织青年教师张靓华等，成功完成工业提取的第一关键步骤。这项工作获得山西科委的表彰。后来由于地方泄漏铀矿产地，铀矿关闭，研究停止。

1961 年

7 月，山西省指令建设中的山西大学与山西师范大学合并为山西大学，另将临汾师范学院升格为山西师范学院。前两年的山西大学给以代名"小山大"。

暑假后，化学系招新生 60 名。引入化学教育改革"一条龙"新方案，导致教学大乱。

1962 年

7 月，译作《无机合成》第三卷由科学出版社出版，第四卷于 9 月出版。

"一条龙"教学改革全局失败，秋季开学后对上年的改革全部返工。建立了一个创新教学体系，把一年级的无机化学与二年级的分析化学合并为一门课程，统一理论系统，精简内容与学时，一年完成。

下半年，指导 60 级学生集体科研，完成"一套与元素周期表密切联系的定性分析系统"，全文发表在太原市科学技术委员会的机关杂志上。

1963 年

3、4 月，校党委书记李希曾带队下乡搞"四清"，副书记与化学系总支书记对申泮文搞起突然政治围攻，批判申泮文在工作和生活中的"资产阶级方向"。在批判围攻时，窗外广播大喇叭播出申泮文当选山西省的第三届全国人民代表大会代表。

12月，译作《无机合成》第五卷由科学出版社出版。

赴北京参加第三届全国人民代表大会。大会结束回到山西大学，立即接着受批判围攻，一直持续到暑假才告暂停①。

1964 年

2月13日，毛泽东发表春节谈话，要求精简学习内容和学习时间，减轻学生学习负担。4月，教育部召开教材会议，指定申泮文参加化学教材会议，在会上确定任务，由山东大学的尹敬执和山西大学的申泮文负责主编无机化学简明教程，限定暑假后完成交稿，1965年出版交付使用。

7—8月，尹敬执教授来到山西大学。两月内，申尹二人完成了《无机化学简明教程》的编撰，全书35万字，分上下两册交付高等教育出版社出版。

1965 年

7月，尹敬执、申泮文合编《无机化学简明教程》（上册）作为全国通用教材由高等教育出版社出版，供秋季开学使用。

暑假后，到太原东郊参加四清参观学习，与农民同吃同住同劳动，利用下乡机会对所在农村做了深入调查研究。近两个月后回到太原，就山西农村天主教会问题和吸毒问题写成调查分析文章，在总结会上宣读，受到领导学习干部的表扬。

1966 年

5月，山西大学开始声讨"三家村"罪行。6月，化学系抛出申泮文的"申家村"反动集团，大字报铺天盖地批判申泮文。申泮文也找明显的地方去贴大字报，对不合理的诬陷或批判，一张一张地批驳还击，在大字

---

① 第三届全国人民代表大会第一次会议召开时间为1964年12月21日至1965年1月4日，申泮文回到山西应为1965年。但据申泮文回忆，回山西再受批判是1964年上半年事，此处可能有误。

报横眉上批注:"毛主席教导我们说,大字报,你一张,我一张。"

人民解放军进入学校"支左",起到了暂时稳定形势的作用。

1967 年

夏,全家到天津姐姐家躲避武斗,时间不久又回到山西大学。后被造反派发现,半夜举着火把到家门口拿大木杠砸门。因申泮文改装过门栓,造反派不能进入。凌晨,造反派撤走,申泮文马上带着长子从北营火车站逃往北京、天津。

1968 年

回到山西。申泮文带两个较大的儿子租住在狄村农民家,夫人曾爱冬带另外三个孩子住在城里朋友家。山西大学的房子被造反派驻占。

1969 年

年中,被逼交代问题,留下遗书出走,被及时找回,马上被关入牛棚。

年底,与夫人曾爱冬携两个小儿子随山西大学战备疏散至昔阳县穆家会村,被关入清理阶级队伍学习班。

1970 年

年中,从学习班逃走,很快被抓回。此时经过内查外调,最终证明,申泮文家庭出身好、历史清白,决定给予"解放"。之后被指令参加彩色电视的研究工作。

8月,只身提前返回太原。成功地建造了全封闭半自动化反应系统,用工业品原料批量生产荧光纯的合格硫化物荧光基质,最后生产出合格的彩色电视屏荧光材料。

9月,夫人曾爱冬及孩子随山西大学结束战备疏散,返回太原。

1972 年

秋季化学系开始招收"工农兵学员",申泮文快速赶编水平浅显的一年级无机化学教本，适应学生入学水平，组织师生到化工厂实践，逐步提高学生学习成绩，卓有成效。南开大学化学学院材料化学系教授车云霞、美国农业部官员陆秀菁等是这一班的佼佼者。

12月，译作《无机合成》第六卷由科学出版社出版。

1973年

秋季，续招一班工农兵学员。上海交通大学环境学院教授王文华是这一班的佼佼者。

是年，开始组织教师继续集体翻译美国化学会丛书《无机合成》的工作。

1974年

5月，译作《无机合成》第七卷由科学出版社出版。

是年，因张铁生事件，申泮文被暂停教学工作，带部分教师学生下乡支援农村大搞腐植酸肥料推广使用工作。给农民办科普讲习班，向农民宣传科学使用化肥和腐植酸肥料，培训农村化验员，建立农村化验室。在太原武家山煤矿建立腐植酸肥料生产化验示范实验室，向外地农村推广。

在推广腐植酸肥料工作中发现若干高含量风化煤腐植酸矿点，创造出山西风化煤腐植酸简易提纯法，给山西土产风化煤找到外贸出口途径。帮助两家矿厂生产工业纯腐植酸出口，在此期间出口创汇40万美元，并培养了大批年青技术人员。此外又创造了腐植酸简易比色分析法和腐植酸盐（钠盐、钾盐、铵盐）简易生产技术。

借搞腐植酸工作机会，走遍山西省，调查风化煤腐植酸资源，绘制了山西省风化煤腐植酸资源分布图，献赠给山西省化工局，受到欢迎。

带领张靓华等进行氢化铝锂的批量生产研究，两次赴西宁访问黎明化工研究所，为该所成功研制火箭燃料添加剂提供原料试剂。应邀参加了成果鉴定会和庆祝活动。

长时间到华北工业卫生研究所图书馆书库查阅资料，做了大量文献总结工作。先后发表《化学元素周期系的新发展》和《国际原子量的变迁》两篇综述文章，受到钱学森等老一辈科学家的注意。

1975 年

7月，译作《无机合成》第十一卷由科学出版社出版。

是年，对 1965 年以来的化学科学发展，包括配位化学、无机合成化学、硼化学、稀有气体化学等方面的新发展，做了总结回顾，发表在《山西大学学报》上，《稀有气体化学的十年》发表在《化学通报》上，受到老一辈化学家们的关注。

1976 年

12月，与山东大学尹敬执教授被教育部特别指定并邀请进行大一化学新编教材《无机化学》的统稿定稿工作，来到北京住入西颐宾馆一直持续整稿到翌年3月。该教材由教育部组织，吉林大学等多所学校参与编撰，是年下半年完成初稿。由尹敬执、申泮文最后统稿定稿。申泮文趁此机会，把自己多年教学心得的创见，编入这部新著中。最后完成的书稿称"统编《无机化学》"，由高等教育出版社出版发行。成为一部自 1980 年以来全国长时期通用的教科书。

1977 年

2月，译作《无机合成》第十三卷由科学出版社出版，第八至十卷分别于 10月、10月、11月出版。

5月，南开大学杨石先教授参观山西大寨，来到太原探望申泮文。进入他的书房，看到他在困难之中仍在工作，决意帮助申泮文调回南开大学。

8月，教育部下来调令，调申泮文回南开大学工作，但山西高教局拒绝放人。

下半年，在一次有关教材的集会中，接受了高等教育出版社"*General Chemistry*"（1976）的翻译任务。

12月，在北京顺义召开《无机化学丛书》编委会成立会，公推戴安邦、顾翼东为顾问，张青莲为主编，申泮文为副主编，尹敬执、曹锡章、吕云阳为编委。

1978 年

1—2 月，得到高等教育出版社"General Chemistry"（1976）样书。组织青年教师，采用"大兵团作战"的方式，以四个半月的时间于 1978 年 6 月完成全书的翻译工作，交付出版。

3 月，随山西团赴京参加全国人民政治协商会议五届一次会议，遇到杨石先教授。在教育组的一次发言呼吁落实知识分子政策，为培养更多精英人才努力奋斗，受到全组六十多位委员的多次热烈鼓掌欢迎。两个星期会议中，利用会余空闲时间修改《普通化学》翻译稿批改作业，敬业精神得到与会同人的赞许。

4 月，赴上海参加中国化学会年会，当选为理事会理事。

5 月，与尹敬执应邀同赴广西，到南宁广西大学和桂林广西师范学院讲学，游芦笛岩、漓江、阳朔等风景名胜，观看《刘三姐》著名歌剧。

7 月，在《山西大学学报（自然科学版）》上发表数篇有关腐植酸工作的论文。

8 月，主持沈阳召开的《无机化学丛书》编委会第一次扩大会议。在张青莲教授指导下，确定丛书编撰计划和选定各卷各专题撰稿人人选。申泮文分工负责第一卷的总编任务和承担"氢"专题编写任务。

10 月，赴青岛参加《化学通报》全国编委会第一次会议。

是年，得到山西省委的批准，准予调回南开大学。12 月 28 日单身回到天津，暂先住入芝琴楼招待所。将 1978 年秋在山西大学招收的两名硕士研究生尹文娟、王凤仪带到南开大学培养。

1979 年

任南开大学元素有机化学研究所副所长，主管分析测试研究室。为化学系研究生讲授高等无机化学课，用英语原文教材，兼授专业英语。

4 月，山西省革命委员会授予申泮文科学技术工作者四等奖奖状，成果为提纯腐植酸的简易方法，奖金两万元。

5 月，译作《无机合成》第十二卷由科学出版社出版。

7月，赴兰州大学参加在兰州教育部全国高校理工科无机化学教材学术讨论会，会后随弟弟申绍文到西安探望哥哥申宪文全家。

是年上半年，给党委统战部落实政策办公室打了一个报告，建议给反右斗争中化学系错划右派的三位青年教师摘帽平反。

9月，全家搬迁回天津，住入南开大学北村17楼。

是月，赴成都参加全国无机化学学术讨论会，应邀到四川大学化学系讲学，讲题为"从马克思主义认识论看化学元素周期系的发展"。遇到何伟发，二人"相逢一笑泯恩仇"。

11月，应陈荣悌教授之邀，协助接待美国西北大学教授 Fred Basolo 夫妇来校讲学，获赠10册所著的课外读物 Coordination Chemistry。组织无机化学教研室宋银柱、王耕霖、张若桦、姜宗慧、阎世平等分工翻译成英汉对照本，交由北京大学出版社出版。

是年，当选1979年天津市劳动模范。

1980年

2月，译作《无机合成》第十四卷由科学出版社出版。

5月，赴长春参加教育部综合大学化学教材编审委员会扩大会议，见到老同学唐敖庆、张锡瑜、郑汝骊，并与前山西省委副书记王大任晤谈。

是月，与尹敬执合著《基础无机化学》（下册）由人民教育出版社出版。

7月初，与曾爱冬同赴厦门，参加在厦门大学召开的教育部直属高校理科无机化学教材第二次学术讨论会，作学术报告。游览鼓浪屿岛等地。

7月下旬，与曾爱冬参加天津市总工会组织的天津市劳动模范暑期杭州凤凰山疗养活动。因环境不适，两天后离开，赴上海，访问老友沈善炯、卢盛华夫妇。

9月，教育部委托在南开大学举办的、全国高校无机化学教师讲习班开学，主讲教师为申泮文、尹敬执、曹锡章、吕云阳。第一次运用投影仪大屏幕授课。

是年，正式转入化学系工作，担任无机化学教研室主任。在无机化学教研室设立三个研究课题组：配位化学（王耕霖）、离子型金属氢化物

（张允什）、储氢材料（汪根时），教师安排轮流脱产进修一年，促进教师们奋发进步。

是年，加入中国民主促进会，任民进中央参议委员会委员。

1981年

4月，赴无锡参加《化学通报》全国编委会第三次会议。返校得知，被选为中国科学院1980年学部委员。

7月，教育部委托在南开大学举办的全国高校无机化学主讲教师讨论班胜利完成。

8月，接受山西省高教局邀请，偕硕士研究生车云霞到太原主办山西省大中学校骨干教师无机化学讲习班，参加讲习班的学员200余人，于9月1日结业。申泮文认为主办这个讲习班是他对在山西工作20年的一种回报。

10月17日，南开大学为杨石先教授举办执教60周年庆典，为配合庆祝活动，申泮文组织教研室举办无机化学教学科研成果展览会，杨石先教授亲临参观指导。

12月，赴上海参加在复旦大学召开的教育部直属综合大学化学系课程结构研究会。

1982年

2月，应邀与曾爱冬来到广州市东郊石牌华南工学院讲学，讲学后陈复之、马师正接待游览广州植物园、黄花岗烈士陵园等地，首次使用彩色胶卷照相。

3月，参加全国政协5届5次会议时，揭露山西洪洞县维尼龙厂领导以权代法，迫害无辜青工白利卫事件。发言得到舆论界的响应和支持。次年，《民主与法制》第2期发表申泮文文章《洪洞县里新奇案》，讲述白利卫冤案，引起广泛关注。冤案终于在1985年平反。

4月，赴西安西北大学参加无机化学讲习班讲学。

5月，应邀到兰州参加兰州大学举办的全国无机化学讲习班，第一次与爱冬家人见面。

7月，应黑龙江大学化学系的邀请，到哈尔滨该校参加无机化学专题讨论班，同行者曾爱冬、周永洽、廖代正。游览太阳岛等地。

9月，与无机化学教研室同仁赴南京大学参加中国化学会建立50周年纪念学术讨论会。

10月，赴宜昌参加教育部直属综合大学化学教学讨论会。

12月，成为中国共产党预备党员。

1983 年

3月，赴杭州参加浙江大学王启东教授主办的"国际太阳能氢能会议"，会中应杭州化学会之邀，在杭州大学做"化学元素周期系理论的新发展"学术报告。

5月，率南开大学无机化学教研室部分教师和研究生赴安徽屯溪，主持全国第三届无机化学学术讨论会。

6月，与曾爱冬应云南大学化学系的邀请，到昆明主讲为期1个月的无机化学讲习班，与别离近40年的昆明天祥中学学生再见面。

7月，应青岛师范专科学校化学系的邀请，与曾爱冬、周永洽前往讲学6周，游览青岛市和海滨。

译作《无机合成》第十八卷由科学出版社出版。

1984 年

4月23日，被天津市科学技术协会聘请为世界新的技术革命对策研究组无机材料专业组成员。

5月12日—6月4日，奉教育部指派，率中国高等学校化学考察团访问联邦德国。参观访问了高等学校、研究机构和化工企业共17个单位。

是月，主编的《无机化学丛书》第一卷由科学出版社出版，申泮文、张靘华主笔"氢"部分。

7月，与浙江大学王启东教授联袂赴加拿大多伦多参加第五届世界氢能会议，做大会报告《储氢合金的化学合成与性能研究》，在大会总结时被评为大会优秀论文。去程途经美国休斯敦，参观访问哈佛大学和麻省理工大学。会后受到浙江大学校友加拿大华侨陈德珊杨少芝夫妇的热情接待，引导游览多伦多图书馆和科学中心，参观了加拿大的一所核电站。返程绕道美国密歇根州访问密歇根大学，经申泮文同学、该校空间工程系教授刘维政介绍，参观了该校化学系的教学和实验设施，第一次见到了计算机辅助教学，给申泮文很大触动。当时就邀请主持此项工作的研究员巴特勒博士访问南开大学，将计算机辅助教学介绍到中国。

9月，应新建汕头大学化学系的邀请，为新生讲授一个月无机化学课。10月初授课结束赴广州，由陈复之接待游览。约10月底返津。

1985 年

2—3月，经中国民主促进会中央副主席陈舜礼的介绍，参加全国政协副主席钱昌照率领的全国政协委员海南岛考查团，赴海南进行综合考查，为海南建省提供咨询。与季树农、沈杏元组成海南教育考查组，撰写了主要论点为"开发海南，教育先行"的调查报告，得到钱昌照的赞许。在旅途中大举摄像，归来后组编成2部"海南考查摄像集"，呈送给钱昌照一部。

2月19日，恩师杨石先教授病逝，因在海南考察未及奔丧，由夫人曾爱冬代表参加葬礼。

5月，被聘兼任天津联合业余大学校长。

10月16日，被南开大学聘为杨石先奖学金基金委员会委员。

是月，与曾爱冬赴南京参加全国无机化学第三届学术讨论会，做《金属蒸气合成》学术报告。游览玄武湖、中山陵、长江桥头等名胜。

12月，与天津联合业余大学三位副校长刘瑞歧、朱宝章、黄纶到昆明参加西南联合大学"一二·一"运动40周年纪念。与40年前教过的天祥中学学生再度相聚。

1986 年

3月，接待美国密歇根大学巴特勒夫妇来南开大学讲学。

译作《无机合成》第十五卷由科学出版社出版，第十六、十七、二十卷分别于7月、6月、6月出版。

4月5日，南开大学举办已故张伯苓校长诞辰110周年纪念大会，会后举行张伯苓校长纪念铜像揭幕剪彩仪式。此日被申泮文称为"南开学校复兴日"。

5月4日，周恩来纪念铜像在天津南开中学落成，胡耀邦题词"青年楷模"。

5月10日，上书校党委和校长，申请为前秘书长黄钰生平反冤案。

6月，访问金华浙江师范大学化学系，受聘为兼职教授。

8月18日，中央统战部副部长李定同志致函南开大学领导，同意申泮文申请，为黄钰生教授平反冤案。

9月，杨石先教授骨灰撒放仪式在南开大学校内举行。

开始招收无机化学专业博士研究生。

10月初，赴清华大学参加工科化学教材会议。

10月17日，代表天津南开中学校友会赴重庆参加重庆南开中学建校50周年庆祝会，曾爱冬同行。与会期间为师生播放《张伯苓与南开学校》幻灯片，引起轰动效应。

是月，应邀访问重庆大学，做《氢与氢能》幻灯片学术报告，受聘为该校兼职教授。

11月，参加南京大学配位化学国家重点实验室评议会议。

12月下旬，应山西省教育委员会邀请，参加论证山西省高等教育发展规划。

12月27日，赶回天津参加黄钰生教授平反冤案座谈会，黄钰生冤案正式得到平反。

1987年

3月，校对的译著《无机化学》第一分册由高等教育出版社出版，第二、三、四分册分别于1989年10月、1989年10月、1990年7月出版。

5月，南开中学四烈士纪念碑落成。

6月，应中国化学会无机化学专业委员会委托，主持在南开大学举办的第一届无机应用化学学术讨论会。

金属氢化物研究成果获国家教委科技进步奖二等奖。

访问四川自贡蜀光中学，给师生播放幻灯片"张伯苓与南开学校"。

7月，应新疆有色金属公司邀请，与张大昕赴乌鲁木齐访问，参观和指导所属化工企业。受聘为高级科技顾问。访问新疆大学和新疆师范大学，被聘请为两校名誉教授。

8月，译作《无机合成》第十九卷由科学出版社出版。至此，《无机合成》1—20卷，近三十年的翻译工作结束。

9月，被天津市南开中学聘为咨询委员会第一届理事会理事。

赴北京钢铁学院讲学，被聘为该院兼职教授。

11月，南开大学西南联合大学纪念碑落成，黄钰生教授书丹。

赴昆明参加西南联合大学建校50周年纪念会，与吴大任主持云南师范大学院内的南开纪念亭揭幕式。再度与天祥中学学生相见。

1988年

1月，赴广州参加戴安邦院士主持的《无机化学学报》编委会扩大会议。会后集体游览肇庆七星岩公园。

3月，被高等教育出版社出版的《中国普通高等学校教授名人录》收录。

6月，与尹敬执合编的教材《基础无机化学》获国家优秀教材一等奖。

与曾爱冬合著的《氢与氢能》由科学出版社出版。

7月，被中国对外翻译出版公司出版的《中国翻译家辞典》收录。

9—10月，赴莫斯科参加第七届世界氢能会议，墙报发表《镁基储氢合金的化学合成与性能研究》。访问莫斯科大学。

11月，译著《碳化合物的形状——有机化学入门》（英汉对照）由南开大学出版社出版。

1989年

3月，与在津校友接待南开中学1935班同学万长炎回国探亲。

7月5日，专利《氢化锂铝的合成方法》申请公布日。

是月，译著《固体化学及其应用》由复旦大学出版社出版。

8月2日，专利《改性热释电单晶体的合成方法》申请公布日。

8月23日，专利《熔盐电解合成稀土六硼化物》申请公布日。

9月，中国能源学会氢能专业委员会成立，被选为副理事长。

1990年

1月，审校的《生物无机化学概要》由天津科学技术出版社出版。

4月11日黄钰生病逝，5月10日参加追悼会。

9月，赴加拿大班夫市参加金属氢化物国际学术会议，会后再度访问多伦多市，得到陈德珊夫妇热情接待。与老同学白祥麟会晤。

是年，课题《金属氢化物研究》获国家自然科学基金资助，经费三年五万元。

1991年

3月6日，专利《一种热释电材料（K_2ZnCl_4晶体）的制备》，《一种晶形完整的大尺寸热释电单晶体的制备方法》申请公布日。

3月27日，专利《高灵敏度热释电单晶体的合成方法》申请公布日。

4月，率天津联合业余大学校领导，参加清华大学80周年校庆。

著作《黄钰生同志纪念集》由南开大学出版社出版。

5月8日，专利《氢化铝镁四氢呋喃合物的合成方法》，《氢化铝钠的合成方法》申请公布日。

是月，被化学工业部聘请为化工科技图书编审委员会委员。

6月28日，被天津市委组织部、市委宣传部、市委教卫工委、市高教局党组、团市委、市教育工会评为1991年度天津市高等学校优秀思想政治工作者。

10月1日，中华人民共和国国务院为了表彰申泮文同志为发展我国科学研究事业做出的突出贡献，特决定从1990年7月起发给政府特殊津贴并颁发证书。

10月17日，在南开大学化学系举行的建系70周年和5位教授（王积涛、申泮文、何炳林、陈茹玉、陈荣悌）执教 50 周年纪念会上，代表五位教授在庆祝大会上致词。

是月，应邀赴保定河北大学化学系讲学。

1992 年

2 月，由国家教委指派参加全国教育界知名人士三峡水利工程考察团。

3 月，在全国政协大会上提出要求对日民间索赔提案，很多委员附议，但后来被外交部否定。

6 月，赴青岛海洋学院化学系的邀请，主持陆昱京二氧化氯新生产工艺产业化研究成果鉴定会。接受化学系邀请作学术报告"南开大学金属氢化物化学研究进展"，被聘请为该院兼职教授。

9 月，主持在北戴河召开的第四届全国无机化学学术讨论会。会后陪同张青莲院士畅游老虎滩老龙头。

10 月 17 日，参加南开大学校花园内严范孙纪念铜像揭幕剪彩典礼。

1993 年

5 月，由南开大学北村迁居到东村 36 号平房居住。

6 月，南开大学无机化学学科（专业）被天津市高等教育局批准为天津市高等学校首批重点学科。申泮文为学科带头人。

发现中晚期胃癌。

7 月 13 日，在天津医科大学总医院接受手术。七位教授医师参与手术，有急腹症专家吴咸中院士、总医院院长王鹏志教授、外科主任齐岳骏教授及高干病房主任曹肇慧教授。上午 8:00—12:00 顺利完成手术，胃部切除 4/5。疗养 3 个月后康复出院。

9 月，被中华人民共和国国家教育委员会、人事部评为 1993 年全国优秀教师并授予全国优秀教师奖章。

1994 年

4 月，被南开大学君安证券有限公司授予"君安—南开科学家奖"。

6月，偕曾爱冬参加中国科学院院士大会。由海南来的国家特级摄影师张建设来为院士们拍照，非常成功。

是年，主要休息疗养。

1995 年

4月4日，被中国少年先锋队南开大学附属小学大队委员会聘请为南开大学附属小学校外辅导员。

是月，南开大学化学学院成立。

7月，著作《天津旧南开学校毁没记》由南开大学出版社出版。

10月，被天津市人民政府授予天津市人民政府特别津贴和荣誉证书。

12月11日，被天津市高级法院院长张柏峰邀请为天津市高、中级人民法院知识产权审判特邀陪审员。

12月，赴昆明参加"一二·一"运动50周年纪念会，云南师大组织西双版纳旅游。

是年，主要休息疗养。

1996 年

5月，《无机化学丛书》第九卷由科学出版社出版，申泮文、曾爱冬主笔其中"铁系"部分。

6月24日，被天津大学聘为无机化学学科兼职教授。

7月，被山西大学聘为化学系双聘教授。

7月中旬，赴太原参加杨频教授主持的山西大学分子生物所评议会。会后主持化学系研究生的论文答辩。

9月，南开大学化学学科为申泮文80岁诞辰组织庆祝会。

10月，赴重庆参加重庆南开中学建校60周年庆典。16日主持喻传鉴校长骨灰安放仪式，主讲悼词。

12月7日，被香港柏宁顿（中国）教育基金会授予第二届"孺子牛金球奖"荣誉奖。

是月，被天津市关心下一代工作委员授予天津市关心下一代先进个人奖。

是月，被收入山西省总工会编撰的《山西劳动模范大辞典》。

从是年起，接受"中国科学院院士荣誉奖金"。

1997 年

1 月，参加在南开大学召开的杨石先教授百年诞辰纪念会。中国民主促进会中央主席雷洁琼和中共天津市委副书记李建国出席参加。会后，雷洁琼主持杨石先教授纪念塑像揭幕剪彩仪式。

7 月，赴太原在中国化学会全国分析化学学术讨论会上代表山西大学做大会致词。为山西大学化学系研究生主持毕业答辩。

9 月 3 日，专利《提高红豆杉细胞中紫杉醇含量与释放的方法》申请公布日。

10 月，《化学元素周期系》软件获教育部全国高校优秀计算机教学软件一等奖。

12 月，与车云霞、林少凡赴广州暨南大学参加全国高校理科 CAI 试题库协作年会。会后应邀为广东工学院化工系科研成果产业化项目主持鉴定会，与车云霞赴澄海参观工业化现场。后在广州、珠海会见陈复之，张靓华、唐文亮夫妇。

1998 年

2 月 25 日，专利《共沉淀还原扩散法制备钕铁硼永磁合金》申请公布日。

3 月，在天津和重庆南开中学校友举行的喻传鉴先生诞辰 110 周年纪念会上，代表天津南开中学校友会致辞。为喻传鉴先生纪念集作序。

4 月，参加在南开大学举办黄钰生教授诞辰 100 周年纪念会，所著《南开元老黄钰生教授传》和主编的《黄钰生教授文集》出版，并为大会提供了记载黄先生史料的现刊杂志三种（《民主》、《炎黄春秋》、《西南联大校友通讯》）各 200 册。

6 月，赴石家庄给河北师范大学化学系讲学，展示南开大学化学教改成果。会晤老友邓绥林教授的遗孀叶寄兰女士。

获得天津市委优秀共产党员奖。

7月，同朱志昂、袁满雪赴成都，参加国家基础科学人才培养基金化学学科评审会，演示了教学软件"化学元素周期系"，为南开大学化学人才培养基地争取到一等奖第二名的优越资助名次。

9月，《无机化学丛书》第九卷由科学出版社出版，申泮文、车云霞主笔其中"钛分族"部分。至此，历时18年的《无机化学丛书》编撰完成，这项编撰任务的完成是我国无机化学学科发展的一个重大里程碑。

当选天津市优秀教师，与天津市党政领导会见并合影留念。

10月，赴北京香山饭店参加1998年国际化学教育会议，做大会报告，发表论文2篇。

1999年

5月，教育部和高教出版社委托在南开大学举办"化学教学方法和教学手段改革研讨会和多媒体教材'化学元素周期系'应用培训班"，有五十多所大学教师参加。

7月，硕士研究生苟兴龙的论文《原子核与原子核反应》完成并通过论文答辩。11月，"原子核与原子核反应"教学软件获得天津市优秀教学软件二等奖，2001年由高等教育出版社正式出版；2002年4月30日，四川省教育厅授予"原子核与原子核反应"教学软件三等奖（四川省优秀电教科研成果）。

8月，参加重庆南开中学香港校友会组织的校友顾问团访问重庆南开中学。偕罗明锜先期到达重庆，赴西南师范大学化学系和重庆大学化学系讲学，会见老校友刘兆吉教授。

10月，参加天津南开中学建校95周年纪念活动，同校友返校建碑。

是月，与车云霞合著的《化学元素周期系》由南开大学出版社出版。

南开校友总会第四届代表大会在南开大学召开。

联合国教科文组织在巴黎召开"21世纪高等教育"讨论会，朱清时院士作为中国高教代表，在大会上演示了南开大学创制的"化学元素周期系"教学软件，受到与会同行的欢迎。

11月，被宝钢教育基金理事会授予宝钢优秀教师特等奖。

12月,《化学元素周期系》教科书软件由高等教育出版社出版。它不仅是中国的第一部多媒体教科书,在国际上也是一部创新之作。

偕车云霞出席在南开大学召开的全国高校教育技术协作委员会成立大会及第一届学术年会。

是年,获得天津市关心下一代工作先进个人称号。

2000 年

3月,教育部"新世纪网络课程建设工程"项目立项,申泮文课程组车云霞教授项目"普通化学网络课程"中选,获资助经费4万元人民币。

7月12日,专利《储氢合金／碳纳米管复合储氢材料》申请公布日。

8月,著作《21世纪的动力——氢与氢能》由南开大学出版社出版。

9月,被天津市人事局、天津市科学技术协会授予天津市优秀科技工作者荣誉称号。

10月4日,专利"一种电池的正极与制造方法及用途"申请公布日。

10月18日,专利"储氢合金／纳米碳材料的复合储氢电极材料及其制备方法"申请公布日。

10月25日,专利"高能高铁—铁电池"申请公布日。

11月,天津市人民政府授予《化学元素周期系》多媒体教科书软件及教学成果,天津市级一等奖。

赴广州华南师范大学参加全国高等师范第八届化学专业课程结构与教学改革研讨会,做大会报告,介绍南开大学化学教育改革经验。

12月26日,南开大学授予《化学元素周期系》多媒体教科书软件(教材),校级教学成果一等奖。

2001 年

5月,应盐湖所高世扬院士和夏树屏教授伉俪的邀请,赴陕西师范大学参加周公度主讲的材料与结构化学讲习班,讲授元素化学教学方法改革。

11月,与车云霞教授出席主持在南开大学举办的2001年高等教育重点课程教学软件与试题库培训班及研讨会。

12月,《化学元素周期系》多媒体教科书软件及教学成果荣获国家级教学成果一等奖。

是月,与邱晓航赴重庆北碚西南师范大学参加全国高校教育技术协作委员会第二届学术年会,做大会报告。会后转去南充,访问南充师范学院(现为西华师范大学),被聘请为该校兼职教授,向该校赠送南开大学化学教育改革成果。

2002 年

3月13日,被南开大学授予南开大学化学基地建设先进个人称号。

4月17日,专利《碳纳米管的制备方法》申请公布日。

是月,课程组车云霞教授主编的《普通化学网络课程》1.0版在高等教育出版社正式出版发行。

是月,在教育部和化工出版社的支持下,组织举办全国高校化学专业高年级课程《无机化学》讲习培训班。

7月,在高等教育出版社的支持下,赴广西师范大学主讲"近代化学导论"讲习班。讲习班各校学员60余人,为时两周。广西师大校长梁宏教授给予了极大支持。由此,与广西师范大学化学系建立了教学改革合作伙伴关系。

9月,在成都举行的中国科学技术协会2002年学术年会上做大会报告:"多媒体化学教学在南开大学"。与会期间到四川大学、四川师范大学和西南民族大学三校讲学,讲题均为"诺贝尔自然科学奖的一百年",分别被三校聘请为兼职教授。会见老同学金绍端全家,学生李玉生、王华正夫妇。

是年,主编的面向21世纪课程教材《近代化学导论》(高等教育出版社)和《无机化学》(化学工业出版社)先后出版发行。

2003 年

4月,南开大学大一课程"化学概论"被评选为国家理科基地创优名牌课程,主讲教师为车云霞教授。

8月，参加光明日报、泰山医学院主办在泰山召开的院士论坛，为泰山医学院师生作学术报告"回顾百年诺贝尔自然科学奖，展望21世纪高等教育改革的走向"。被该校聘请为名誉教授，向该校化工系赠送一套南开大学化学教育改革成果，与该校建立了长远的联系。

9月，赴昆明，访问云南师范大学、云南大学，分别做"南开大学化学教育改革"报告，赠送教学改革成果，分别被两校聘为名誉教授。出席在云南园艺博览会宾馆召开的全国无机化学学术讨论会开幕式。赴楚雄访问楚雄师范学院，作学术报告，赠送教育改革成果。

10月，与车云霞赴桂林参加全国第七届大学化学教学研讨会暨海峡两岸化学研讨会，做大会报告"创建名牌课程的经验"。

12月，应邀参加天津大学化工学院主办的"教育部新世纪教学改革工程：教学内容、教学方法和教学技术改革的研究与实践"项目的鉴定会。作为鉴定委员专家，对该项目成果极为赞赏，建议该成果申报2005年国家优秀教学成果特等奖。

2004 年

1月19日，被南开大学化学学院授予"南开大学化学学院2003年突出贡献奖"。

4月，偕李姝赴长沙参加中国化学会第24届学术年会，在化学教育组报告"大一化学《化学概论》创建名牌课程的经验"。会后向湖南大学化学系赠送南开大学化学教育改革成果。会前访问湘潭大学。

5月3日，赴北京历史博物馆参观百年南开大型展览会。

8月，应邀到昆明理工大学参加《现代化学基础》教材的审稿会，为该校化工学院作学术报告并赠送南开大学化学教育改革成果。

9月，与车云霞赴乌鲁木齐到新疆师范大学讲学。作两次学术报告："百年诺贝尔自然科学奖"和"DNA双螺旋结构发现50周年"；车云霞教授作报告"南开大学化学教育改革经验"。向新疆师大环境与化学学院赠送南开大学化学教育改革成果，受聘为该校兼职教授。

10月6日，与陈省身共同主持南开中学百年纪念碑和严修、张伯苓、周恩来塑像在新建翔宇公园落成的新闻发布会及揭幕剪彩仪式。

10月17日，和特邀校友叶笃正、刘东生、方实等参加南开中学百年和南开大学85周年校庆纪念大会，为大会题词：真诚的教育家办教育，不拘一格育人才；爱国主义教育环境出英才；培养高层次人才立足于国内；愿与全国教育家共勉。纪念会后参加1937班校友聚餐宴会。

10月23日，赴北京祝贺中国人民大学化学系成立。

11月，参加接待以郑兰荪院士为首的教育部化学基地评估团，南开化学基地被评为优秀。

12月，主持的南开大学大一课程"化学概论"被评为南开大学、天津市级和国家级精品课程，被授予天津市优秀教学成果奖一等奖。

12月15—17日，赴北京参加首届中国教育家大会，做大会报告"诺贝尔自然科学奖的104年"。向大会赠送了400册新著《南开校友数尽风流，测天探地竟自由》，与会者人手一册，在会上引起了轰动效应。

是年，被天津市渤海职业技术学院聘请为名誉院长。

2005年

2月，著作《英汉双语化学入门》由清华大学出版社出版。

3月，出面接待中国人民大学化学系主任郭志新一行对南开大学化学学院的回访，与人大化学系建立了大一化学课程教改合作伙伴关系。

著作《化学生物学与生物技术》由科学出版社出版。

4月，全国大学化学教学研讨会第八届会议暨海峡两岸化学教育研讨会第三届会议在郑州召开，车云霞教授偕李姝参加，代表申泮文在大会上做学术报告"南开大学的化学教材建设"，公开征求教学改革合作伙伴。

4月28日，赴北京香山饭店参加中国科学院资深院士联谊会成立大会。

5月15日，与车云霞、程鹏、李姝赴北京大兴中国教育行政学院参加2005年国家优秀教学成果奖评奖答辩。程鹏、车云霞等主持的"高等化学资源共建共享平台"项目获候选一等奖，等待第二次答辩；申泮文、车云霞主持的"化学概论"精品课项目获得国家级优秀教学成果二等奖，获奖名称：深化化学课程体系改革创建"化学概论"精品课程。

6月29日，赴北京参加国家科技进步奖科普项目的评选答辩会。

是月，国家级优秀教学成果奖终评，程鹏、车云霞主持的"高等化学资源共建共享平台"项目获得一等奖。

暑假，央视录制教师节专题节目"奠基中国"，在北京央视演播大厅为申泮文庆祝90华诞。获得由中华人民共和国教育部、中央电视台颁发的"奠基中国"纪念奖杯。

8月，90华诞。南开大学、化学学院召开庆祝大会。由南开大学、南开中学、南开翔宇学校、南开中学校友会理事会、天津渤海化工集团总公司、天津渤海职业技术学院组成编委会，由申泮文提供资料，完成《申泮文90回眸》自传，记录了申泮文90年来的生平大事，以及他的教育思想、教学科研工作和对南开大学、南开中学的贡献。

9月，编辑《90华诞暨执教65周年庆祝活动致谢集》。申泮文90华诞暨执教65周年庆祝活动期间收到了中国化学会、教育部等一百多个单位或个人的贺电、贺信、题词等，对申泮文院士的治学精神、道德风范以及对化学教育事业的卓越贡献给予了高度评价。由南开大学、南开中学、南开翔宇学校、南开中学校友会理事会、天津渤海化工集团总公司、天津渤海职业技术学院组成的组委会，编辑这本《致谢集》，向关心申泮文院士的单位个人表示谢意。

10月19日，被泰山学院聘为兼职教授。

2006 年

1月24日，为天津市戴相龙市长等领导作"张伯苓教育风采"的报告。

3月13日，被光明日报、教育部聘为《中国当代教育思想文献》编委会顾问。

4月13日，荣获天津市科学技术进步奖三等奖，获奖项目名称为"氢与氢能"。

10月3日，参加兰州大学化学化工学院成立60周年庆祝大会，并向兰州大学化学化工学院赠送教学改革成果（系列教材）。

10月8日，参加在天津滨海新区召开的绿色化学科学与工程和过程系统工程国际论坛大会。

10月19日，作为张伯苓教育思想研究会的发起人和会长，在张伯苓教育思想研究会成立大会上讲话。

11月，参加在北京召开的第三届中国教育家大会，并在大会上报告。

12月，接受人民网天津视窗采访，为其题词。

2007年

年初，开博客谈教育改革。

1月8日，在南开大学纪念杨石先诞辰110周年座谈会上发言。

2月4日，当选"2006年度中国十大教育英才"。

5—10月，因类风湿关节炎入住天津医科大学总医院。住院期间接受凤凰卫视、南开中学学生去医院采访、看望。

9月，"纪念西南联大70周年——联大纪念碑"在南开大学校园内落成揭幕，申泮文为师生讲解纪念碑碑文。

9月10日，获得南开大学首届"良师益友"奖。

9月，被实验室科学杂志社聘为名誉顾问。

10月27日，赴清华大学参加西南联合大学建校70周年庆祝会。

11月10—11日，赴武汉参加第二届大学化学化工课程报告论坛，做"关于大一化学课程《化学概论》的讨论"的大会报告，受到热烈欢迎。

是年，申泮文带领的南开大学无机化学教学团队被评为首批国家级教学团队。

2008年

1月18日，赴北京参加中科院2008年新春团拜会。

6月，著作《英汉双语化学入门》由清华大学出版社再版。

赴北京参加中科院第14次院士大会。

9月，著作《近代化学导论》第二版（上册）由高等教育出版社出版，下册于2009年2月出版。

10月17日，参加天津第二南开中学建校85周年庆祝大会。

10月30日，因在关心下一代宣讲工作中工作突出，被天津市关心下一代工作委员会、中共天津市委老干部局授予优秀宣讲员荣誉称号。

11月，被中国老教授协会授予科教兴国贡献奖。

2009年

1月19日，被中国教育报、中国教育电视台授予"2008中国教育年度新闻人物"称号。赴北京参加颁奖晚会，教育部部长周济为申泮文颁奖。

1月24日，天津市委书记张高丽同志到南开大学申泮文家慰问申泮文。

是月，南开大学授予申泮文、刘靖疆、乔园园、朱志昂、何锡文高等化学教育系列教材建设（《南开大学近代化学教材丛书（1999—2008）》）校级教学成果一等奖。因组织师生课余社团化软学会，培养新兴交叉学科计算机化学创新型人才，车云霞、乔园园、言天英、孙宏伟、张明涛、周震、叶世海、李姝、申泮文被南开大学授予校级教学成果奖二等奖。

是月，译作《胶体科学——原理、方法与应用》由化学工业出版社出版。

3月22日，主讲元素化学课程教学改革新举措，邀请天文学家苏宜教授为2008级本科生讲解化学元素的起源。

7月，赴北京参加科学出版社《二十世纪中国知名科学家学术成就概览》编委会会议——化学卷学科简史大事记撰写座谈会。

8月，被天津市教育委员会授予第五届天津市高等学校教学名师奖。

9月，中华人民共和国教育部授予"南开大学近代化学教材系列（教材）"国家级教学成果一等奖，获奖者申泮文、刘靖疆、乔园园、朱志昂、何锡文、张邦华、王永梅、陈军、车云霞、李姝。系列教材由"南开大学近代化学教材丛书编委会"历时10年编成，编写和出版系列教材共30部38卷册，总字数近1800万。

被中华人民共和国教育部授予第五届高等学校国家级教学名师奖。

荣获感动天津人物——海河骄子荣誉称号。

举办"近代化学导论"全国骨干教师高级研修班，亲自为研修班上课。

10月，主编的《黄钰生文集》由百花文艺出版社出版。

11月，《近代化学导论》第二版，获评2009年度"普通高等教育精品教材"。

12月，获得南开大学第三届"良师益友"奖。

2010年

3月5日，被聘为《卢嘉锡纪念文集》编审委员会副主任委员。

5月3日，赴北京参加北京大学化学学科创立100周年庆典大会。

6月，赴北京参加中国科学院院士大会。

9月3日，南开中学成立理事会，试行理事会领导下的校长负责制，申泮文被南开中学理事会聘为名誉理事。

是年底，承担教育部"化学学科教育教学体制改革"项目。

是年，被中央宣传部新闻出版总署授予《中国大百科全书》第二版荣誉证书。

2011年

3月初，编写《2011国际化学年科普宣传集》，组织教师和学生走出课堂，到社会宣传化学年。

3月29日，做"核辐射离我们有多远——从日本核危机中吸取教训，科学利用核能"的报告，从化学视角普及核常识，《科学时报》等报纸转载申泮文院士的报告。

是月，《无机化学丛书》第三次印刷。

9月，在95岁生日之际，编写了《申泮文21世纪教育风采》一书，回顾和总结了他近十年来的化学教育教学改革工作，希望能与兄弟院校的同仁们进行讨论和交流。

12月，因咳嗽住天津市医科大学总医院至今。

是月，在化软学会工作基础上，组织的"分子科学计算中心"得到南开大学批准成立。

2012年

1月1日，为《教育部高等学校教学指导委员会通讯》撰写2012年新春寄语。

2月5日，突发大面积心肌梗死，入重症加强护理病房抢救16天。

7月2日，教育部专家小组来校检查教育体制改革项目进展情况，申泮文从医院赶来亲自参加会议汇报。

11月13日，受王夔院士邀请，参加中国科学院化学部组织立项的"我国中学化学教育现状"的咨询项目。

12月4日，湖南长沙雅礼中学肖荣曾老师带学生到天津参加中学生化学奥赛，去看望申泮文并留影纪念。

是年底，《近代化学导论》第三版获得教育部"十二五"国家级规划教材立项。

2013年

3月19日，王夔院士、程津培院士一行到天津开展"我国中学化学教育现状"咨询项目的工作，先行看望申泮文。申泮文畅谈了对中学化学教育现状的看法。

附录二
申泮文主要论著目录

化学教科书 [①]

［1］申泮文．普通化学学习法指导书（初稿）．高等教育出版社，第一分册，1958年；第二分册，1959年．

［2］申泮文．普通化学（初稿）．高等教育出版社，第一分册，1959年；第二分册，1959年；第三分册，1959年；第四分册，1959年；第五分册，1959年；第六分册，1959年；第七分册，1959年；第八分册，1959年；第九分册，1959年；第十分册，1959年．

［3］申泮文．无机化学简明教程．人民教育出版社，1960年；1961年（上、下册）．

［4］尹敬执，申泮文．无机化学简明教程．高等教育出版社，上册，1965年；下册，1965年．

---

① 不含《南开大学近代化学教材丛书》中的著作。

[5]《无机化学》编写组编. 无机化学. 1版. 人民教育出版社, 1978年.

[6]武汉大学,吉林大学等编,曹锡章,张畹蕙,杜尧国等修订. 无机化学. 2版. 高等教育出版社, 1983年.

[7]武汉大学,吉林大学等校编,曹锡章,宋天佑,王杏乔修订. 无机化学. 3版. 高等教育出版社, 1994年.

[8]尹敬执,申泮文. 基础无机化学. 人民教育出版社, 上册, 1980年; 下册, 1980年.

[9]郭德威编著,申泮文审校. 生物无机化学概要. 天津科学技术出版社, 1990年.

[10]车云霞,申泮文. 化学元素周期系. 南开大学出版社, 1999年.

无机化学丛书

[1]张青莲主编,申泮文副主编. 无机化学丛书. 科学出版社.

第1卷:稀有气体(冯光熙,黄祥玉);氢(申泮文,张靓华);碱金属(刘翊纶,任德厚), 1984年.

第2卷:铍碱土金属(顾学民);硼(龚毅生)、铝(臧希文,汤卡罗)、镓(吕云阳,曾文臻)分族, 1990年.

第3卷:碳(郝润蓉)、硅(方锡义)、锗(钮少冲)分族, 1988年.

第4卷:氮(项斯芬)、磷(严宣申)、砷(曹庭礼,郭炳南)分族, 1995年.

第5卷:氧(姚凤仪)、硫(郭德威)、硒(桂明德)分族, 1990年.

第6卷:卤素(钟兴厚,萧文锦,袁启华,娄润和);铜分族(徐绍龄,徐其亨,田应朝,刘松愈);锌分族(吕云阳,王文绍,刘颂禹,季振平), 1995年.

第7卷:钪(易宪武);稀土元素(黄春辉,王慰,刘余九,吴瑾光), 1992年.

第8卷:钛分族(申泮文,车云霞);钒分族(罗裕基);铬分族

（顾翼东，谢高阳，宋沅，金松林），1998年．

第9卷：锰分族（谢高阳，俞练民，刘本耀）；铁系（申泮文，曾爱冬）；铂系（徐绍龄，马衡，刘振义，刘庆娴，杜家声），1996年．

第10卷：铜系（唐任寰，刘元方），铜系后元素（张青莲，张志尧，唐任寰），1990年．

第11卷：无机结构化学（周公度），1982年．

第12卷：配位化学（戴安邦等），1987年．

第13卷：无机物热力学（曹锡章，肖良质）；无机物动力学（郑汝骊，王恩波），1997年．

第14卷：无机物相平衡（叶于浦，顾菡珍，郑朝贵，张维敬）；非整比化合物（周永洽，李家值），1997年．

第15卷：有机金属化合物（王积涛）；生物无机化学（杨维达），1991年11月．

第16卷：放射化学（刘元方，江林根），1988年．

第17卷：稳定同位素化学（郭正谊），1984年．

第18卷：地球化学（魏菊英），1986年．

南开大学近代化学教材丛书

（一）高校化学基础课程和部分专业课程教材

[1] 朱志昂，阮文娟编．近代物理化学．4版．科学出版社，上册，2008年；下册，2008年．

[2] 申泮文主编．近代化学导论．2版．高等教育出版社，上册，2008年；下册，2009年．

[3] 申泮文编．无机化学．化学工业出版社，2002年．

[4]（美）R.C.奥汉德利著，周永洽等译．现代磁性材料原理与应用．化学工业出版社，2002年．

[5] 申泮文主编，车云霞，邱晓航参编. 英汉对照双语化学. 南开大学校内印刷（际内部交流）.（1）基本化学原理，2003年；（2）溶液化学初步，2002年；（3）元素化学教程，2003年.

[6] 王积涛，胡青眉，张宝申，王永梅编著. 有机化学. 1版. 南开大学出版社，1993年.

[7] 王积涛，张宝申，王永梅，胡青眉编著. 有机化学. 2版. 南开大学出版社，2003年.

[8] 王积涛，王永梅，张宝申，胡青眉，庞美丽编著. 有机化学. 3版. 南开大学出版社，2009年.

[9] 刘靖疆编著. 基础量子化学与应用. 高等教育出版社，2004年.

[10] 陈军，陶占良编著. 能源化学. 2版. 化学工业出版社，2014年.

[11] 乔园园，张明涛主编. 简明计算机化学教程. 南开大学出版社，2005年.

[12] 申泮文编著. 英汉双语化学入门. 清华大学出版社，2005年.

[13] 申泮文，周震，王一菁编著. 英汉双语化学入门. 2版. 清华大学出版社，2008年.

[14] 申泮文主编，徐辉碧、庞代文副主编. 化学生物学与生物技术. 科学出版社，2005年.

[15] 何锡文主编. 近代分析化学教程. 高等教育出版社，2005年.

[16] 张邦华，朱常英，郭天瑛主编. 近代高分子科学. 化学工业出版社，2006年.

[17] 陈军，陶占良，苟兴龙编著. 化学电源：原理、技术与应用. 化学工业出版社，2006年.

[18]（英）特伦斯·科斯格雷夫（Terence Cosgrove）主编，李牛，李姝等译，周永洽，申泮文校. 胶体科学：原理、方法与应用. 化学工业出版社，2008年.

（二）与教材配套的教学参考书

[19] 申泮文编著. 21世纪的动力：氢与氢能. 南开大学出版社，2000年.

［20］王永梅，王桂林编著．有机化学提要、例题和习题．天津大学出版社，1999年．

［21］申泮文，王积涛主编．化合物辞典．上海辞书出版社，2002年．

［22］陈军，袁华堂编著．新能源材料．化学工业出版社，2003年．

［23］张宝申，庞美丽编．有机化学习题解．南开大学出版社，2004年．

［24］张宝申，庞美丽编著．有机化学学习辅导．2版．南开大学出版社，2010年．

［25］陈军，陶占良编著．镍氢二次电池．化学工业出版社，2006年．

［26］朱志昂，阮文娟编著．物理化学学习指导．2版．科学出版社，2012年．

［27］李姝，叶世海，车云霞编．《近代化学导论》（第二版）习题解答．南开大学出版社，2011年．

［28］车云霞，李姝，叶世海编．《近代化学导论》（第二版）学习辅导．南开大学出版社，2012年．

（三）与主课教材配套的数字化教学资源与电子课件

［29］申泮文，车云霞等．原子核与原子核反应．高等教育出版社，2001年．

［30］车云霞等．新世纪网络课程——普通化学．高等教育出版社，2002年．

［31］车云霞等．《基础化学》电子教案．高等教育出版社，2003年．

［32］申泮文等．《无机化学》电子教案．化学工业出版社，2004年．

译作书目（俄文）

［1］С.А.БАЛЕЗИН（С.А.巴列金）等，南开大学无机化学教研组译．无机化学实验．商务印书馆，1953年．

［2］Б.В.НЕКРАСОВ（Б.В.涅克拉索夫），北京大学化学系无机化学教研室，

南开大学化学系无机化学教研组，北京工业学院化工系无机化学教研组译. 普通化学教程. 上册：商务印书馆，1953年（大本）；高等教育出版社，1956年（小本）。中册：商务印书馆，1954年（大本）；（小本信息缺）。下册：高等教育出版社，1955年（大本）；高等教育出版社，1955年（小本）.

[3] С.А.БАЛЕЗИН（С.А.巴列金）等，南开大学无机化学教研组译. 普通化学实习. 商务印书馆，1954年.

[4] Н.Л.ГЛИНКА（Н.Л.格琳卡），北京工业学院编译室，南开大学化学系无机化学教研组译. 普通化学作业和问题. 商务印书馆，1954年.

[5] В.И.СЕМИШИН（В.И.谢密申），В.В.ЛЕБЕДИНСКОГО（В.В.列别金斯基）校，南开大学无机化学教研组译. 普通化学实验. 高等教育出版社，1954年.

[6] К.Л.Маляров（К.Л.马里雅洛夫），南开大学分析化学教研组译. 微量定性化学分析. 高等教育出版社，1956年.

[7] А.А.格林贝克著，申泮文，王继彰，马维译. 络合物化学概论. 高等教育出版社，1956年.

[8] Н.Л.ГЛИНКА（Н.Л.格琳卡）著，北京工业学院编译室，南开大学化学系无机化学教研组译. 普通化学习题集. 高等教育出版社，1957年. 商务印书馆，1954年.

[9] Н.Г.Ключников（Н.Г.克留乞尼科夫）著，申泮文，姚从工译. 无机合成手册. 高等教育出版社，1957年.

[10] 全苏工业函授学院普通及无机化学教研室编著，申泮文译. 无机化学学习法指导及测验题. 高等教育出版社，1958年.

[11] В.Я.АНОСОВ（В.Я.安诺索夫），С.А.ВОГОДИН（С.А.波哥金）著，王继彰译，邱宗岳，申泮文校. 物理化学分析基本原理. 科学出版社，第一册：1958年；第二册：未出版；第三册：1958年.

[12] Н.Л.ГЛИНКА（Н.Л.格琳卡），М.К.СТРУТАЦКИЙ（М.К.斯特鲁加兹基）著，申泮文译. 普通化学教学法指导书与测验题. 高等教育出版社，1958年.

译作书目（英文）[①]

[1] 无机合成系列. 科学出版社.

第1卷：H. S. Booth 主编，龚毅生，申泮文译，1959年.

第2卷：W. C. Fernelius 主编，申泮文译，1959年.

第3卷：L. F. Audrieth 主编，申泮文译，1962年.

第4卷：John C. Bailar, Jr. 主编，张允什译，申泮文校，1962年.

第5卷：Therald Moeller 主编，申泮文译，1963年.

第6卷：Eugene G. Rochow 主编，申泮文译，1972年.

第7卷：Jacob Kleinberg 主编，张靓华等译，申泮文校，1974年.

第8卷：Henry F. Holtzclaw, JR. 主编，马维译，申泮文校，1977年.

第9卷：S. Young Tyree, JR. 主编，张允什译，申泮文校，1977年.

第10卷：Earl L. Muetterties 主编，张靓华等译，申泮文校，1977年.

第11卷：William L. Jolly 主编，李士绮、陈惠萱译，申泮文校，1975年.

第12卷：Robert W. Parry 主编，申泮文、齐景韶、王靖芳译，申泮文校，1979年.

第13卷：F. A. Cotton 主编，申泮文等译，1977年.

第14卷：A. Wold 和 J. K. Ruff 主编，申泮文译，1980年.

第15卷：G. W. Parshall 主编，马维等译，申泮文校，1986年.

第16卷：Fred Basolo 主编，张靓华等译，申泮文校，1986年.

第17卷：Alan G. MacDiarmid 主编，陆秀菁译，申泮文校，1986年.

第19卷：Duward F. Shriver 主编，陈复、陈永明译，申泮文校，1987年.

第20卷：Daryle H. Busch 主编，陈声昌、阎世平、袁华堂、班月霞、苏兰芳译，申泮文校，1986年.

---

① 不含《南开大学近代化学教材丛书》中的著作。

[2] W.H. 内博盖尔（W.H.Nebergall）等著. 普通化学. 人民教育出版社. 第一分册：张靓华等译，申泮文校，1978 年；第二分册：张靓华等译，申泮文校，1978 年；第三分册：马维等译，申泮文校，1979 年；第四分册：陈复等译，申泮文校，1979 年.

[3] J D Lee（李氏）著，张靓华，朱声逾，王近勇，曾爱冬等译. 新编简明无机化学. 人民教育出版社，1982 年.

[4] Fred Basols（弗瑞德·巴索洛），Ronald C Johnson（罗纳德·C·蒋逊）著，宋银柱，王耕霖等译. 配位化学：金属配合物的化学（英汉对照）. 北京大学出版社，1982 年.

[5] K F 珀塞尔，J C 科茨著. 无机化学. 高等教育出版社. 第一分册：潘品三，刘化合，马维译，申泮文校，1987 年；第二分册：常幼星，杨连福，张锦良译，申泮文校，1989 年；第三分册：潘品三，刘化合，马维译，申泮文校，1989 年；第四分册：曹倩莹，吕月明，张留城译，申泮文校，1990 年.

[6] Werner Herz（维尔纳·赫兹）著，郑松译，申泮文校. 碳化合物的形状——有机化学入门（英汉对照）. 南开大学出版社，1988 年.

[7] Anthony R West 著，苏勉曾，谢高阳，申泮文等译，周永洽校. 固体化学及其应用. 复旦大学出版社，1989 年.

其他著作

[1] 申泮文，曾爱冬编著. 氢与氢能. 科学出版社，1988 年.

[2] 申泮文主编. 黄钰生同志纪念集. 南开大学出版社，1991 年.

[3] 申泮文编著. 天津旧南开学校毁没记. 南开大学出版社，1995 年.

[4] 申泮文. 元老黄钰生教授传（1898—1990）. 未正式出版，1999 年.

[5] 申泮文. 南开校友数尽风流. 测天探地竞自由——著名大气物理学家叶笃正和地质学家刘东生的故事. 未正式出版，2004 年.

［6］申泮文. 张伯苓教育风采. 未正式出版，2006年.

［7］申泮文. 参加拨乱反正资料集萃. 未正式出版，2006年.

［8］申泮文. 美国大学化学系课程设置（2007）. 未正式出版，2008年.

［9］申泮文. 美国大学化学系课程设置（2010）. 未正式出版，2011年.

论文、会议论文及报纸上发表的作品

（一）有关金属氢化物

［1］南开大学化学系无机教研组. 氢化铝锂（$LiAlH_4$）的合成. 化学通报，1959（10）：13-14.

［2］申泮文，张允什，陈声昌，等. 氢化铝锂新合成方法的研究. 高等学校化学学报，1982，3（2）：169-172.

［3］张允什，陈声昌，刘鼎蓉，班月霞，杨俊玲，申泮文. 对氢化铝锂合成反应中诱导期的初步研究. 无机盐工业，1983（5）：1-4.

［4］申泮文，汪根时，宋德瑛，等. 一种用于研究金属氢化反应的量热系统. 高等学校化学学报，1984，5（2）：147-152.

［5］申泮文，车云霞. 金属还原氢化反应的研究. 化学通报，1984（10）：24-25.

［6］申泮文，张允什，陈声昌，等. 氢化铝钠合成方法研究. 化学通报，1984（10）：25-26.

［7］申泮文，张允什，车云霞，傅丽明. 惰性盐分散 NaH 合成的研究. 化学通报，1985（7）：24-25.

［8］申泮文，张允什，王达，王宝良，陈声昌. 非醚合氢化铝的制备及性质研究. 无机化学，1986，2（3）：105-107.

［9］申泮文，张允什，陈声昌，封显抱，李彤. 氢化铝钙合成方法的研究. 化学通报，1986（9）：31.

[10] 申泮文，张允什，王达，陈声昌. 氢化铝钠合成方法的研究. 化学世界，1988（1）：3-4.

[11] 申泮文，汪根时，张允什，周作祥，宋德瑛. 南开大学金属氢化物化学研究进展. 中国化学会第四届无机化学讨论会论文摘要集，1992：639.

[12] 袁华堂，高学平，杨化滨，宋德瑛，张允什，申泮文. 我国金属氢化物化学研究. 化学通报，1999（11）：7-13.

（二）有关储氢材料

[13] 申泮文，周作祥，汪根时，宋德瑛，史淑民，李淑英. 镧镍体系吸氢化合物研究（Ⅲ）——LaNi$_4$Cu 阴极储氢电极的研究. 稀土，1980（3）：17-21.

[14] 申泮文，汪根时，张允什，宋德瑛，藏发石，余素清. 镧镍体系（LaNi$_5$-xMx）吸氢化合物的研究（Ⅰ）——LaNi$_5$ 的化学合成及吸氢性能. 高等学校化学学报，1980，1（2）：109-112.

[15] 申泮文，汪根时，张允什，宋德瑛，藏发石，余素清. LaNi$_5$ 的化学合成及吸氢性能. 稀土，1981（3）：14-18.

[16] 申泮文，张允什，袁华堂等. 储氢材料新合成方法的研究——置换—扩散法合成 Mg$_2$Cu. 高等学校化学学报，1982，3（4）：580-582.

[17] 申泮文，汪根时，宋德瑛等. 从钛铁矿粉制备 FeTi 及其吸氢性能的研究. 高等学校化学学报，1983，4（1）：112-114.

[18] 殷文娟，汪根时，申泮文. 钛铁储氢材料的性能及研究现状. 稀有金属，1983，7（3）：30-39.

[19] 申泮文，汪根时，周作祥等. 钛镍金属互化物的化学合成及其阴极贮氢作用. 高等学校化学学报，1983，4（6）：673-679.

[20] 申泮文，汪根时，张激志等. La$_2$Mg$_{17}$ 和 La$_2$Mg$_{16}$Ni 合金贮氢性能的研究. 金属学报，1983，19（4）：A360-A368.

[21] 宋德瑛, 汪根时, 申泮文等. 镧镍基合金氢化物与水中溶氧的反应. 中国稀土学报, 1984, 2(2): 50-56.

[22] 申泮文, 汪根时, 宋德瑛等. LaNi$_4$M(Ni, Cu, Fe)-H$_2$体系的量热研究. 高等学校化学学报, 1985, 6(1): 1-6.

[23] 申泮文, 张允什, 袁华堂, 陈声昌, 周家祥. 储氢材料新合成方法的研究(Ⅱ)——置换—扩散法合成 Mg$_2$Ni. 高等学校化学学报, 1985, 6(3): 197-200.

[24] 申泮文, 张允什, 郑松, 封显抱, 袁华堂, 陈声昌. 储氢材料新合成方法的研究Ⅲ——置换—扩散法合成 Mg$_2$Ni$_{0.75}$Cu$_{0.25}$. 无机化学, 1986, 2(2): 1-7.

[25] 卢淑琴, 吴斗思, 申泮文, 等. LaNi$_5$-H$_2$体系量热测试中的放热双峰现象. 中国稀土学报, 1986, 4(2): 77-78.

[26] 汪根时, 王相龙, 张大昕, 宋德瑛, 申泮文. 金属间化合物的化学合成及贮氢特性. 中国稀土学报, 1986, 4(3): 19-24.

[27] 申泮文, 车云霞, 冯茜. 金属还原氢化反应的研究(Ⅱ)——LaNi$_5$的合成. 南开大学学报(自然科学版), 1986(2): 68-71.

[28] 卢淑琴, 吴斗思, 申泮文, 等. 三元合金 LaNi$_4$Fe 的化学合成及其性能, 中国稀土学报. 1988, 6(2): 75-76.

[29] 汪根时, 黄杰生, 申泮文. 非晶态硅氢化物的结构及放氢性能研究. 新型储氢材料及其应用学术研讨会论文汇编, 1990: 143.

[30] 申泮文, 汪根时, 张允什, 等. 南开大学金属氢化物化学研究十年重要成果综述(1980—1990). 新型储氢材料及其应用学术研讨会论文汇编, 1990: 215.

[31] 宋德瑛, 张允什, 高学平, 林东凤, 周作祥, 汪根时, 杨小明, 申泮文. TiNi$_{0.9}$B$_{0.1}$储氢电极的表面分析. 中国化学会第四届无机化学讨论会论文摘要集, 1992: 50.

[32] 申泮文, 张允什, 汪根时, 胡伟康, 张守民, 王达, 袁华堂. 非晶态和晶态 Ti-Ni 合金薄膜的制备及电极吸氢性能的研究. 中国化学会第四届无机化学讨论会论文摘要集, 1992: 51.

[33] 黄杰生，汪根时，申泮文，陈济舟，王俊桥，杨继廉，张百生. Neutron Diffraction Studies on the Structure of Amorphous Silicon Hydrides. 结构化学，1992，11（5）：317-320.

[34] 胡伟康，申泮文，张允什. 离子束溅射法制备非晶态和晶态 Ti-Ni 贮氢薄膜合金. 高等学校化学学报，1993，14（2）：263-264.

[35] 高恩庆，李延团，申泮文. 共沉淀还原扩散法制备 La-Ni-Fe-Cu 合金. 化学工程师，1994（2）：3-5.

[36] 胡伟康，申泮文，张允什，周作祥，汪筠. 电镀条件对镍钼合金镀层结构组织和催化活性的影响. 南开大学学报（自然科学），1994（3）：17-21.

[37] 高学平，宋德英，张允什，阎杰，汪根时，申泮文. Laves 相贮氢合金及其在 Ni/MH 电池中的研究进展. 化学通报，1994（6）：10-16.

[38] 胡伟康，张允什，宋德瑛，汪根时，罗道军，申泮文. 非晶态 MmNi$_{5.20}$ 合金薄膜的制备及析氢反应电催化性能的研究. 功能材料，1994，25（6）：515-517.

[39] 胡伟康，申泮文，张允什，周作祥，汪筠. TiNi 合金电极的表面修饰及其电催化性能. 化学通报，1994（7）：39，48-49.

[40] 高恩庆，王善田，李延团，申泮文. 镧镍铜锰吸氢合金的制备与表面性质. 曲阜师范大学学报（自然科学版），1995，21（1）：57-60.

[41] 高学平，杨化滨，宋德瑛，张允什，周作祥，张维，申泮文. 锆系 Laves 相储氢合金电极的性能研究. 电化学，1995，1（3）：298-304.

[42] 高恩庆，李延团，申泮文. 四元镧镍系吸氢合金的结构与性质. 无机化学学报，1997，13（1）：73-76.

[43] Gao, X. P.; Qin, X.; Liu, H.; Lan, Y.; Wu, F.; Yuan, H. T.; Song, D. Y.; Shen, P. W., Preparation of composite materials of carbon nanotabes with LaNi$_5$ hydrogen storage alloy, Proceedings Hydrogen Energy Progress Xiii, 2000, 1&2, 565-569.

[44] Cao, J. S.; Gao, X. P.; Lin, D. F.; Song, D. Y.; Yuan, H. T.; Shen, P. W., Study on the activation of ZrTi$_{0.1}$(V$_{0.1}$Mn$_{0.3}$Ni$_{0.6}$Co$_{0.05}$Cr$_{0.05}$)$_2$ metal hydride electrode, Proceedings Hydrogen Energy Progress Xiii, 2000, 1&2, 999−1002.

[45] Gao, X. P.; Qin, X.; Wu, F.; Liu, H.; Lan, Y.; Fan, S. S.; Yuan, H. T.; Song, D. Y.; Shen, P. W., Synthesis of carbon nanotubes by catalytic decomposition of methane using LaNi5 hydrogen storage alloy as a catalyst, Chemical Physics Letters, 2000, 327（5−6）：271−276.

[46] 秦学，高学平，吴峰，刘宏，兰英，袁华堂，宋德瑛，申泮文. 碳纳米管的电化学贮氢性能研究. 电化学，2000，6（4）：441−445.

[47] 王毅，卢志威，高学平，宋德瑛，申泮文. 镁基储氢材料研究进展. 第二届国际氢能论坛青年氢能论坛论文集，2003：116−120.

[48] 王毅，邱晓航，申泮文. 镁基储氢材料研究新进展. 化学通报，2004，67（5）：327−332.

[49] Gao, X.P.; Lu, Z.W.; Wang, Y.; Wu, F.; Song, D.Y.; Shen, P.W., Electrochemical Hydrogen Storage of Nanocrystalline La$_2$Mg$_{17}$ Alloy Ballmilled with Ni Powders, Electrochemical and Solid State Letters 2004, 7（5）：A102−A104.

[50] Gao, X.P.; Wang, Y.; Lu, Z.W.; Hu, W.K.; Wu, F.; Song, D.Y.; Shen, P.W., Preparation and Electrochemical Hydrogen Storage of the Nanocrystalline LaMg12 Alloy with Ni Powders, Chemistry of Materials, 2004, 16（13）：2515−2517.

[51] Wang, Y.; Lu, Z.W.; Gao, X.P.; Hu, W.K.; Jiang, X.Y.; Qu, J.Q.; Shen, P.W., Electrochemical properties of the ball−milled LaMg$_{10}$Ni$_2$−xAlx alloys with Ni powders（x=0,0.5，1 and 1.5），Journal of Alloys and Compounds, 2005, 389（1−2）：290−295.

[52] Wang, Y.; Gao, X.P.; Lu, Z.W.; Hu, W.K.; Zhou, Z.; Qu, J.Q.; Shen, P.W., Effects of metal oxides on electrochemical hydrogen storage of nanocrystalline LaMg$_{12}$−Ni composites, Electrochimica Acta, 2005, 50（11）：2187−2191.

［53］Wang, Y.; Wang, X.; Gao, X.P.; Shen, P.W., Electrochemical properties of the ball-milled LaMg$_{10}$NiMn alloy with Ni powders, Materials Chemistry and Physics, 2008, 110（2-3）：234-238.

［54］Li, Y.F.; Zhou, Z.; Shen, P.W.; Zhang, S.B.; Chen Z.F., Computational studies on hydrogen storage in aluminum nitride nanowires/tubes, Nanotechnology 2009, 20（27）：1-8.

［55］李明，周震，李亚飞，申泮文．纳米结构储氢材料的计算研究与设计，中国科学B辑：化学，2009，39（9）：971-976.

［56］Li, M.; Li, Y. F.; Zhou, Z.; Shen P. W., Metal-decorated defective BN nanosheets as hydrogen storage materials, Frontiers of Physics, 2011, 6（2）：224-230.

（三）有关腐植酸

［57］申泮文．山西省腐植酸资源的分布．山西大学学报（自然科学版），1978（2）：52-59.

［58］山西大学化学系．太原郝庄公社武家山煤矿，晋中地区两渡腐植酸氨厂，原平县轩岗腐植酸肥料厂，用简易提纯法由山西风化煤生产工作纯腐植酸．山西大学学报（自然科学版），1978（2）：60.

［59］申红，丁何印，任勤恩，申泮文．用光度连续变化法测定腐植酸的碱中和当量．山西大学学报（自然科学版），1978（2）：61-66.

［60］太原郝庄公社武家山煤矿，原平县轩岗腐植酸肥料厂，晋中地区两渡腐植酸氨厂，山西大学化学系，提纯腐植酸化验规程，山西大学学报（自然科学版），1978（2）：66-68.

（四）其他科学研究

［61］山西大学化学系无机化学教研室．化学元素周期系的新发展．国外科技动态，1974（2）：63-66.

[62] 山西大学化学系无机化学教研室. 国际原子量的变迁. 国外科技动态，1974（5）：59-63.

[63] 申泮文. 无机合成化学的新方向——无机固体化学. 化学通报，1977（6）：10.

[64] IUPAC发布. 李士绮，陈惠萱译，申泮文审阅. 无机硼化合物的命名法. 山西大学学报（自然科学版），1978（2）：69-95.

[65] 申泮文. 国际原子量表（1979）. 化学教育，1980（2）：48（封三）

[66] 张正之，申泮文. o-碳硼烷醚类衍生物的合成. 高等学校化学学报，1982，3（2）：279-280.

[67] 申泮文，周永洽，郝存生，车云霞. 钕铁硼三元系理想粉末X-射线衍射谱图的计算. 无机化学，1987，3（3）：122-128.

[68] 申泮文，周永洽，等. Sm（Co, Fe, Cu, Zr）$_z$合金的化学法分析. 南开大学学报（自然科学版），1988（1）：97-101.

[69] 申泮文，周永洽，等. 2:17型稀土——钴化合物的结构研究. 南开大学学报（自然科学版），1988（1）：102-106.

[70] 谢庆兰，王明德，申泮文，等. 羧酸三环己基锡盐的合成和结构分析. 化学学报，1988，46：831-835.

[71] 郑吉民，范京富，车云霞，申泮文，张世表，朱亚平，温金珂，王华馥. 轻稀土离子掺杂的硫酸三甘肽单晶体. 中国稀土学报，1988，6（3）：41-44.

[72] 申泮文，周永洽，李伯刚，车云霞. 稀土永磁合金粉末的共沉淀还原扩散法合成Ⅰ——SmCo$_5$粉末的合成. 南开大学学报（自然科学版），1989（3）：72-76.

[73] 申泮文. 《固体化学》书讯和讲习班信息. 化学通报，1989（5）：10.

[74] 申泮文，周永洽，陈静雅，车云霞. 稀土永磁合金粉末的共沉淀还原扩散法合成Ⅱ——2：17系Sm（Co, Fe, Cu, Zr）$_z$粉末的合成. 南开大学学报（自然科学版），1989（4）：1-5.

[75] 申泮文，周永洽，郝存生，郗日沫，车云霞. 稀土永磁合金粉末的共沉淀还原扩散法合成Ⅲ——钕铁硼粉末的合成. 南开大学学报

（自然科学版），1990（1）：43-46.

[76] 郑吉民，范京富，车云霞，申泮文，张世表，朱亚平，温金珂，王华馥. 一种新的改性 TGS 单晶——AMTGS. 人工晶体学报，1990，19（2）：123-127.

[77] 吴世华，张允什，申泮文. 低温溶剂化金属原子浸渍法制备 Fe_n/MgO 催化剂及其性质的研究. 燃料化学学报，1990，18（2）：130-136.

[78] 周永洽，胡绪英，车云霞，申泮文. 金属—血清白蛋白的结构研究 Cu（Ⅱ）-BSA 和 Ni（Ⅱ）-BSA 的四方锥——四方平面结构. 化学学报，1991，49：59-64.

[79] 申泮文，周永洽，魏文燕，车云霞. Me_4Bzo_2[14]六烯（2-）N_4 金属配合物的结构和反应性研究 I：澳碘加成物的合成和振动光谱研究. 无机化学学报，1991，7（1）：7-11.

[80] 郑吉民，李兆阳，车云霞，申泮文. 掺 Pr^{3+} 稀土离子的 LATGS 单晶体. 中国稀土学报，1991，9（1）：56-60.

[81] 周永洽，刘宏，车云霞，申泮文. 金属—血清白蛋白的结构研究（Ⅴ）——钴离子与 HAS 和 BSA 的相互作用. 高等学校化学学报，1991，12（4）：441-443.

[82] 申泮文，周永洽，魏文燕，车云霞. Me_4Bzo_2[14]六烯（2-）N_4 金属配合物的结构和反应性研究 Ⅱ：ML 和 MLXn 型配合物电子吸收光谱研究. 无机化学学报，1991，7（2）：132-137.

[83] 吴世华，张允什，申泮文. 金属蒸气法制备 Fe_n/MgO-400 催化剂. 无机化学学报，1991，7（2）：219-223.

[84] 吴世华，张允什，申泮文. 一种新的有机非线性晶体——4，4′-二甲氧基查耳酮. 无机化学学报，1991，7（2）：270-285.

[85] 罗立文，申泮文. 甲酸钡晶体结构的测定. 石油大学学报（自然科学版），1991，15（3）：125-131.

[86] 申泮文，龚毅生，周永洽，林东风. 溶盐电解合成稀土六硼化物的研究——$REBO_3$，$LiBO_2$ 和 LiF 体系熔盐电解合成 REB_6. 无机化学学报，1991，7（3）：306-310.

[87] 罗立文，郑吉民，车云霞，申泮文，张包铮. 甲酸镉合硫脲晶体生长和性能. 人工晶体学报，1991，20（Z1）：288.

[88] 申泮文，郑吉民，张东. 4，4'-DMOC 晶体的生长和结构. 人工晶体学报，1991，20（Z1）：298.

[89] 罗立文，郑吉民，申泮文，张包铮. 甲酸钡晶体的生长，结构和性能. 人工晶体学报，1991，20（Z1）：300.

[90] 郑吉民，夏爱兵，车云霞，杨盟，申泮文. m-NBA-DEA 和 3,5-DNBA-DEA 晶体生长与结构. 人工晶体学报，1992，21（2）：146-150.

[91] 郑吉民，张东，申泮文，王宏根，姚心侃. 4，4'-二甲氧基查耳酮的合成和晶体结构测定. 应用化学，1992，9（3）：66-69.

[92] 范京富，郑吉民，车云霞，申泮文. 碲酸取代的硫酸三甘肽单晶体. 半导体学报，13（7）：400-404.

[93] 梁宏，周永洽，申泮文. 乙醇，丙酮诱导人血清白蛋白构象变化的研究. 科学通报，1992，（15）：1437.

[94] 黄杰生，李早英，汪根时，申泮文，支志明，潘宗光. 钌（Ⅱ）卟啉双（脂肪胺）配合物的合成和光谱表征. 中国化学会第四届无机化学讨论会论文摘要集，1992：186.

[95] 黄杰生，李早英，汪根时，申泮文，支志明，潘宗光. 锇（Ⅱ）卟啉双（异氰）配合物：合成，光谱和晶体结构. 中国化学会第四届无机化学讨论会论文摘要集，1992：187.

[96] 杨鲁勤，王耕霖，申泮文. N-羟乙基-N，N'，N'-三苯并咪唑甲基乙二胺及其配合物. 中国化学会第四届无机化学讨论会论文摘要集，1992：226.

[97] 杨鲁勤，杨汝栋，申泮文. 过渡金属与 4-酰代双吡唑啉酮 BPMPPD 配合物的合成及表征. 中国化学会第四届无机化学讨论会论文摘要集，1992：227.

[98] 杨鲁勤，闫世平，廖代正，姜宗慧，王耕霖，申泮文. N，N，N'，N"，N"-五苯并咪唑甲基二乙三胺与铜配合物合成及性质. 中国化学会第四届无机化学讨论会论文摘要集，1992：228.

[99] 宋仲容，王郁文，胡绪英，周永洽，申泮文. Hg（II）-BSA 的平衡透析研究. 中国化学会第四届无机化学讨论会论文摘要集，1992：375.

[100] 梁宏，太俊哲，周永洽，申泮文. 等离子点附近 HAS 和 BSA 中 Cu（II），Ni（II）金属中心的结构研究. 中国化学会第四届无机化学讨论会论文摘要集，1992：376.

[101] 周永洽，申泮文. 锌族离子与血清白蛋白的相互作用. 中国化学会第四届无机化学讨论会论文摘要集，1992：664.

[102] 罗立文，郑吉民，申泮文，车云霞，王宏根，姚心侃，张包铮. 甲酸钡晶体生长及其结构. 人工晶体学报，1992，21（4）：337-340.

[103] 申泮文，郑吉民，罗立文，车云霞，张仁江，张包铮. 甲酸硫脲合镉单晶生长. 人工晶体学报，1992，21（4）：367-371.

[104] 梁宏，周永洽，申泮文. 金属—血清白蛋白配合物的结构研究进展. 广西师范大学学报（自然科学版）1992，10（2）：50-56.

[105] 周永洽，梁宏，郝韵琴，申泮文. 金属—血清白蛋白的结构研究 IV. 等离子点附近 HAS 和 BSA 中 Cu（II）和 Ni（II）金属中心的结构. 无机化学学报，1992，8（4）：382-386.

[106] 梁宏，罗锦新，毕献树，周永洽，申泮文. 等离子点附近 Ni（II）-HSA 金属中心的结构. 广西师范大学学报（自然科学版）1993，11（1）：41-46.

[107] 梁宏，黄永炎，刘宏，周永洽，申泮文. Ni（II）-HSA 配合物 LMCT 谱带的计算机分峰. 广西大学学报（自然科学版）1993，18（2）：72-76.

[108] 张东，郑吉民，车云霞，申泮文. 有机非线性光学晶体——二苯甲酮的研究. 红外与激光技术，1993（3）：33-35.

[109] 梁宏，周永洽，申泮文. Mn（II）-HAS 和 Mn（II）-BSA 金属中心的结构研究. 科学通报，1994，39：994-997.

[110] 杨鲁勤，阎世平，白令君，廖代正，姜宗慧，王耕霖，申泮文. 新型双铜配合物合成，表征及生物活性. 应用化学，1994，11（3）：11-15.

[111] 杨鲁勤, 阎世平, 廖代正, 姜宗慧, 王耕霖, 申泮文. 锌镉汞苯并咪唑配合物合成及生物活性. 化学通报, 1994（6）: 35-36.

[112] 杨鲁勤, 阎世平, 廖代正, 姜宗慧, 王耕霖, 申泮文. 新型过渡金属配合物合成, 磁性和生物活性. 应用化学, 1994, 11（6）: 37-40.

[113] 梁宏, 宋仲容, 周永洽, 申泮文. 血清白蛋白的构象研究 Ⅳ. pH 诱导的 HAS 构象变化的光谱研究, 光谱学与光谱分析, 1994, 14（6）: 39-42.

[114] 杨鲁勤, 阎世平, 白令君, 廖代正, 姜宋慧, 王耕霖, 申泮文, 苯并咪唑双铜配合物合成表征和生物活性, 化学研究与应用, 1995, 7（1）: 27-31.

[115] 杨鲁勤, 阎世平, 廖代正, 姜宋慧, 王耕霖, 申泮文. 含苯并咪唑双钴配合物合成及表征. 南开大学学报（自然科学）, 1995, 28（1）: 39-43.

[116] 周永洽, 梁宏, 宋仲容, 胡绪英, 申泮文. 金属—血清白蛋白的结构研究 Ⅶ——配位环境对锌族离子—血清白蛋白结构的影响. 南开大学学报（自然科学）, 1995, 28（2）: 95-97.

[117] 刘志贤, 穆林静, 石双群, 周永洽, 申泮文. 水溶性金属卟啉在水溶液中的光物理与光化学研究. 高等学校化学学报, 1996, 17（10）: 1504-1508.

[118] 梁宏, 周永洽, 申泮文. 血清白蛋白的构象研究Ⅲ: 乙醇, 丙酮诱导 HAS 构象的变化, 光谱学与光谱分析, 1996, 16（5）: 116-119.

[119] 梁宏, 杨勇飞, 李俊, 卢方平, 周永洽, 申泮文. 等离子点时钴——HSA 金属中心的结构, 光谱学与光谱分析, 1996, 16（3）: 70-73.

[120] 钟新华, 黄杰生, 周永洽, 林华宽, 卜显和, 申泮文. 停流分光光度法研究铁卟啉与肼反应动力学. 无机化学学报, 1996, 12（2）: 126-129.

[121] 穆林静, 申泮文. 铬卟啉的研究进展. 化学通报, 1996（6）: 1-5.

[122] 刘志贤, 周永洽, 段长胜, 申泮文, 陈钢进. 水溶性卟啉自由碱的非均相金属插入反应. 化学通报, 1996（6）: 41-43.

[123] 周永洽, 刘志贤, 梁树勇, 张正之, 申泮文. Fe(0)(CO)$_3$(Ph$_2$Ppy)$_2$M^{n+}Cl$_n$ 中金属—金属成键的光谱研究. 无机化学学报, 1996, 12 (3): 272-277.

[124] 刘志贤, 陈钢进, 周永洽, 申泮文. 两种新的水溶性卟啉的离解常数测定及酸碱诱导聚合, 化学试剂, 1996, 18 (5): 260-262.

[125] 周永洽, 刘志贤, 梁树勇, 张正之, 申泮文. Fe(0)(CO)$_3$(Ph$_2$Ppy)$_2$M^{n+}Cl$_n$ 中金属—金属成键的光谱研究. 无机化学学报, 1996, 12 (3): 272-277.

[126] 刘志贤, 陈钢进, 周永洽, 申泮文. 两种新的水溶性卟啉的离解常数测定及酸碱诱导聚合, 化学试剂, 1996, 18 (5): 260-262.

[127] 梁宏, 周永洽, 申泮文. 紫外光谱在金属—蛋白的金属中心结构研究中应用的若干实例, 光谱学与光谱分析, 1997, 17 (1): 70-73.

[128] 钟新华, 冯耀宇, 黄杰生, 申泮文. 铁(Ⅱ)卟啉二胺配合物的合成和表征. 高等学校化学学报, 1997, 18 (3): 357-359.

[129] 梁贤振, 胡国武, 周广印, 胡绪英, 周永洽, 申泮文. 牛红细胞铜锌超氧化物歧化酶的循环伏安法研究. 南开大学学报 (自然科学), 1997, 30 (2): 108-109.

[130] 梁贤振, 邱晓航, 刘书华, 胡绪英, 周永洽, 申泮文. 牛血清白蛋白对牛红细胞 SOD 的化学修饰. 南开大学学报 (自然科学), 1997, 30 (3): 94-96.

[131] 穆林静, 邱晓航, 周永洽, 黄杰生, 申泮文. 以氨基酸酯为轴向配体的铁, 锰卟啉配合物的合成及表征. 无机化学学报, 1997, 13 (3): 344-346.

[132] 梁宏, 邢本刚, 王修建, 袁余洲, 周永洽, 申泮文. Cu (Ⅱ) 与 HSA 或 BSA 相互作用的平衡透析研究. 科学通报, 1997, 42 (22): 2395-2399.

[133] 丁士文, 马广成, 申泮文. 钛酸钡纳米粉的合成与陶瓷制备. 功能材料, 1998, 29 (1): 72-74.

[134] Liang, H.; Xin, B. G.; Wang, X. J.; Yuan, Y. Z.; Zhou, Y. Q.; Shen, P.

W., Equilibrium dialysis study on the interaction between Cu（Ⅱ）and HSA or BSA, Chinese Science Bulletin 1998, 43（5）: 404-409.

[135] 元英进, 胡国武, 王传贵, 景莹, 周永洽, 申泮文. 镧, 铈对红豆杉细胞生长及紫杉醇合成与释放的影响. 中国稀土学报, 1998, 16（1）: 56-60.

[136] 梁贤振, 李连之, 胡绪英, 周永洽, 申泮文. 牛红细胞超氧化物歧化酶活性中心的紫外光谱研究. 中国生物化学与分子生物学报, 1998, 14（2）: 175-180.

[137] Zhang, L.; Liao, D. Z.; Jiang, Z. H.; Yan, S. P.; Wang, G. L.; Shen, P. W.; Yao, X. K.; Wang, H. G., Synthesis and crystal structure of manganese(Ⅱ) binuclear complex bridged by the reduced derivative of nitronyl nitroxide, Polish Journal of Chemistry, 1998, 72（11）: 2510-2513.

[138] 李舒婷, 查丹明, 梁宏, 周永洽, 申泮文. 配位微环境对 Hg（Ⅱ）-血清白蛋白结构的影响. 光谱学与光谱分析, 1999, 19（5）: 700-703.

[139] 梁宏, 邢本刚, 吴庆轩, 罗济文, 周永洽, 申泮文. Cu（Ⅱ）, Fe（Ⅲ）与人血清白蛋白相互作用的荧光光谱研究. 化学学报, 1999, 57: 161-165.

[140] Mu, L. J.; Zhou, Y. Q.; Lin, H. K.; Huang, J. S.; Shen, P. W., Kinetic studies of the reduction of chloromanganese porphyrin, Journal of Coordination Chemistry, 1999, 46（4）: 453-459.

[141] Zhang, L.; Li, S. Q.; Meng, X. J.; Liao, D. Z.; Jiang, Z. H.; Wang, G. L.; Shen, P. W., Synthesis and magnetic properties of nickel（Ⅱ）complexes with the nitronyl nitroxides, Transition Metal Chemistry, 1999, 24（2）: 247-249.

[142] Zhang, L.; Li, S. Q.; Liao, D. Z.; Jiang, Z. H.; Yan, S. P.; Wang, G. L.; Wang, Z.; Shen, P. W.; Yao, X. K.; Wang, H. G., Synthesis, characterization and crystal structures of manganese（Ⅱ）complexes containing nitronyl nitroxide and its reduced derivative, Chinese Journal of Chemistry 1999, 17（4）: 342-349.

[143] 苟兴龙，车云霞，申泮文．原子和简单分子失电子后的体积变化，大学化学，1999，14（4）：53-55，49．

[144] 查丹明，李舒婷，杨勇飞，涂楚桥，梁宏，申泮文．Mn（Ⅱ），Co（Ⅱ）与 HSA 相互作用的荧光光谱研究，光谱学与光谱分析，1999，19（6）：788-791．

[145] 沈星灿，边贺东，涂楚桥，张宏志，梁宏，周永洽，申泮文．Ni（Ⅱ）与 HSA 或 BSA 的结合平衡研究．无机化学学报，2000，16（1）：73-78．

[146] 梁宏，沈星灿，蒋治良，何锡文，申泮文．共振 Rayleigh 散射研究 I——与血清白蛋白的结合平衡．中国科学（B 辑），2000，30（5）：460-466．

[147] Liang, H.; Tu, C.Q.; Zhang, H.Z.; Shen, X.C.; Zhou, Y. Q.; Shen, P. W., Binding equilibrium study between Mn（Ⅱ）and HSA or BSA, Chinese Journal of Chemistry, 2000, 18（1）：35-41.

[148] 涂楚桥，张宏志，梁宏，周永洽，申泮文．Cd（Ⅱ）与 HAS 或 BSA 的结合平衡研究．化学学报，2000，58（2）：229-234．

[149] 张雷，廖代正，姜宗慧，申泮文．半醌自由基金属配合物———一种新型的分子材料．化学通报，2000，63（3）：27-31．

[150] Bian, H. D.; Liang, H.; Tu, C. Q.; Zhang, H. Z.; Shen, P. W., Binding Equilibrium Studies Between Co^{2+} and HSA or BSA, Chemical Research in Chinese Universities, 2000, 16（3）：276-279.

[151] 苟兴龙，车云霞，申泮文．蚯蚓血红蛋白及其研究进展．化学通报（网络版），2000（6）：1-8．

[152] 沈星灿，梁宏，申泮文等．共振光散射及平衡透析研究 I——与 HSA 或 BSA 的结合平衡．化学通报，2000（6）：62．

[153] Sun, Y. J.; Cheng, P.; Yan, S. P.; Jiang, Z. H.; Liao, D. Z.; Shen, P. W., New half-sandwich nickel（Ⅱ）complex with mono-hydrotris-（3,5-dimethylpyrazolyl）borate ligand and nitrite, Inorganic Chemistry Communications, 2000, 3（6）：289-291.

[154] 宋坤，秦宏胜，周卫华，车云霞，申泮文. 使用 MFC 与 ATL 两种工具开发 ActiveX 控件. 计算机与应用化学，2000，17（5）：441-445.

[155] 宋坤，秦宏胜，周卫华，车云霞，申泮文. Office 2000 中 Add-in 的开发及对未来软件结构的启示. 计算机与应用化学，2000，17（6）：561-567.

[156] Liang, H.; Shen, X. C.; Jiang, Z. L.; He, X. W.; Shen, P. W., Binding equilibrium of I- to serum albumin with resonance Rayleigh scattering, Chemistry Science in China（Series B），2000，43（6）：600-608.

[157] 梁宏，边贺东，涂楚桥，申泮文. La（Ⅲ）与 HSA 或 BSA 的结合平衡研究. 高等学校化学学报，2001，22（1）：21-25.

[158] Zhang, L.; Liu, Z. L.; Weng, L. H.; Liao, D. Z.; Jiang, Z. H.; Yan, S. P.; Shen, P. W., Crystal Structure, Magnetic Exchange Interaction, and DFT Study of 2, 2-（1-Oxidopyridine-2, 6-diyl）bis［4, 5-dihydro-4, 4, 5, 5-tetramethyl-3-oxido-1H-imidazol-1-oxyl］Hydrate Helvetica, Chimica Acta 2001, 84（4）：834-841.

[159] Liang, H.; Huang, J.; Tu, C. Q.; Zhang, M.; Zhou, Y. Q.; Shen, P. W., The subsequent effect of interaction between Co^{2+} and human serum albumin or bovine serum albumin, Journal of Inorganic Biochemistry, 2001, 85（2-3）：167-171.

[160] Zhang, L.; Li, L.C.; Liao, D.Z.; Jiang, Z. H.; Yan, S.P.; Shen, P.W., Synthesis, crystal structures and magnetic properties of transition metal-azide complexes coordinated with pyridyl nitronyl nitroxides, Inorganica Chimica Acta, 2001, 320（1-2）：141-147.

[161] Sun, Y.J.; Cheng, P.; Yan, S.P.; Liao, D. Z.; Jiang, Z. H.; Shen, P. W., Synthesis, crystal structure and properties of copper（Ⅱ）complexes with different axial ligands and substituted pyrazoles, Journal of Molecular Structure, 2001, 597（1-3）：191-198.

[162] Cao, J. S.; Gao, X. P.; Lin, D. F.; Zhou, X. D.; Yuan, H. T.; Song, D. Y.; Shen, P. W., Activation behavior of the Zr-based Laves phase alloy electrode, Journal of Power Sources, 2001, 93 (1-2): 141-144.

[163] 林东风, 蔡蓉, 宋德瑛, 申泮文. 多因素对铁电极充电效率的综合影响. 电池, 2002, 32 (5): 274-276.

[164] Sun, Y.J.; Cheng, P.; Yan, S.P.; Jiang, Z.H.; Liao, D.Z.; Shen, P.W., Synthesis, crystal structure and properties of novel zinc (II) and cobalt (II) chain complexes with 3, 5-dimethylpyrazole and thiocyanate, Journal of Coordination Chemistry, 2002, 55 (3): 363-372.

[165] 李连之, 欧阳砥, 邱晓航, 胡绪英, 周永洽, 申泮文. 人锰超氧化物歧化酶的紫外可见吸收光谱研究. 无机化学学报, 2002, 18 (7): 688-692.

[166] Sun, Y.J.; Shen, W.Z.; Cheng, P.; Yan, S.P.; Liao, D.Z.; Jiang, Z.H.; Shen, P.W., The first example of half-sandwich cobalt (III) complex with hydrotris (pyrazolyl) borate ligand, Inorganic Chemistry Communications, 2002, 5 (7): 512-515.

[167] Sun, Y.J.; Chen, X.Y.; Cheng, P.; Yan, S.P.; Liao, D.Z.; Jiang, Z.H.; Shen, P. W., The comparison of structure and bond between $Ni(pz^{Ph})_4(NCS)_2$ and $Ni(pz^{But})_4(NCS)_2$, Journal of Molecular Structure, 2002, 613 (1-3): 167-173.

[168] Lin, D.F.; Ye, S.H.; Cai, R.; Song, D.Y.; Shen, P.W., Influence of Four Factors on Discharge Capacity and Self-Discharge Rate of Iron Electrode, Journal of Materials Science & Technology, 2003, 19 (6): 515-517.

[169] Sun, Y.J.; Zhang, L.Z.; Cheng, P.; Lin, H.K.; Yan, S.P.; Sun, W.; Liao, D.Z.; Jiang, Z.H.; Shen, P.W., Kinetic Study of the Effects of Inhibitors on the Catalyzed Dehydration of HCO_3^- by Copper (II) Complexes, $Tp^{Ph}CuX$ ($X^- = OH^-, N_3^-, NCS^-$), Inorganic Chemistry, 2003, 42 (2): 508-515.

[170] 李瑾, 胡国武, 欧阳砥, 牛瑞芳, 周永洽, 申泮文. 铈对人膀胱癌细胞基质金属蛋白酶-9表达及活性的影响. 中国稀土学报, 2003, 21（1）: 85-88.

[171] Sun, Y.J.; Zhang, L.Z.; Sun, W.; Cheng, P.; Lin, H.K.; Yan, S.P.; Liao, D.Z.; Jiang, Z.H.; Shen, P.W., Kinetics and mechanism of the bicarbonate dehydration of the half-sandwich zinc（II）complexes Tp^{Ph}ZnX（Tp^{Ph} = hydrotris（3-phenylpyrazolyl）borate; X$^-$ = OH$^-$, N$_3^-$, NCS$^-$）, Journal of Molecular Catalysis A: Chemical 2003, 198（1-2）: 99-106.

[172] Xu, J.Y.; Gu, W.; Bian, H.D.; Bian, F.; Yan, S.P.; Cheng, P.; Liao, D.Z.; Jiang, Z.H.; Shen, P.W., ZZ-002-205 1D zigzag coordination polymer Cu（tacn）（4, 4'-bipy）$_n$ center dot（ClO$_4$）$_{2n}$（tacn=1,4,7-triazacyclononane）: structure, spectroscopic, and magnetic properties, Inorganic Chemistry Communications, 2003, 6（5）: 513-516.

[173] Xu, J. Y.; Bian, H.D.; Wang, Q.L.; Gu, W.; Yan, S.P.; Liao, D.Z.; Cheng, P.; Jiang, Z.H.; Shen, P.W., Synthesis, Crystal Structure and Properties of [Mn(hdpa)$_2$(N(CN)$_2$)$_2$] and [Co(hdpa)$_2$(N(CN)$_2$)$_2$] (hdpa=2,2'-Dipyridylamine), Zeitschrift Fur Anorganische Und Allgemeine Chemie, 2003, 629（6）: 1063-1067.

[174] Xu, J.Y.; Bian, H.D.; Gu, W.; Yan, S.P.; Cheng, P.; Liao, D.Z.; Jiang, Z.H.; Shen, P. W, X-ray structural and spectroscopic studies of a mononuclear nickel（II）complex with tris（2-pyridylmethyl）amine and thiocyanate, Journal of Molecular Structure, 2003, 646（1-3）: 237-242.

[175] Han, W.; Li, L.; Gu, W.; Liu, Z.Q.; Yan, S.P.; Cheng, P.; Liao, D.Z.; Jiang, Z.H.; Shen P.W., Catena-poly Dithiocyanatomanganese(II)-dimu-4,4'-methylenebis（3,5-dimethyl pyrazole）, Acta Crystallographica Section E-Structure Reports Online, 2003, 59（11）: M980-M981.

[176] Sun, Y.J.; Shen, W.Z.; Cheng, P.; Yan, S.P.; Liao, D.Z.; Jiang, Z.H.; Shen, P.W., Synthesis, structure and spectroscopic properties of novel half-sandwich nickel（II）complexes with less hindered hydrotris

(pyrazolyl) borate ligand, Polyhedron 2004, 23 (2-3): 211-218.

[177] Sun, Y.J.; Zhang, L.Z.; Cheng, P.; Lin, H.K.; Yan, S.P.; Liao, D.Z.; Jiang, Z.H.; Shen, P.W., Experimental and theoretical studies of the dehydration kinetics of two inhibitor-containing half-sandwich cobalt (II) complexes, Journal of Molecular Catalysis A: Chemical, 2004, 208 (1-2): 83-90.

[178] Sun, Y.J.; Zhang, L.Z.; Cheng, P.; Lin, H.K.; Yan, S.P.; Liao, D.Z.; Jiang, Z.H.; Shen, P.W., Dehydration kinetic studies of HCO_3^- catalyzed by three half-sandwich nickel (II) complexes in the presence of inhibitors NO_2^-, N_3^- and NCS^-, Inorganic Chemistry Communications, 2004, 7 (2): 165-168.

[179] Han, W.; Li, L.; Gu, W.; Liu, Z.Q.; Yan, S.P.; Liao, D.Z.; Jiang, Z.H.; Shen, P.W., Structures and properties of two novel one-dimensional complexes bridged by 4, 4'-methylenebis (3, 5-dimethylpyrazole), Inorganic Chemistry Communications 2004, 7 (2): 228-231.

[180] Li, J.; Hu, G.W.; Ou, Y.D.; Niu, R.F.; Zhou, Y.Q.; Shen, P.W., Effect of Cerium on Expression and Activity of MMP-9 from Human Carcinoma of Bladder Cell Line, Journal of Rare Earths, 2004, 22 (2): 288-291.

[181] Han, W.; Li, L.; Liu, Z.Q.; Yan, S.P.; Liao, D.Z.; Jiang, Z.H.; Shen, P.W., Synthesis, Structure, and Spectroscopic Properties of Copper (II) and Nickel (II) Complexes Containing the 1, 4, 7-Triisopropyl-1, 4, 7-triazacyclononane Ligand, Zeitschrift Fur Anorganische Und Allgemeine Chemie, 2004, 630 (4): 591-596.

[182] Sun, Y.J.; Zhang, L.Z.; Cheng, P.; Lin, H.K.; Yan, S.P.; Liao, D.Z.; Jiang, Z.H.; Shen, P.W., Spectroscopic properties, catalytic activities and mechanism studies of $(Tp^{Ph})Co(X)(CH_3OH)_m$ center dot nCH_3OH: bicarbonate dehydration in the presence of inhibitors, Biophysical Chemistry, 2004, 109 (2): 281-293.

[183] Zhao, H.Y.; Qiu, X.H.; Shen, P.W., Bis（2-aminoethyl-1H-benzimidazole-κN^3）-chlorocopper（II）perchlorate, Acta Crystallographica Section E-Structure Reports Online 2004, 60（8）: M1111-M1113.

[184] Zhao, H.Y.; Qiu, X.H.; Shen, P.W., 5a, 6, 11a, 12-Tetrahydro-5a, 11a-dimethyl-1, 4-benzoxazino [3, 2-b] [1, 4] benzoxazine, Acta Crystallographica Section E-Structure Reports Online, 2004, 60（9）: O1619-O1621.

[185] Zhao, H.Y.; Qiu, X.H.; Xie, Y.B.; Shen, P.W., New silver（I）complexes of Schiff base with hydrogen-bonding interactions: effects of anions on the framework formations of complexes, Journal of Molecular Structure, 2005, 733（1-3）: 95-99.

[186] Gou, X.L.; Chen, J.; Shen, P.W., Synthesis, characterization and application of SnS_x（x=1,2）nanoparticles, Materials Chemistry and Physics, 2005, 93（2-3）: 557-566.

[187] Cheng, F.Y., Chen, J., Shen, P.W., Y（OH）$_3$-coated Ni（OH）$_2$ tube as the positive- electrode materials of alkaline rechargeable batteries, Journal of Power Sources, 2005, 150, 255-260.

[188] Cheng, F.Y., Chen, J., Gou, X.L., Shen, P.W., High-Power Alkaline Zn-MnO2 Batteries Using γ-MnO_2 Nanowires/Nanotubes and Electrolytic Zinc Powder, Advanced Materials, 2005, 17（22）: 2753-2756.

[189] Cheng, F.Y.; Zhao, J.Z.; Song, W.; Li, C.S.; Ma, H.; Chen, J.; Shen, P.W., Facile Controlled Synthesis of MnO_2 Nanostructures of Novel Shapes and Their Application in Batteries, Inorganic Chemistry, 2006, 45（5）: 2038-2044.

[190] Cheng, F.Y.; Tang, W.; Li, C.S.; Chen, J.; Liu, H.K.; Shen, P.W.; Dou, S.X., Conducting Poly（aniline）Nanotubes and Nanofibers: Controlled Synthesis and Application in Lithium/Poly（aniline）Rechargeable Batteries, Chemistry-a European Journal, 2006, 12（11）: 3082-3088.

[191] 粟智，车云霞，高学平，申泮文. 动物脏体中微量硒的测定. 食品科学，2006，27（4）：202-205.

[192] 粟智，车云霞，鹿涛，申泮文. 有机热物性数据库应用系统的设计与开发. 仪器仪表学报，2006，27（6）增刊：2538-2539.

[193] Gou, X.L.; Cheng, F.Y.; Shi, Y.H.; Zhang, L.; Peng, S.J.; Chen, J.; Shen, P.W., shape-controlled synthesis of ternary chalcogenide $ZnIn_2S_4$ and $CuIn(S,Se)_2$ Nano-/Microstructures via Facile Solution Route, Journal of the American Chemical Society, 2006, 128（22）：7222-7229.

[194] 粟智，车云霞，高学平，申泮文. 用热值分析法测定饮用酒的酒精度. 中国酿造，2006（9）：68-70.

[195] Wang, Y.; Lu, Z.W.; Wang, Y.L.; Yan, T.Y.; Qu, J.Q.; Gao, X.P.; Shen, P.W., Electrochemical hydrogen storage of ball-milled $CeMg_{12}$ and $PrMg_{12}$ alloys with Ni powders, Journal of Alloys and Compounds, 2006, 421（1-2）：236-239.

[196] Gou, X.; Peng, S.; Zhang, L.; Shi, Y.; Chen, J.; Shen, P., Thioglycolic acid-assisted solvothermal synthesis of $CuInS_2$ with Controllable Microstructures, Chemistry Letters, 2006, 35（9）：1050-1051.

[197] Zhao, H.Y.; Qiu, X.H.; Tong, X.L.; Shen, P.W., Synthesis and crystal structure of a novel binuclear Cu（II）complex with tetradentate Schiff-base ligand, Chinese Journal of Structural Chemistry, 2006, 25（9）：1095-1099.

[198] Xu, J.Y.; Tian, J.L.; Bian, H.D.; Yan, S.P.; Liao, D.Z.; Cheng, P.; Shen, P.W., Synthesis, magnetic property and DNA cleavage behavior of a new dialkoxo-bridged diiron（III）complex, Applied Organometallic Chemistry, 2007, 21（3）：129-134.

[199] Xu, J.Y.; Zhao, B.; Bian, H.D.; Gu, W.; Yan, S.P.; Cheng, P.; Liao, D.Z.; Shen, P.W., Syntheses, structures, and properties of novel cagelike complexes based on dodecanuclear lanthanide with a large cavity, Crystal Growth & Design, 2007, 7（6）：1044-1048.

[200] Shi, Y.H.; Chen, J.; Shen, P.W., ZnS micro-spheres and flowers: Chemically controlled synthesis and template use in fabricating MS (shell)/ZnS (core) and MS (M = Pb, Cu) hollow microspheres, Journal of Alloys and Compounds, 2007, 441 (1-2): 337-343.

[201] Su, Z.; Ye, S.H.; Yan, T.Y.; Gao, X.P.; Shen, P.W., Synthesis and electrochemical properties of nanosized Li_xMnO_2 as Cathode Materials for Lithium Batteries, Journal of the Electrochemical Society, 2008, 155(11): A839-A844.

[202] An, L.P.; Gao, X.P.; Li, G.R.; Yan, T.Y.; Zhu, H.Y.; Shen, P.W., Electrochemical lithium storage of titania nanotubes modified with NiO nanoparticles, Electrochimica Acta, 2008, 53 (13): 4573-4579.

[203] Li, S.; Cao, Z.; Peng, Y.X.; Liu, L.; Wang, Y.L.; Wang, S.; Wang, J.Q.; Yan, T.Y.; Gao, X.P.; Song, D.Y.; Shen P.W., Molecular Dynamics Simulation of LiTFSI-Acetamide Electrolytes: Structural Properties, Journal of Physical Chemistry B, 2008, 112 (20): 6398-6410.

[204] 安丽平,李国然,胡涛,高学平,申泮文. TiO_2-B 纳米管负载过渡金属氧化物的电化学嵌锂性能. 无机化学学报, 2008, 24 (6): 931-936.

[205] Su, Z.; Lu, Z.W.; Gao, X.P.; Shen, P.W.; Liu, X.J.; Wang, J.Q., Preparation and electrochemical properties of indium-and sulfur-doped $LiMnO_2$ with orthorhombic structure as cathode materials, Journal of Power Sources 2009, 189 (1): 411-415.

[206] Li, M.; Li, Y.F.; Zhou, Z.; Shen, P.W.; Chen Z.F., Ca-coated boron fullerenes and nanotubes as superior hydrogen storage materials, Nano Letters, 2009, 9 (5): 1944-1948.

[207] Wang, G.; Gao, X.P.; Shen, P.W., Hydrothermal synthesis of Co_2SnO_4 nanocrystals as anode materials for Li-ion batteries, Journal of Power Sources 2009, 192 (2): 719-723.

[208] Li, Y.F.; Zhou, Z.; Shen, P.W.; Chen Z.F., Spin gapless semiconductor-

metal-half metal properties in nitrogen-doped zigzag graphene nanoribbons, ACS Nano, 2009, 3（7）: 1952-1958.

[209] Li, Y.F. ; Zhou, Z.; Shen, P.W.; Chen Z.F., Structural and electronic properties of graphane nanoribbons, Journal of Physical Chemistry C, 2009, 113（33）: 15043-15046.

[210] 鹿涛，乔园园，申泮文，车云霞. NKChemSQL——针对 MySQL 的化学信息学扩展. 计算机与应用化学，2009，26（10）: 1358-1362.

[211] 鹿涛，乔园园，车云霞，申泮文. 分子路径及其在药物发现中的应用. 南开大学学报（自然科学），2010，43（1）: 102-107.

[212] Li, Y.F.; Zhou, Z.; Shen, P.W. ; Chen, Z.F., Two-dimensional polyphenylene: experimentally available porous graphene as a hydrogen purification membrane, Chemical Communications, 2010, 46: 3672-3674.

[213] Zhao, H.Y.; Qiu, X.H.; Shen, P.W., Synthesis, structure and electrochemical properties of ternary copper（II）complex of ONN-donor schiff base and 2,2'-bipyridine, Chinese Journal of Inorganic Chemistry, 2010, 26（12）: 2221-2226.

[214] Li, G.R.; Wang, F.; Jiang, Q.W.; Gao, X.P.; Shen, P.W., Carbon nanotubes with titanium nitride as a low-cost counter-electrode material for dye-sensitized solar cells, Angewandte Chemie International Edition, 2010, 49（21）: 3653-3656.

[215] Li, A.L.; Yan, T.Y.; Shen P.W., Exploring proton transfer in 1, 2, 3-triazole-triazolium dimer with ab initio method, Journal of Power Sources, 2011, 196: 905-910.

[216] Lu, T.; Qiao, Y. Y.; Shen, P.W., Molecular path for ligand search, Chinese Chemical Letters, 2011, 22（9）: 1130-1134.

[217][218] Li, Y.F.; Zhou, Z.; Shen, P.W.; Chen, Z.F., Electronic and Magnetic Properties of Hybrid Graphene Nanoribbons with Zigzag-Armchair Heterojunctions, Journal of Physical Chemistry C, 2012, 116（1）: 208-213.

[218] Xu, P.T.; Yang, J.X.; Wang, K.S.; Zhou, Z.; Shen, P.W., Porous graphene: Properties, preparation, and potential applications, Chinese Science Bulletin, 2012, 57 (23): 2948–2955.

[219] Tang, Q.; Zhou, Z.; Shen, P.W., Are MXenes Promising Anode Materials for Li Ion Batteries Computational Studies on Electronic Properties and Li Storage Capability of Ti_3C_2 and $Ti_3C_2X_2$ (X = F,OH) Monolayer, Journal of the American Chemical Society, 2012, 134 (40): 16909–16916.

[220] Li, A.L.;Cao, Z.; Li, Y.;Yan, T.Y.; Shen, P.W., Structure and Dynamics of Proton Transfer in Liquid Imidazole. A Molecular Dynamics Simulation, J. Phys. Chem. B, 2012, 116 (42): 12793–12800.

[221] Su, L.W.; Zhou, Z.; Shen, P.W., Ni/C Hierarchical Nanostructures with Ni Nanoparticles Highly Dispersed in N-Containing Carbon Nanosheets: Origin of Li Storage Capacity, Journal of Physical Chemistry B, 2012, 116 (45): 23974–23980.

[222] Su, L.W.; Zhou, Z.; Shen, P.W., Core-shell Fe@Fe_3C/C nanocomposites as anode materials for Li ion batteries, Electrochimica Acta, 2013, 87: 180–185.

[223] Su, L.W.;Zhou, Z.; Qin, X.;Tang, Q.W.; Wu, D.H.; Shen, P.W., $CoCO_3$ submicrocube/ graphene composites with high lithium storage capability, Nano Energy, 2013, 2 (2): 276–282.

[224] Tang, Q.; Zhou, Z.; Shen, P.W., Chen, Z.F., Band Gap Engineering of BN Sheets by Interlayer Dihydrogen Bonding and Electric Field Control, Chemphyschem, 2013, 14 (9): 1787–1792.

[225] Xiao, C.W.; Ding, Y.; Zhang, J.T.; Su, X.Q.; Li, G.R.; Gao, X.P.; Shen, P.W., $Li_4-xNaxTi_5O_{12}$ with low operation potential as anode for lithium ion batteries, Journal of Power Sources, 2014: 248, 323–329.

[226] Ren, J.J.; Su, L.W.; Qin, X.; Yang, M.; Wei, J.P.; Zhou, Z.; Shen, P.W., Pre-lithiated graphene nanosheets as negative electrode materials for Li-ion capacitors with high power and energy density, Journal of Power Sources, 2014: 108–113, 264.

[227] Jing, Y.; Tan, X.; Zhou, Z.; Shen, P.W., Tuning electronic and optical properties of MoS$_2$ monolayer via molecular charge transfer, Journal of Materials Chemistry A, 2014, 2（40）：16892-16897.

[228] Jing, Y.; Tang, Q.; He, P.; Zhou, Z.; Shen, P.W., Small molecules make big differences: molecular doping effects on electronic and optical properties of phosphorene, Nanotechnology, 2015, 26（9），DOI：10.1088/0957-4484/26/9/095201.

（五）有关教学改革

[229] 申泮文. 氢和氯的化合反应——制取盐酸的演示. 化学通报，1955（9）：566-567.

[230] 申泮文. 开设化学专业英语课的经验与打算. 南开教学经验材料选编（未正式出版），1985：101.

[231] 申泮文. 高校教师队伍结构改革之我见. 南开教育论丛，1986（1）：59-63，66.

[232] 申泮文，车云霞，郭浩宇，林少凡，肖云德. 21世纪的基础无机化学多媒体教学系统《化学元素周期系》的研制开发，计算机辅助教学研究与发展（Ⅱ）——第二届全国高等学校理科CAI和试题库协作组年会暨学术报告会论文集，1997：121.

[233] 申泮文. 爱国主义是当前教育思想的灵魂. 民主，1998（9）：21-23.

[234] Shen, P. W.; Che, Y. X.; Guo, H. Y.; Yuan, M. X.; Lin, S. F.; Zhang, J. P.; Xiao, Y. D.; Ieee, I., Application of multimedia CAI in chemistry education in NanKai University, Proceedings of Icce'98，Vol 2 - Global Education on the Net, 1998：295-297.

[235] 申泮文，车云霞，郭浩宇，袁满雪，林少凡，张金培，肖云德. 南开大学的计算机辅助化学教学研究. 全球化网上教育，1998，3：175-177.

[236] 车云霞，申泮文，苟兴龙，宋坤，秦红胜. 《化学元素周期系》多媒体教科书软件应用研究，现代教育技术研究与应用——面向21世

纪的教育信息技术. 全国高等学校教育技术研究会（筹）第一届学术年会论文集, 1999：55.

[237] 苟兴龙, 宋坤, 秦红胜, 车云霞, 申泮文. 用 Authorware 编写多媒体课件的几点体会, 现代教育技术研究与应用——面向21世纪的教育信息技术. 全国高等学校教育技术研究会（筹）第一届学术年会论文集, 1999：286.

[238] 申泮文, 车云霞, 郭浩宇, 苟兴龙, 秦红胜, 董鑫, 宋坤, 周卫华, 林少凡, 张金培, 肖云德. 化学教科书多媒体软件——《化学元素周期系》. 大学化学, 2000, 15（1）：39-41.

[239] 车云霞, 宋坤, 秦红胜, 周卫华, 申泮文. 多媒体化学教科书系统《化学元素周期系》. 无机化学学报, 2000, 16（2）：358-362.

[240] 宋坤, 刘国伟, 秦宏胜, 周卫华, 车云霞, 申泮文. Flash 在开发网络多媒体课程中的应用. 计算机与应用化学, 2001, 18（4）：365-368.

[241] 车云霞, 苟兴龙, 邱晓航, 申泮文, 周卫华, 朱海马, 余志江, 张润峰.《普通化学》多媒体网络课程简介. 第一届全国高等学校化学电子课件交流研讨会论文集, 2001：14-15.

[242] 申泮文, 邱晓航, 车云霞. 化学专业创新人才培养模式的实验. 现代教育技术研究与应用, 2001：399-400.

[243] 申泮文, 苟兴龙, 车云霞, 秦红胜, 宋坤. 多媒体教学课件《原子核与原子核反应》的研制. 大学化学, 2001, 16（6）：38.

[244] 申泮文, 车云霞. 元素化学的快速高效教学法. 大学化学, 2002, 17（4）：9, 18.

[245] 余志芳, 姚建铨, 申泮文, 等. 我国创建世界先进水平大学的基本对策. 民主, 2003,（3）：24-26.

[246] 申泮文. 我国高校化学专业大一化学教材的变迁与《无机化学丛书》的编撰出版——庆贺张青莲院士95华诞. 大学化学, 2003, 18（3）：2-6.

[247] 车云霞, 申泮文, 周卫华, 等. 普通化学多媒体网络课程的开发与应用. 大学化学, 2003, 18（4）：44-46.

[248] 申泮文，车云霞. "化学概论"建设名牌课程的设计与实践. 广西师范大学学报（自然科学版），2003，21（化学教学专辑）：1-2.

[249] 申泮文，车云霞. 南开大学化学教育改革进展. 广西师范大学学报（自然科学版），2003，21（化学教学专辑）：3-5.

[250] 车云霞，申泮文. "化学概论"精品教材的编撰. 广西师范大学学报（自然科学版），2003，21（化学教学专辑）：89-90.

[251] 申泮文. 纪念顾翼东院士诞辰一百周年——对高等学校化学教育改革的若干思考. 复旦学报（自然科学版），2003，42（6）：817-821.

[252] 李姝，阎晓琦，申泮文，车云霞. 化学基础课程体系和教学内容的改革. 第八届全国大学化学教学研讨会论文集，2005：192-196.

[253] 申泮文. 培养高层次人才立足于国内. 第八届全国大学化学教学研讨会论文集，2005：735-738.

[254] 申泮文，车云霞. 由 General Chemistry 的译名说起. 科技术语研究，2006，8（3）：30-31.

[255] 申泮文，车云霞. 由 General Chemistry 的译名说起. 现代学术研究杂志，2006（3）：54，87.

[256] 申泮文. 纪念杨石先老师诞辰 110 周年. 南开校友通讯丛书，2007（上）：90-91.

[257] 李姝，阎晓琦，申泮文，车云霞. 化学基础课程体系和教学内容的改革. 南开大学本科教育教学改革与创新论文集，2007：150-154.

[258] 申泮文，车云霞，李姝，阎晓琦. 创建名牌课程——"化学概论"的经验. 南开大学本科教育教学改革与创新论文集，2007：165-167.

[259] 申泮文. 关于大一化学课程"化学概论"（General Chemistry）的讨论. 2007 大学化学化工课程报告论坛论文集，2007：10-12.

[260] 申泮文. 诺贝尔自然科学奖与高等教育改革的走向. 民主，2008（3）：23-25.

[261] 申泮文. 化学科学和化学教育的科学发展观. 2008 大学化学化工课程报告论坛论文集，2008：3-5.

[262] 申泮文. 关于大一化学课程化学概论的讨论. 大学化学, 2009, 24(2): 7-9.

[263] 申泮文, 车云霞, 叶世海, 李姝. 解读高等化学教育课程体系, 促动我国高等化学教育的深度改革. 第十届全国大学化学教学研讨会论文集, 2009: 71-73.

[264] 申泮文. 理科化学大一"普通化学"的改革思考. 大学化学, 2001, 16(1): 37-39.

[265] 申泮文. 中国高等化学教育现代化改革的设计与实践. 中国大学教学, 2011(11): 8-10, 28.

（六）有关科学普及

[266] 申泮文. 漫谈化学. 天津日报, 1950年第5版.

[267] 申泮文. 从空气谈起（一）. 天津日报, 1950年第6版.

[268] 申泮文. 从空气谈起（二）. 天津日报, 1950年第5版.

[269] 申泮文. 鼓风炉的最新改进. 天津日报, 1950年第5版.

[270] 申泮文. 同位元素和重氢. 天津日报, 1950年第5版.

[271] 申泮文. 升到高空和潜到海底的人. 天津日报, 1955年第4版.

[272] 申泮文. 铜的用途. 天津日报, 1956年第4版.

[273] 申泮文. 向化学进军. 天津日报, 1956年第4版.

[274] 申泮文. 稀有金属. 天津日报, 1957年第4版.

（七）回忆师友

[275] 申泮文. 张伯苓的教育思想和办学经验是我国教育事业的宝贵财富. 南开学报（哲学社会科学版）, 1986(3): 6-9.

[276] 申泮文. 缅怀师恩, 自强不息, 为培育更多的英才而奋斗——怀念严师杨石先教授. 笳吹弦诵情弥切——国立西南联合大学五十周年纪念文集, 1987: 184-189.

[277] 申泮文. 黄钰生和南开大学. 南开校友通讯丛书，1993：354-368.

[278] 申泮文. 一九三五班人才济济. 天津市南开中学建校90周年纪念专刊，1994：30-33.

[279] 申泮文. 张伯苓与中国近代体育运动——纪念著名爱国主义教育家张伯苓诞辰120周年. 民主，1996（5）：32-33.

[280] 申泮文，王刚，张伯苓与中国近代体育运动——纪念著名爱国主义教育家张伯苓诞辰120周年. 体育文史，1996（4）：34-38.

[281] 申泮文，王刚，张伯苓与中国近代体育运动——纪念著名爱国主义教育家张伯苓诞辰120周年（续上期）. 体育文史，1996（5）：36-38.

[282] 申泮文，王刚，张伯苓与中国近代体育运动——纪念著名爱国主义教育家张伯苓诞辰120周年（续上期）. 体育文史，1996（6）：32-35.

[283] 申泮文. 我和1937班的班友情结. 天津南开学校男女中一九三七班特刊双庆集，1997：25-26.

[284] 申泮文. 黄钰生与战前南开大学——纪念黄钰生教授诞辰一百周年. 民主，1998（2）：45-48.

[285] 申泮文. 黄钰生在废墟上重建南开大学——纪念黄钰生教授诞辰一百周年. 民主，1998（3）：42-45.

[286] 申泮文. 南开大学元老黄钰生教授. 炎黄春秋，1998（3）：45-51.

[287] 申泮文. 桃李不言 下自成蹊. 天津日报，2004-09-21（14）.

[288] 申泮文. 培育出新中国两位总理的名校——纪念天津南开中学建校一百周年. 炎黄春秋，2004（10）：23-28，64.

[289] 申泮文. 张伯苓与张学良的忘年交. 炎黄春秋，2005（1）：65-67.

（八）其他文章

[290] 申泮文. 洪洞县里新奇案（我为什么要帮青工白利卫打官司？）. 民主与法制，1983（2）：9-10.

[291] 申泮文. 第五届世界氢能会议. 化学通报, 1985（4）: 62.

[292] 申泮文, 史淑民. 第一届全国应用无机化学学术讨论会在津召开. 化学通报, 1987（9）: 62.

[293] 申泮文. 《中国化学会第四届无机化学讨论会论文摘要集》前言. 中国化学会第四届无机化学讨论会论文摘要集, 1992, 前言页.

[294] 申泮文. 一个科技工作者的体会. 民主, 2001（9）: 13-14.

[295] 申泮文. 优秀的共产党员必定是伟大的爱国者. 南开校友通讯丛书, 2001, 1-3.

[296] 申泮文. 洪洞县里新奇案. 民主与法制, 2009（22）: 34.

电子出版物

[1]《化学元素周期系》多媒体教科书, 2张光盘. 高等教育出版社, 1999.

[2]《原子核与原子核反应》多媒体课件, 1张光盘. 高等教育出版社, 2001.

[3]《普通化学网络课程》, 1张光盘. 高等教育出版社, 2003.

[4]《基础化学电子教案》, 1张光盘. 高等教育出版社, 2003.

[5]《无机化学电子教案》, 1张光盘. 化学工业出版社, 2004.

专　利

[1] 氢化铝锂的合成方法, 申请公布号: CN1033610。专利公开日: 1989年7月5日。申请（专利权）人: 南开大学。发明（设计）人: 申泮文, 张允什, 张佳, 张大昕。

[2] 改性热释电单晶体的合成方法，申请公布号：CN1034401。专利公开日：1989年8月2日。申请（专利权）人：南开大学。发明（设计）人：申泮文，郑吉民，车云霞，范京富，李兆阳。

[3] 熔盐电解合成稀土六硼化物，申请公布号：CN1034964。专利公开日：1989年8月23日。申请（专利权）人：南开大学。发明（设计）人：申泮文，龚毅生，周永洽，林东风。

[4] 一种热释电材料（K_2ZnCl_4晶体）的制备，申请公布号：CN1049689。专利公开日：1991年3月6日。申请（专利权）人：南开大学。发明（设计）人：郑吉民，车云霞，申泮文。

[5] 一种晶形完整的大尺寸热释电单晶体的制备方法，申请公布号：CN1049690。专利公开日：1991年3月6日。申请（专利权）人：南开大学。发明（设计）人：郑吉民，车云霞，申泮文。

[6] 高灵敏度热释电单晶体的合成方法，申请公布号：CN1050230。专利公开日：1991年3月27日。申请（专利权）人：南开大学。发明（设计）人：郑吉民，李兆阳，车云霞，申泮文。

[7] 氢化铝镁四氢呋喃合物的合成方法，申请公布号：CN1051179。专利公开日：1991年5月8日。申请（专利权）人：南开大学。发明（设计）人：申泮文，车云霞。

[8] 氢化铝钠的合成方法，申请公布号：CN1051152。专利公开日：1991年5月8日。申请（专利权）人：南开大学。发明（设计）人：申泮文，车云霞。

[9] 提高红豆杉细胞中紫杉醇含量与释放的方法，申请公布号：CN1158356。专利公开日：1997年9月3日。申请（专利权）人：天津大学。发明（设计）人：元英进，胡国武，那平，王传贵，周永洽，申泮文。

[10] 共沉淀还原扩散法制备钕铁硼永磁合金，申请公布号：CN1174104。专利公开日：1998年2月25日。申请（专利权）人：南开大学，天津市肯达工贸公司。发明（设计）人：周永洽，胡绪英，申泮文，梁树勇，张守民。

［11］储氢合金／碳纳米管复合储氢材料，申请公布号：CN1259584。专利公开日：2000年7月12日。申请（专利权）人：南开大学。发明（设计）人：高学平，秦学，吴锋，叶世海，刘宏，袁华堂，宋德瑛，申泮文。

［12］一种电池的正极与制造方法及用途，申请公布号：CN1268779。专利公开日：2000年10月4日。申请（专利权）人：南开大学，天津和平海湾电源集团有限公司。发明（设计）人：林东风，高学平，闫德意，宫维林，张文虎，宋德瑛，袁华堂，申泮文。

［13］储氢合金／纳米碳材料的复合储氢电极材料及其制备方法，申请公布号：CN1270422。专利公开日：2000年10月18日。申请（专利权）人：南开大学，天津和平海湾电源集团有限公司。发明（设计）人：高学平，秦学，兰英，阎德意，吴锋，宫维林，张文虎，袁华堂，宋德瑛，申泮文。

［14］高能高铁—铁电池，申请公布号：CN1271186。专利公开日：2000年10月25日。申请（专利权）人：南开大学，天津和平海湾电源集团有限公司。发明（设计）人：林东风，高学平，闫德意，吴锋，宫维林，张文虎，宋德瑛，袁华堂，申泮文。

［15］碳纳米管的制备方法，申请公布号：CN1344674。专利公开日：2002年4月17日。申请（专利权）人：天津南开戈德集团有限公司；南开大学。发明（设计）人：高学平，吴锋，兰英，秦学，曲金秋，叶世海，王淑芳，袁华堂，宋德瑛，申泮文。

［16］A co-precipitation-reduction-diffusion process for the preparation of neodymium-iron-boron permanent magnetic alloys, EP 0 880 148 A1, 25.11.1998 Bulletin. Inventors: Zhou, Yongqia, Hu, Xuying, Shen, Panwen, Zhang, Shoumin.

附录三
逸史丛谈

南开三宝[①]

南开校训：允公允能，日新月异

南开校训是南开学校创办人严修（范孙）先生和老校长张伯苓先生于20世纪20年代前后共同制定的。按照他们的教育思想，办新学校的宗旨不同于办旧学，他们认为办新教育的宗旨是要培养人才，为社会谋进步，为公众谋福利。张伯苓在1944年总结他办学四十年的回顾文章中写到"……苓追随严范孙先生，倡导教育救国。创办南开学校其消极目的在矫正民族五病（五病指愚、弱、贫、散、私，申泮文注）；其积极目的为

[①] 摘录自《南开三宝》。此书是2014年8月为迎接南开学校110周年暨南开大学95周年校庆，南开大学天津校友会印发的小册子，编者罗明锜。本文中南开校训、南开校歌部分由申泮文执笔，南开镜箴部分由罗明锜执笔。罗明锜（1925— ），四川省岳池县人。重庆南开中学、南开大学校友。抗日战争期间曾加入中国远征军新六军新二十二师学生大队赴印缅战场抗击日寇。退休前为河北工业大学管理学院教授。摘录时有个别字句的改动。插图为本书整理者所加。

培养建国人才,以雪国耻,以图自强。"总之,严张办学思想是以为国家谋富强、为人民谋福利为宗旨。校训是从此出发而制定的南开学校教育方针。

"允"字是承诺的意思,对受教育者来说也可理解为"要求"。这里的"公",从严张的教育思想出发,与之相对应的集体当然是国家、人民大众和与之相联系的事业。另外,"公"又是对矫正五病中的"私"而言的。所以"允公"应解释为要求受教育者爱祖国、爱人民、爱事业(具体到教育事业即要求南开学子热爱母校,维护校风校誉)、大公无私、一心为公,在

图附-1 张伯苓手书南开校训

学习和工作中强调无私奉献精神。

张伯苓指出:"教育一事,非独使学生读书习字而已,尤要造就完全人格,德智体不可偏废。"(1914年4月在修身课上对学生的演讲)他又指出:"办学之目的,在信学以致用,学以医愚,学以救国、救世界"(1916年1月在修身课上对学生的演讲)。他在1917年学生毕业典礼上对学生讲演说:"今日正值诸生立志之时,无论各具何长,要皆能发扬昌大,以备国家干城之选……望各立尔志,急图自新。"(这段讲演词为周恩来所记录。)在此演说中他还指出:"学校正如一小试验场,场内人皆有信心,具改造社会之能力,将来进入社会改造国家,必有成效。"可见,张伯苓主张培养出来的人才,不是独善其身的白面书生,而是要培养有改造国家改造社会,为人民谋福利的能力之"干才"。这一点是张伯苓在教育主张上独特不同于与他同时的我国其他诸教育家之处,纵观当时各类学校的校训,除南开学校外,无一校训中提出以"能"为主要要求的。这也是张伯苓教育思想

之卓越超群、不同凡响之处。

所以"允能"者,是要求受教育者理论联系实际,学以致用,培养工作能力。努力方向是锻炼救国自强之能力和精神,用今天的话说,就是要求受教育者有全心全意为人民服务的本领。

"日新月异"的意义就极明显清楚了,即要求受教育者有强烈之进取精神。张伯苓1916年9月在给学生所作的题为"打破保守,努力进取,建设新中国"演讲中说道:"吾校与他校较,各校中有进取者焉,有保守者焉。吾校进取者也。即以各校竞争而论,吾校所得结果如何,汝等之所共知也。此即进取之效力也。推而之对于国家亦何不莫然?故欲强中国,非打破保守、改持进取不可也。"他在演讲中又指出:"进取之说自古有之,《易经》曰:'天行健,君子以自强不息',彼之所谓天行健者,乃指昼夜相承,春秋代继,无时或已,长此不息而言也"。很显然这就是"日新月异"的原始出处。用今天的话来解释,就是受教育者的时代使命,是不断改革、不断前进、自强不息、永攀高峰,面向祖国、身躯世界、面向未来,奋勇走在世界发展大潮的前沿,为建设繁荣富强的伟大祖国而奋进。

依此校训和严张的办学实践,校友总结称南开的教育为"公能教育",它形成于20世纪的20—30年代。严张的教育思想有远见卓识,超越时空,其主张与我们今天党的教育方针中对受教育者的要求若合符契。但我们不要忘记,严张二位教育先行者是旧中国时代的人,囿于时代局限和

图附-2 申泮文为纪念南开大学八十周年校庆亲手用电脑制作的致词(1999年10月17日)

阶级局限，他们不可能懂得社会主义，不会懂得社会主义的革命思想和要求，这是无法求全责备的。但我们今天在南开学校的教育者和受教育者都应该知道，我们是社会主义条件下采用了南开的老校训的，一方面是尊重历史唯物主义，反对历史虚无主义，继承和发展南开教育优良传统；另一方面是加入社会主义因素，要求受教育者为建设有中国特色的伟大社会主义祖国而奋斗不息。

> 允公允能①
> 日新月异
> 南开校训
> 终生牢记
> 身体力行
> 融在血里

南开校歌

重庆南开中学校歌歌词②
> 长江之滨　嘉陵之津
> 巍巍我南开精神
> 汲汲骎骎　月异日新
> 发煌我前途无垠
> 伟哉大仁　智勇真纯
> 以铸以陶　文质彬彬
> 长江之滨　嘉陵之津
> 巍巍我南开精神

---

① 这几句非申泮文撰写。

② 重庆南开中学校歌歌词与自贡蜀光中学校歌歌词，引自申泮文：《天津旧南开学校毁没记》，南开大学出版社，1995年。

图附-3　南开学校校歌（原载申泮文:《天津旧南开学校毁没记》，南开大学出版社，1995 年 7 月）

自贡蜀光中学校歌歌词

沱江之滨　釜溪之津

巍巍我南开精神

汲汲駸駸　月异日新

发煌我前途无垠

伟哉大仁　智勇真纯

以铸以陶　文质彬彬

沱江之滨　釜溪之津

巍巍我南开精神

1. 注

汲汲（jí）：心情急切的样子。《汉书·杨雄传》："不汲汲于富贵，不戚戚于贫贱"。

駸駸（qīn 侵）：马速行貌。《诗·小雅·四牡》："载骤駸駸。"《毛传》："駸駸，骤貌。"引申为疾速。

2. 词汇诠释

白河：流经天津入海的海河的旧名。

津：河的渡口，此处指河海交汇处。

巍巍：高大雄伟。

汲汲：不休止的意思；《康熙字典》：不休息貌；《博雅》：孜孜汲汲，剧也；《前汉杨雄传》：不汲汲于富贵。

骎骎：马行急也，引自《康熙字典》，以上二词汇承朱维之教授指出出处，谨此致谢。

发煌：发扬光大。

无垠：无限。

美哉大仁，智勇真纯：赞美南开精神中对受教育者要求的大仁、大智、大勇、真诚、纯朴。

以铸：教育就是要铸造人的文化素质和品德。

以陶：教育也陶冶受教育者的高尚情操。

文质彬彬：出自《论语·雍也》："质胜文则野，文胜质则史；文质彬彬，然后君子。"文是文采、文华、文雅、通情达理；质是实质、质朴、行事风格。"野"是指粗野、蛮横、不通情理；"史"讲的是一种小文人的迂腐和酸气，看似博古通今，实则不明事理。"文"与"质"都恰到好处，并且根据情况、对象、事件性质、个人角色实现一个有机结合，才称得上是"君子"。

3. 词曲漫议

南开校歌创制于五四运动前夕。1917年5月16日，在东京的部分南开学生举行茶话会，欢迎当时赴日本参加远东运动会的张伯苓校长和南开学校的运动员。在会上，留日南开学生张蓬仙提出，为了增强凝聚力，巩固团体精神，应该编写一首让每一个南开人传唱的校歌。张伯苓对张蓬仙的提议深表赞同，1918年末，他从美国哥伦比亚大学留学回津后，为"于聚会之时，千人合唱，以期神会而铸就南开真精神"。经过一番斟酌，张伯苓最终于1919年春天审定了现在的校歌歌词。由于当时中国现代歌曲的曲子也取材于西方素材，所以南开校歌的曲子也取材于西方教会音乐中一首圣诞歌曲的曲调，据说这首古老的传统曲调，原乐为"Lauriger Horatis"，19世纪被填上新词演化成德国民歌"O Tannenbaum"，翻译成英语就是"O Christmas Tree"（噢，圣诞树）。其曲调既悠扬动听，又蕴含激昂之情，在西方广泛流行，已经和"Silent Night"及"O Holy Night"一并成为最著名的圣诞歌曲。美国的马里兰、依阿华、密歇根等州就以这首"O Christmas"的曲调重新填词后作为州歌。所以，很多南开校友经常在国外听到这首曲子，并且都备感惊讶亲切。

南开校歌的歌词全文为："渤海之滨，白河之津，巍巍我南开精神。汲汲骎骎，月异日新，发煌我前途无垠。美哉大仁，智勇真纯，以铸以陶，文质彬彬。渤海之滨，白河之津，巍巍我南开精神。"

歌词虽短，却具有无比深邃的内涵。校歌首句"渤海之滨，白河之津，巍巍我南开精神。"直接高唱出歌的主题：南开精神，并指出巍巍南开精神发源于九河下梢、人杰地灵的津门。"汲汲骎骎，月异日新，发煌我前途无垠"中"汲汲"是形容水流湍急的样子，"骎骎"形容马儿奔跑的样子，"汲汲骎骎"就是迫不及待、跨越飞奔之意。"月异日新"是南开校训的下半句，亦即与时俱进，是指南开人以只争朝夕的精神不断改革，不断创新，不断前进，永远走在时代的前沿。整个这一句是鼓舞南开学子们努力追求、奋发上进，也比喻南开教育事业像骏马奔腾般不断进取，前途无量。"美哉大仁，智勇真纯，以铸以陶，文质彬彬"这一句是对南开人楷模典范的标志与

图附-4 申泮文在南开大学化学系60级学生聚会上，带领往日的学生高唱南开校歌
（2010年10月14日）

赞颂，给南开学子们树立起一个素质全面、为人正直、坚韧不拔、温逊谨慎的谦谦君子形象。

豪迈昂扬又不失悦耳动听，年轻欢快又不失悠远稳重，南开校歌词曲交融，和谐一致，赞颂了"日新月异"的进取精神，提出了"智仁勇真纯美"兼备的教育方针和"文质彬彬"的人才培养模式，蕴涵着深刻的教育理念，在中国大学的校歌中独具魅力，几十年来传唱不衰，已成为中国教育史上的名歌佳曲。

校歌给我们带来了极强的感召力和凝聚力，充分体现出了南开精神。

"巍巍我南开精神"是南开的生命，南开人的灵魂。每当我们唱响校歌的时候，必然引起大家的缅怀、激情、团结奋进的情怀。给我们一种激励。因此当三五校友聚会的时候，就会不约而同地唱起校歌，引以为豪和骄傲，因为我们是一个无愧于南开的南开人。[①]

南开镜箴（容止格言）

面必净，发必理，衣必整，钮必结；
头容正，肩容平，胸容宽，背容直。
气象：勿傲、勿暴、勿怠；
颜色：宜和，宜静，宜庄。

镜箴是做人的规范与对学生的要求，由表及里，深入浅出，用四十个字塑造人的形象和心灵，意义深远。

镜箴是严范孙和张伯苓先生创建南开学校初期独创的一种对学生进行素质教育的熏陶方式，称之为"镜箴自鉴"。他俩这一提倡"镜箴自鉴"的创举是有他们教书育人的见解。老校长不止一次说过："教育范围，绝不可限于书本教育、知识教育，而应特别注重人格教育、道德教育。"他还常说："研究学问，固然重要，而熏陶人格，尤其是根本。"他认为"习惯

[①] 此段非申泮文撰写。

良好,即人格高尚;习惯恶劣,斯人格卑鄙。"他主张学校和老师在对学生传授知识的过程中,必须"月复一月,年复一年"地引导学生培养良好的习惯,健全他们忠诚爱国又善于处世的高尚人格。基于此,老校长在他创建于天津、重庆的南开中学和南开大学里几乎都设有便于学生接受"镜箴自鉴"熏陶的明镜和箴言。

每个人几乎每天都要照照镜子。镜箴由表及里,它不仅要求每个南开人要经常注意个人的仪表言容,更要做到:维护尊严、人格,不容许任何人往我们脸上抹黑,要像爱护自己的眼珠一样维护中华民族的荣誉。端庄、稳重,精神振

图附-5 南开大学的大立镜,上方为镜箴
(原载钟叔河、朱纯编《过去的学校》,湖南教育出版社,1982年)

作。抬起头,挺起胸,堂堂正正做人,勇于承担重任,南开人要有强烈的社会责任感。胸怀坦荡,心胸开阔,宰相肚里能撑船。不要患得患失,斤斤计较。任何时候都要挺起腰杆做人。谦虚、谨慎,严以律己,宽以待人,始终保持旺盛的精气神。和蔼可亲,温文尔雅,严肃庄重。这些都是做人的标准和要求。

我们接受过"镜箴自鉴"熏陶的南开人对这样的晃晃明镜和铿锵箴言,总是记忆犹新,永难忘怀。因为我们的感受太深了!想想看:经常面对明镜和箴言自鉴、自整、自励,这不就是启发、引导我们学子经常注意进行自我教育吗?让我们在渐渐领悟中,自己敦促自己端正仪容举止,自己鞭策自己优化精神风貌,自己要求自己提高人格素养,自己激励自己确立爱国向上、自强不息的志气和朝气。

南开中学的育人成就

张伯苓颂[①]

伯苓先生一百二十周年诞辰[(1)],
研讨会纪念会伴奏雷雨声[(2)]。
育人伟业彪炳千古,
万世师表丘后一人[(3)]。
仲尼弟子三千,
伯苓门墙二十万师生。
有教无类诲人不倦承继仲尼传统,
德智体群美劳伯苓要求全面发展均衡。
礼乐射御书数孔门六艺,
化工经济现代科技伯苓情有所钟[(4)]。
孔府学宫育儒千载,
南开五校教泽永存[(5)]。
有中国即有南开[(6)],
善哉斯言吾信其真。
育人精髓爱国主义,
谆谆遗训南开精神。
允公允能润泽华夏大地,
日新月异紧追世界前垠[(7)]。

---

① 本诗系申泮文于1996年为纪念张伯苓校长诞辰一百二十周年而作,诗及注释原载《申泮文90回眸》。本书整理者对注释略有改动。

汲汲骎骎智勇真纯，
以铸以陶文质彬彬[8]。
英才辈出代有传人[9]，
莘莘学子同忆师恩。
伯苓先生请安息吧！
您的音容笑貌和教导将在我们心中永存！

注　释

（1）张伯苓校长诞辰为1876年4月5日。

（2）一百二十周年诞辰纪念日上午南开大学和南开中学分别举行研讨会、座谈会，下午南开中学校友演出曹禺校友的《雷雨》话剧。

（3）孔丘（前551—前479年），字仲尼，中国布衣创学的先行者，被历代君王尊为至圣先师、万世师表。

（4）20世纪30年代，天津市因有南开大学的经济学科和化学化工学科，已形成为华北重要商埠和化工重镇。

（5）南开五校为南开大学、天津南开中学、天津第二南开中学，重庆南开中学、四川自贡蜀光中学，均为严范孙和张伯苓先生留给中国人民的宝贵遗产。伟大贡献前无古人，后难有来者。

（6）"有中国即有南开"为蒋介石于南开学校为侵华日军所毁时向张校长发表的慰问词，蒋公一生多诈，唯此语在新中国成真。

（7）"允公允能，日新月异"为南开校训，为全国各级各类学校中校训之"最"，育人目标明确，要求全面，无出其右。

（8）"汲汲骎骎，智勇真纯，以铸以陶，文质彬彬"为南开校歌主词句，示南开教育的高标准素质要求。

（9）南开已培育出3位国务院总理副总理、4位人大常委会副委员长、4位全国政协副主席、4位科学院工程院中央研究院院长、11位大学校长、南开中学已培养出60余位两院院士、南开大学成长39位三院院士；无数文化名人科技专家和名医，难以尽举。人才效益全国之最。

桃李无言，下自成蹊——南开中学的院士工程[①]

2004年10月17日是天津南开中学建校100周年校庆日，也是系列南开学校所组成的南开教育事业集体的百年光辉。纪念她的办学业绩，首先要看她的人才效益。举世知名，南开中学培养出两位新中国国务院总理，一位副总理，许多国家各级领导人和知名工作干部，许多大学教授、文学家、科学家、戏剧家、艺术家、医学家等等，难于尽数。本文仅就南开中学培养出来的推动我国建设事业科技发展的科技人才，特别是各级各类科技院士，谈谈南开中学的人才业绩。

"桃李无言，下自成蹊"是一句古成语，表面含义是人们栽种了桃树李树成林，当大地春回，天和日丽，桃李盛开之际，尽管桃树李树是不会说话的，桃花李花也是不会说话的，但是桃花和李花的艳丽和芬芳，不但能招蜂引蝶，而且会招揽众多的观赏游人，纷至沓来，在桃李树下自然而然地走出了长长的蹊径。人们就用这句成语来比喻办教育，那些真诚的教育家们，辛勤负重、默默无言，为人类培养着接班人——各种各类的社会人才。当教师们辛勤地培育出各个时代的英雄人物走向社会走向历史时，这些受教育者也走出了一条长长的历史蹊径，延续着人类的未来。由此，这句成语广被衍生引用，赞誉成功的教育。例如，称受教育者为"门墙桃李"，称赞成功教育成果为"桃李芬芳"，赞誉优秀名校和老教师的成功业绩为"桃李满天下"，等等。用这句成语来形容南开中学的教育业绩，是再贴切不过的了。

南开中学在100年期间，培养出大批量的国家栋梁人才，其中中国科学院、中国工程院、中国社会科学院和原中央研究院的各学科院士（包括少数外国院士）达到60余人之多（统计可能不够完善，只会更多，不会

[①] 本节节选自申泮文，《南开校友科学技术普及丛书·南开校友数尽风流 测天探地竟自由 著名大气物理学家叶笃正和地质学家刘东生的故事》。类似内容见申泮文：培育出新中国两位总理的名校——纪念天津南开中学建校一百周年，《炎黄春秋》，2004年第10期，第23—28页。《申泮文90回眸》收录此文。本书整理者对文章略有改动。插图为本书整理者所加。

少于此数），人才效益独占全国中等学校的榜首。本文称此种现象为南开中学的院士工程。在1904—1934年期间，南开中学毕业生后来成长为院士的有：

旧国民政府中央研究院院士：梅贻琦，陶孟和，吴大猷，钱思亮，殷宏章；

新中国的中国科学院院士和中国社会科学院学部委员：江泽涵，张文佑，殷宏章，罗沛霖，吴阶平，陈新民，袁家骝，黄家驷，李文采，罗常培，范文澜，何其芳，何炳棣等。

但在这个时期，院士初苗的成长，是个别的、分散的、未成规模的。

1934年，南开中学已建校30周年，欣逢校长张伯苓先生60岁寿诞，校友们为两庆举行了盛大的庆祝典礼，捐资建设了范孙楼（包括校友楼）和"三六"奖学基金。这次庆祝的实际意义远非寻常：南开中学30而立，积累了丰富的教育经验，形成了有自己特色的优秀办学方针和传统，校规、校训、校歌、校风俱立，整体规模完备。教学宗旨以爱国主义教育为核心，对学生进行全方位的公民素质教育，使学生在德、智、体、群、美、劳等方面得到全面均衡发展，把他们培养成为爱国、救国、建国人才。从此开始一个长时期、连续多年毕业生中成批量地成长出来未来的院士的一个创新历史时期。

天津南开中学1935年、1936年、1937年三个毕业班都是人才大班，毕业生中人才辈出。1935毕业班，是建校百年历史中的第一个人才大

图附-6　天津南开中学1935毕业班的三位院士（左起：叶笃正，申泮文，关士聪）

班，在141名毕业生中，后来成长出三位中国科学院院士、一位美国工程院院士、二十多位大学教授、四十多位高科技人员，最著名的中国现代诗人（穆旦，即查良铮）和文学家，许多抗日烈士和新中国高级干部。1980年当选中国科学院学部委员的三位同学是叶笃正（大气物理学家）、关士聪（地质矿物学家）和申泮文（化学教育家）。论对国家和人民的科技贡献，叶笃正是全班的榜首。他是世界知名的气象学泰斗，中国大气物理学的奠基人和对新中国气象事业有重大贡献的学者，一位德高望重的科学家。

南开中学1937年毕业班也是南开中学少有的人才大班之一，英才济济。本班毕业生221人（男中184人，女中37人），经历过五十余年的历史长卷，现在健在的有70余人，平均年龄在88岁左右。健在的男女同学们的凝聚力特别强，近十年来已经编著出刊班纪念文集4卷，庆贺母校百年特刊1卷。拜读他们的斑斓文章，看到一个共同特点，他们全班健在同学都以本班拥有四位世界级科学家刘东生院士、涂光炽院士、张滂院士和翁心植院士，深深引以为骄傲。

1937年秋天津南开中学被侵华日军所毁后，津校的坚强管理班子和精英教师队伍与部分优秀学生陆续入川进入南渝中学，为南开中学的院士工程的传承和发展，奠定了基础。在重庆南开中学正式更名的1938年当年，高中班毕业生中的马杏垣、林同骥后来成长为中国科学院院士（分别为地质学和空气动力学家），毫无异议地开始继续了原来天津南开中学1935—1937毕业班的院士人才涌现的趋势，并且以后年年出院士种苗。下面提供一个统计图示，记录津渝南开中学院士工程的一脉相传，可以说明南开的教育精神是百年传承持续发展的。

图附-7 2004年南开中学百年纪念会上申泮文与1937班校友合影（右3为申泮文）

表附 -1　南开中学 1935—1937 年、1938—1945 年、1946—2004 年，
　　　　津、渝南开中学院士工程一脉相传

天津南开中学		
1935	叶笃正　关士聪　申泮文　刘维正（美国工程院院士）	
1936	卞学璜（美国工程院院士）	
1937	刘东生　涂光炽　张滂　翁心植（工程院）	
重庆南开中学（注）		
1938	马杏垣　林同骥	
1939	钱　宁	
1940	徐　僖　夏培肃（女）	
1941	朱光亚　郭可信　梁思礼（天津留守）　邹承鲁　侯虞钧	
1942	陆婉珍（女）　楼南泉	
1944	张存浩　任继周（工程院）　李　坪（工程院）	
1945	何曼德	
1946	陆钟武	
	天津南开中学	重庆南开中学
1947		周光召　周　恒　王方定 杨士我　戴乾圜（欧洲）
1948		章　综
1949		林华宝（工程院）
1950	刘宝珺	温诗铸（工程院）
1951	孙大中	毛二可（工程院）
1952		孟兆桢（工程院）
1953	王大中	戴锦锟（美国科学院）
1954		张仁和
1955	王静康（女，工程院）	曾恒一（工程院）
1967	程津培	
教师	杨石先	魏荣爵　冯元祯

　　注：抗战时期的重庆南开中学可以比喻为中学中的西南联大，由南渝中学、天津南开中学和天津南开女子中学联合组成。但她又不同于西南联大，因为她的组成三校是同一血缘的姊妹学校。如果说西南联大是三所组成大学的转基因物种，那么战时重庆南开中学则是三所同血缘的姊妹学校的克隆复制物种。

南开校友数尽风流，许多校友院士执我国科技事业牛耳，例如周光召曾是中国科学院院长，朱光亚曾是中国工程院院长，钱思亮和吴大猷曾先后是中央研究院院长，张存浩曾是国家自然科学基金委员会主任，等等。现在属于南开学校系统的全国或地方重点中学的计有：天津南开中学、天津第二南开中学、重庆南开中学和四川自贡蜀光中学等四所学校。她们都是张伯苓校长留给中国人民的丰厚教育遗产，她们在为中国人民奉献宏大人才效益的伟大教育工作，正在继续发挥出无限的光辉。

如表中所计，南开中学作为一座教育总体，在坚苦办学的一百年当中，培养出的各学科院士达到 60 余人之多，这在中国的中等教育中是无与伦比的。所以在本文中称此种现象为南开中学的"院士工程"，当非耸人听闻的夸张。越是在中国国运在最困难当头的时代，南开中学越是以密集地、连续地和成批量地方式培养出未来的院士备选人。若以当今新中国建设的中国科学院和中国工程院的院士人数计，现共有院士 1200 位（约数），南开中学前后培养出来的院士人数，为以上两院院士总数的二十分之一，即 5%，这对于一所原本是民办私立中学校来说，何其难能可贵！如果说，在高等学校，前西南联合大学的办学业绩，被称誉为世界教育史中的奇迹，那么，在庆祝南开中学百年盛典之际，我们也可以宣布南开中学作为总体，她的办学业绩也是中国教育史中的瑰宝，应该对南开中学百年办学的经验做出深刻的总结分析，以有利于我国科教兴国事业的发展。

在南开中学出身的 60 多位院士，每个人的身上都有为国家和人民做出的丰功伟绩和重大贡献，尽管专业不同，但南开人做奉献的精神是一致的，即从南开学校创建人严修和老校长张伯苓那里传承下来的有独自特色的"南开精神"。对南开人来说，这"南开精神"可以意会，难以言传，因为它的涵义太广泛了，可以称之为南开学校独特素质教育的产品，是南开人身上无穷无尽的精神力量。

本文作者南开中学毕业（1935）、南开大学毕业（西南联大 1940），后又长期在南开大学任教。在中国教育事业遭受"四人帮"破坏后的恢复期，天津南开中学校友会恢复工作，本人曾担任两届校友会理事长，对南开事业感情深厚,是南开事业的一名知情人。际此南开百年庆典之机,谨以此短文,为宣传南开、总结南开、建设未来南开做一点微薄的奉献。

一九三五班人才济济[①]

抗日战争前天津南开中学的 1935 年、1936 年和 1937 年三个毕业班都是人才辈出的班级,他们的显赫人才阵容和对国家做出的贡献,有如灿烂繁星,给母校增添了光彩。值此母校建校九十周年大庆日即将来临之际,仅就我所知的 1935 班部分校友的工作职务和职称,作一简略统计,因已年代久远(中学毕业已近 60 年),一般都已年近耄耋,音讯疏漏隔绝,统计只得不及半数,但已可从此不及半数的统计,得见 1935 班人才盛况,堪可告慰母校校友和在校师生。

表附 –2　南开中学 1935 班人才盛况

职务职称类别	姓名和情况
中国科学院学部委员	叶笃正(中国科学院地学部) 关士聪(中国科学院地质部) 申泮文(中国科学院化学部)
大学教授	沈尔林(北京工业大学校长) 杨津基(清华大学电工系) 王乃樑(北京大学地理系) 李赋宁(北京大学外语系) 周珏良(北京外国语学院英语系) 王大纯(中国地质大学研究生部) 徐孝通(上海师范大学哲学系) 王正尧(华东师范大学外语系) 查良铮(南开大学外语系) 李善甫(南开大学,天津联合业余大学) 申泮文(南开大学,天津联合业余大学) 卢英时(吉林工业大学外语教研室) 陆智常(吉林工业大学数学教研室) 潘志英(昆明工学院电气工程系) 蔡考敏(台湾新竹清华大学) 刘维政(美国密执安大学空间工程系)

---

① 本节选自申泮文:一九三五班人才济济.载《1904—1994 天津市南开中学建校 90 周年纪念专刊》,第 30—33 页。本书整理者略有改动。插图为本书整理者所加。

263

续表

职务职称类别	姓名和情况
高级科学技术人员	叶笃正（中国科学院大气物理所高研） 杨启元（有色金属研究总院总工） 关士聪（地质矿产部总地质师） 张铨（北京钢铁研究总院高工） 胡济生（中国农科院土肥所高研） 刘金旭（中国农科院畜牧所所长） 李璞（中国科学院地球化学研究所高研） 裘志鹏（北京民航总局高级飞行师） 马廷声（中国第一机械工业部高工） 胡熙明（鞍钢焦化所高工） 周德章（合肥水泥研究所高工） 李德慈（天津中央制药厂高工） 刘雨荪（山西太行航空仪表厂总工艺师） 刘葆楹（四川石油管理局高工） 金绍端（成都化工研究所高研） 董言声（上海港务工程局总工） 杨卓成（台湾著名高级建筑工程师） 白祥麟（加拿大高科技工作） 宗九龄（美国高科技工作） 万长炎（美国高科技工作） 李顺祥（美国高科技工作） 赵士信（美国高科技工作）
高级文化人、作家、诗人	赵清华（广东省教育厅编审、作家） 查良铮（南开大学教授、诗人） 吴金年（自由工作者、翻译家）
高级医务工作者	张毓琪（开滦煤矿局医院高级医师） 严仁华（天津总医院医师） 高志达（美国名牙科医师）
高级工商业者	徐文园（山东省工商联主委） 堵建章（北京西城区电器厂） 李竹年（天津中国银行） 张中厚（天津外贸局） 温绍诚（天津国标贸易促进会） 张廷华（香港）
党政工作高级官员	王树勋（北京市政协秘书长） 李焕章（中科院某研究所党委书记） 宁金波（铁道部科学院副院长） 程骏声（外交部驻外大使）

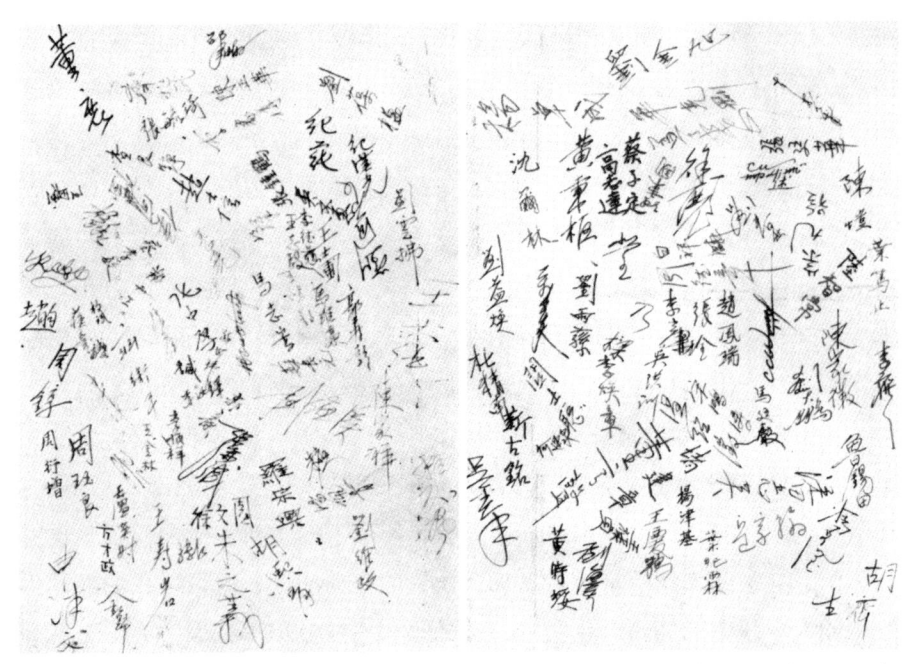

图附-8　天津南开中学1937班同学签名（原载《1935班毕业纪念册》）

我的翻译生涯[①]

在 1978 年冬，改革开放时期开始，我由太原山西大学调回天津南开大学工作。翌年春夏之交，天津市文化界筹组"天津市翻译家协会"，突然有一位姜姓同志来访问我，说他是天津文化系统筹组"翻译家协会"的办事人员，因为南开大学外语系主任李霁野教授推荐我出任即将组成的"翻译家协会"理事长，故前来同我联系，希望我出来参与筹备工作。我听了非常惊讶，当时我同李霁野教授尚不熟识（后来到 1980 年才同为中国民主促进会会员同志，相交甚笃），他是文艺作品的知名翻译家，而我只是

[①] 原载《南开大学学人自述》第一卷《百年南开暨南开大学建校 85 周年纪念丛书》，南开大学出版社，2004 年。《申泮文九十回眸》收录此文。本书转载时略有修改。插图为本书整理者所加。

在新中国成立以来，为教学需要，翻译过不少英、俄文教科书，是个无名小卒，算不得是个什么翻译家。又不知道李霁野先生怎么会知道我做过翻译工作，他是大家，不熟识，我又自惭形秽，不敢贸然去拜访李霁野先生，只有通过姜某人与李霁野和有关单位进行联系。慢慢就知道了，在成立"天津翻译家协会"这件事中还有许多斗争，许多单位都在竞争做翻译家协会的挂靠单位。李霁野先生推荐我，有意把挂靠单位争取到南开大学来。而我是个非文学界的翻译工作者，知名度又不够，对争取并不有利。李先生为什么不亲自挂帅出马？也许是他的地位太高了，不值得去与凡夫俗子一争短长。后来经过半年多的拉锯，经过妥协，天津翻译家协会挂靠单位最后落户在天津外语学院。我当然懂得知趣，坚决谢绝出任理事长。协会正式成立时，我没有去参加成立会，但会上给了我一个名誉理事长安慰头衔，其实后来我从来没有参加过协会的任何活动，这只是我的翻译生涯中的一小段虚幻插曲。我所感兴趣的是，专业差距那么大，为什么李霁野先生会关注到我的工作。这保持为一个秘密，我从来没有向李霁野先生讨教过。

1988年夏初，我到山西大学给化学系研究生主持论文答辩。有一天一位外语系教师突来找我，他说："申老师，你看，这本新出版的翻译家辞典，里面有你的记录，你知道吗？"我听了又一次感到非常惊讶。迄此时为止，我一直没有想过我有没有"翻译家"的头衔。所以非常新奇地拿过书来看。这本书是中国对外翻译出版公司于1988年1月出版的《中国翻译家词典》。书中按翻译家姓名汉语拼音字首排列，收列了古今翻译家1127人，全书共780页。在第488页刊载了我的条目如下：

申泮文（1916—）[①]广东从化人，1940毕业于昆明西南联合大学，留在天津南开大学化学系任教，曾先后任助教、讲师、副教授，60年代初为支援新建山西大学化学系，赴该校任副教授、教授兼副系主

[①]《中国翻译家词典》编写组，《中国翻译家词典》，中国对外翻译出版公司，1988年，第488页。林煌天，贺崇寅主编，《中国科技翻译家辞典》，上海翻译出版公司，1991年，第217—218页，以同样的条目内容收录申泮文。——本书整理者注。

任。1978年末，调南开大学元素有机化学研究所任副所长，1979年兼任该校化学系教授兼无机化学教研室主任。申泮文是一位有能力的集体翻译工作的组织者，他所组织的翻译工作以快速和文字流畅著称。

图附-9 《中国翻译家词典》中的申泮文条目

申泮文在长期的教学和科研工作中，结合工作需要，翻译俄、英无机化学方面专著33卷册，约900多万字，均已正式出版。其中有：［俄］巴列金《无机化学实验》（高教出版社，1953）、《普通化学实习》（高教出版社，1959）、涅克拉索夫《普通化学教程》上、中、下册（与北京大学合作，高教出版社，1953）、《普通化学作业和问题》（高教出版社，1954）、《普通化学习题集》（高教出版社，1957）、谢密申《普通化学实验》（高教出版社，1954）、《无机化学学习法指导书》（高教出版社，1958）、《无机合成手册》（高教出版社，1957）、格林贝克《络合物化学概要》（高教出版社，1957），［英］《无机合成》1—20卷（科学出版社，1959—1985）、内博盖尔《普通化学》1—4册（人民教育出版社，1978—1980）、巴索罗《配位化学》（英汉对照本，北京大学出版社，1982）、J.D.李《新编简明无机化学》（人民教育出版社，1983）、《碳化合物的形状》（英汉对照本，南开大学出版社，1992）、珀塞尔《无机化学》1—4册（高教出版社，1985—1990）。

我对这部《中国翻译家辞典》深感惊讶，因为在社会上，这类"名人传"型的传记出版物，是要预先向条目"入编者"要很多钱的，要交相当高昂的"版面费"，然后还要"入编者"预交高价购书款，至少预购一本。组编这类勒索性出版物在上个世纪80年代在社会上已经形成风尚（对此我是一贯拒绝参与的）。而这部传记却出污泥而不染，将我入编，既没有事先通知我和要求提供条目入编材料，也没有向我要钱和要求购书。想来这部传记的编写组，是由一批"好人"组成的，从该著作的序中我看到，他们的编撰目的是纯洁的、高尚的，阐述翻译工作的重要性，并歌颂了严肃的翻译家们的勤奋和奉献精神，令我深受感动。我通过邮购买了一部《中国翻译家辞典》，售价每部只有人民币8.45元。我向出版者和编写组表示衷心的敬意和深诚的感谢。这部传记将是我书架上的一部重要珍藏品。

我对我的条目的编撰人，也深感惊讶，至今我仍然不知道他是谁。惊讶的是他如何对我了解的如此精细深刻，不但对我的简历了如指掌，而且对我的翻译作品全部准确掌握，没有任何遗漏。特别是他对我的翻译工作特色（集体翻译组织者、工作快速、文字流畅）了解得如此深刻入化，他真是一位"知我者"，精细程度好像是一位在我身边的工作人员。但条目文字细腻，我身边又没有这样的人！我感谢他，是他把我真实地推荐进翻译家行列，使我感到自豪，使我今天可以沿着他的记述思路，以自述形式比较全面地回顾一下我的翻译生涯。

我的汉语言文字根底

我的汉语言文字修养，从幼年就得到很好的训练，其中有偶然也有必然。

我出身工人工程师家庭，幼年度过温馨的家庭生活，6岁上小学开始识字，很巧遇的是7岁那年就有机会读大哥拥有的《水浒传》。这"浒"字不认识，就读成"水许传"。我的父亲嘲戏我说："你看书时，最好手里拿一双筷子，看到你不认识的字，你就把它拈出来就是了，看看你究竟能够认多少字。"这虽是戏言，但确实对我有鼓励作用。在约一年的时间内，终于读完了《水浒传》。在那时小学都读文言语文的时期，我接触到了通俗白话文，可以认为是文字提高的一个有利因素。

读完小学三年级，我从市办小学转学到旅津广东小学，这是一所办学比较优秀的知名学校，我参加了转学考试。人家要考英文，可我在市办小学还没有学英文，结果我英语考了一个零蛋。算术考试结果平平，但是国文考试给我挣来了荣誉。国文考试是作文题"论鸦片的危害"，我不知道什么时候读过林文忠公（则徐）的请禁鸦片的疏文，在写转学考试国文作文中，把林公文章中的警句"无可征之丁，无可输之赋"改写进我的作文中。后来听说，广东小学转学考试主考人是一位满腹经纶的国文老教师赵老先生。看了我的作文，连连击节叫好，说："此子可教也！"尽管我英语没分（这造成我后来的英语先天不足），仍然把我作为转学考试第一名录取。

在广东小学入学以后，这位赵老师教我们四年级和五年级的国文课，教的都是古文。他对我特别"关照"，盯我盯得很紧，以批评促进步也批评得特别严。我永远也忘不掉他那广东腔的普通话："你呐，你申泮文呐，你是个有天分的呐，可你就是不努力呐，你应该努力好好学习呐！"他的絮烦唠叨，给我造成了逆反心理，我处处想着法去躲避他，出现了许多有趣的顽皮故事，这不在话下。在四年级他给我们讲古文章，五年级给我们讲太史公司马迁的《史记》。我不否言，赵老师的治学风范和教学内容，大大地提高了我们青年学生们的祖国传统文化修养。什么是今天要求的"素质教育"？我想这里就有丰富的素质教育。我们非常快乐地听赵老师绘声绘色地给我们讲刘邦出席"鸿门宴"的故事，理解了"项庄舞剑，意在沛公"的典故，对樊哙的草莽英雄气概也肃然起敬。

我们又读了《史记·项羽本纪》，其中最使我受感染的是项羽观看秦始皇出巡，看到仪仗之盛，毅然说："彼可取而代之也！"这句话是世界历史世代替续的规律，是我永远记得的一句口头禅。在"文化大革命"当中，在我遭受严重政治迫害最苦难的时刻，我就不忘念诵这句"彼可取而代之也"。那一帮极左害人虫，伤害了全国无辜人民，注定没有好下场。人民会推出正确的领导力量，打倒、代替害人虫的统治。在历史上，在腐朽的清朝覆灭前，慈禧太后搞了戊戌政变，杀了改革派，她能阻止历史的改革前进吗？孙中山在旁边说"彼可取而代之也"，中国人民的民族民主革命终于推翻了腐朽封建统治。我们对项羽的话有不同的理解在于：项羽是要自己取代秦始皇，而我们的理解则是正确的事物将代替错误的东西，先进的力量将代替腐朽的势力，中国不会永远停留在第三世界的贫困小圈子里面。这就是世界历史世代替续的辩证法。

在广小读到六年级，国文课教员王老师也是饱学之士，他给我们讲《孟子》。讲到《孟子见梁襄王》："孟子见梁襄王，出曰，望之不似人君。"王老师也很会讲，讲得有声有色，引得学生们哈哈笑。课下学生们就组成一条灯谜："金銮殿上坐着一个猴儿"，打《孟子》一句。大家说，这些孩子多么聪明！我写作文时也学着套用孟子语气，王老师给作文写的批语是："此子文有古风。"我又学会一招，文无优劣，看你会不会投阅卷老师之所好，你懂得这个窍门，你就可以拿到好分。

1927年秋，我考取天津南开中学，进入这所学校，我的人和思想进入了一个新的广阔领域，一片好玩的天地。首先是爱好上体育，球类如足、篮、排，田径中长跑和跳高，以及溜冰、武术等，无所不好。课后回家，家庭作业不多，仍然可以玩家中的爱好，养蟋蟀、养鸟、读小说。谈到读小说一段，我得多谈一点。

我上中学的时候，父亲早已失业，靠我的大哥供我上学。我大哥申郁文南开大学商科毕业，是张伯苓校长钟爱的学生之一。在外国公司里工作，收入比较丰厚。他很开明，每个月给我4元钱的零用钱。那时钱是值钱的，1元钱可以买一袋50斤的面粉。所以每月的4元零花钱足够我花销的。就看小说来说，几乎地摊上的和书店里的那种"大字足本"的"演义"、"传奇"类的今古小说，几乎无不涉猎。当然这些书内容上也会有毒素，有些会有害于身心健康，我也经历过这类伤害。但是权衡利弊，我仍然认为利大于弊，因为它们主要提高了我的文字水平。人的脑子就像一台电子计算机，你向它输入许许多多文字素材，在脑子里就建成一座资源库。资料素材积累多了，也会自发形成人工智能。当你在外面看见新鲜事物、触景生情，需要发挥文思风采的时候，你脑里的文采资源库就会自发地向你输送组合好的精句文章。古人传说的所谓"七步成章"、"过目不忘"，也就是这么来的。多读书，开卷有益，也是这个意思。

我在中学里胡玩、胡看小说，每年学习成绩各科大都维持在70分线上，只有英语因为先天不足，后天失调，年年不及格、年年补考之外（下面再谈），总算学业过得去。到了高中二年级，才真正懂得勤奋学习，要争取后来居上了。

在高二，国文课有了特殊培养，第一是有名师（叶石甫、孟志荪等大师），有加选课，我们学了《诗经》、《离骚》、《古文观止》、《文心雕龙》等古籍，也学近代文学（赖天缦老师），加上自己原有基础，我那个班上的同学个个才华横溢，我说我的那个1935班是南开中学首屈一指的人才大班，绝不是吹牛。

就我自己的汉语文水平来说，粗通古汉语，敢写文言文文章，甚至敢写四六排比的骈体文。写白话文文章绝对通俗流利。那时天津《大公报》还有一类特有的政论文章体裁"语录体"，文言白话并用，白话文中杂着文言词汇，文言串句中带有白话风情，朗读起来娓娓动听，以社论主笔张季鸾的文笔最为脍炙人口。我对这类文章也是十分倾倒，也会模仿着写小品文。既能文、又能白，也能文白杂文，这就为做翻译家打下了"信，达，雅"的达标基础。我的汉语根底是在小学和中学就夯实了的。

我的外国语文基础

上节中讲到，我的外语基础差，先天不足，后天失调，以至于到了中学，年年英语不及格，年年需要补考。这样的水平，怎样能做未来的翻译家呢？这里又要讲一点辩证法：凡事不过三，穷则变，变则通。我经过一种奇异的自我调节，只一个暑假的奋斗，终于彻底改变了我的英语学习面貌。

前文也已讲过，我到了高中二年级，学习自觉性和积极性都发生了变化，不满于惰居中游的状况，特别是不满于英语学习的落后状况。在1933—1934年的这一年间（高中二年级），由于各门课程都是由名师讲授，激发了我的学习积极性，学习成绩一下子就冒上来了，首先是数学

（大代数、解几何，名师张信鸿），继之是化学（名师郑新亭）、物理（教师赵松鹤）、国文（名师叶石甫、孟志荪）、西洋历史（名师韩叔信）。这里重点讲讲西洋史课程，教科书用的是英文原本 Hayes and Moon：Modern History，由于学习这部书英语词汇（历史的、政治的、社会的、经济的等等）太多，韩叔信老师就把学生组织起来，分成小组，每组负责一定页数中的专门词汇，分头查字典，找出对应汉语词汇。然后集中成册油印，分发给每位同学，帮助大家啃这本大部头的英文历史书。这样虽然大家负担都很重，但是读下来，每人都通晓了许多有关历史、社会、政治、经济等方面的关键词汇了。对普通知识的提高大有益处。我对学习历史很感兴趣（因为我读过了太多的历史小说），读这门课很认真，爱屋及乌，也就对英语发生了新的兴趣。

1934 年暑假，我下定决心，要在这个暑假当中，改变我的英语学习面貌。由于在西洋史课上学习了许多各方面新词汇，我已经能够独立读英文报纸了。那时在天津有一家英文报纸《华北明星报》(*North China Star*)，我就订了一份，每日清晨，报纸来了，我就展开找重要新闻和评论文章，逐篇快速朗读，好文章反复读多遍。每天上午大概如此读报 3 个小时，坚持 2 个月暑假天天雷打不动，发现这种学习方法虽然笨一些但很有效果，立竿见影。就在这一个暑假，我彻底改变了我的英语学习落后面貌。我称这次收获为"一个暑假的胜利"。

我发现，我的这种学习方法很有科学道理，它是一种个人独立的自我全面训练的外语学习方法，它训练了口语、读音，耳朵听力，训练脑子思维，并且可以从汉语翻译思维逐步转变到直接英语思维，由汉语的慢节奏习惯转变到英语的快速节奏习惯，全面熟悉英语文章语法和行文习惯，养成一种不死背单词就能自如掌握英语词汇的习惯，等等。我把我的这种学习方法总结为"以快速朗读为中心的外语自学成才法"。当然这样学习方法仍然需要继续强化和继续巩固，我的英语终归通过此种方法，全面（听、说、读、写）过关了并在英汉对译方面进一步形成了我的专长。

有事实为证，我的学习方法是高效的。上个世纪 80 年代，我在南开大学化学系给学生连续开了3年专业英语课，100多学生大班上课，向学生传授我的学习方法，在课堂上引导学生朗读养成习惯，收到很好效果。在我教该课的几年，南开大学化学系学生英语四六级考试成绩在全校名列前茅。

我的第二外语是德文，1939年在西南联合大学修习的，学习成绩良好，但因没有实际使用机会，水平停留在可以直接阅读化学专业书刊的程度。

我的俄语技能是在1952年全面学习苏联、进行高等教育改革时期学的。全体化学教师一起突击18天，掌握基本词汇和语法，然后就组织集体力量翻译苏联教材，边翻译边提高和巩固俄语学习。在翻译苏联教材过程中，我抓住了一个窍门——不做俄—汉直接翻译，而是做俄—英翻译，因为俄语、英语同为拉丁语系，俄语中又有许多来自英语的外来语，通过英语来了解俄语可以更准确，也更方便。所以在翻译过程中，需要查字典时，我不查俄—汉字典而查俄—英字典，至于将英语词汇翻译成汉语时，我的功底基本上不需再查字典了。工作就可以进行得顺利快捷了。

翻译风格

按照"信、达、雅"（大翻译家严复的翻译标准）的要求，我在翻译工作中坚持以下原则：(1)译文必须忠实于原文；(2)译文简洁、通俗流畅，爽口易读；(3)在直译和意译当中求得妥协，要求译文汉语化、口语化；(4)不反对对译文适当艺术加工，灵活风趣；(5)翻译工作完全服从实际工作需要，不打野鸭子。

我最反对僵硬直译，译出来的文字结结巴巴，不像中国话。既反对English Chinese，也反对Chinese English。养成了一个习惯，看见别人的译文不通顺，我的手就发痒，就要动手改改画画，把人家的文稿改通顺了。这种"好为人师"的毛病，坚持了一辈子，因为我一辈子的"翻译家"工作，并不是我自己直接搞翻译工作，而是组织大家搞翻译，我给大家修改译稿和做统稿工作。《中国翻译家辞典》中我的词条中的评价，说我的译文"以文字流畅著称",这是符合实际情况的,但译文并不是我自己的,是翻译集体的、大家的,我只是集体译文的美容师。①

组织集体翻译

《中国翻译家辞典》我的词条所列的翻译书目,除个别的译著(例如涅克拉索夫:《普通化学教程》是我们参加到北京大学组织的集体翻译工作),其余全部都是在我组织下的集体翻译。1952—1959年主要工作为翻译苏联教材,全部用教研室集体署名,在内容简介中注明译者,我被注明为校者和统稿人。

1957—1990年为英语化学专著翻译时期,由于改革开放,已经可以个人署名了,所以在此期间的译著,译者以"集体代表人某某(等)译"署名,我以"申泮文校"署名,大家权益泾渭分明,谁也不占小便宜。在经济效益方面,科技翻译稿酬一向是很低廉的,加上受极左思潮的影响,在大跃进时期,稿酬低到每千字5元,连稿纸费都不够。我也一向保持守廉,每次出版物只收取20%的校稿费。所以我和大家做了那么大量的翻译工作,所得税外微薄收入,并不需要减肥。

举一个典型例子,说明集体翻译工作是怎么做的。

1978年,在邓小平同志加速引进外国先进教材的指示下,高教出版社组织了一次各校相关教师的会议,拿出几部英美化学新教材,征求组织翻译。其中一部美国著名教科书 *Nebergall*: *General Chemistry* 估计译文字数100万,几个兄弟院校教师认为完成翻译需要两年时间。我思忖了一下,手中有金刚钻,不怕揽瓷器活,当即提出我(当时代表山西大学化学系)可以组织翻译,4个月完成。我大言一出,语惊四座,没有人敢于同我竞标,高教出版社当场把任务委托给我了。

---

① 这是申泮文谦虚的说法。据申泮文的翻译合作者车云霞教授等人的回忆,作为翻译组织者,申泮文不但自己要做翻译工作,还要对每一个译者的翻译稿进行修改、批注,花费的时间、精力往往比自行翻译还多得多。参加申泮文组织的翻译工作,是年轻人快速成长的有效方式。——本书整理者注。

我之敢于以短期接受任务，一是我有多年翻译工作经验，二是我手上握有3支翻译队伍，一支在山西大学，一支在南开大学，一支散在国内各地。他们都是我多年集体翻译工作带出来的，久经征战，可以招之即来，来之能战。我是胸有成竹的。

具体做法是：利用复印技术，把全书复印下来，按先后分为4个分册，把所有可招来的人员分成4个小组。然后把复印书稿均分下去。我手中掌握原文书作为将来修改译稿的依据。不设中间领导层，每位译稿人直接对我负责。以1978年4月1日为起始日，要求每位译者每2周给我交回一份译稿。我以最快速度把译稿修改好，反馈给译者，由译者完成加工整抄工作（当时大家还不知道用电子打印技术）。

全部译者的矛头都是对准我的，译稿都集中到我这里来修改，所以我最忙，夜以继日地加班加点。到外面开会，也随身带着译稿和原著，充分利用闲暇每一秒钟做改稿定稿工作。到最后，整抄完成的翻译稿全部再集中到我手上，做最后加工整理，脱稿。全部工作拖迟了半个月，以4个半月的时间胜利完成任务，全部译稿共105万字。这大概是国内第一次以集体力量最快完成的工作。遗憾的是，尽管我们的工作很快，出版工作却跟不上趟，4个分册完成出版共用了2年时间。

以同样高速度完成的翻译工作还有J.D.李《新编简明无机化学》（人民教育出版社，1983）和珀塞尔《无机化学》（1—4分册，河北工业大学马维教授主持，高等教育出版社，1985—1990）。

我们的集体翻译工作贡献，在全国来说是独树一帜的，堪以自慰。

图附-10　1980年3月17日，申泮文写给朱声逾的信，讨论《新编简明无机化学》的翻译工作组织情况

惨淡回顾

组织集体翻译工作，在我的工作生命期间，大概占用了1/3的时间，在其间有同志间合作的欢乐，工作成功的喜悦，也有工作不被重视，特别在极左倾向影响下，尊重知识、尊重人才政策不得落实，也会有悲哀和惶惑。现在我垂垂老矣，一切都已是"昨日黄花"，回顾往事，历历在目，同志们的合作共事、成果与贡献是主流，是伟大的，值得共同骄傲。但在我一切圆满的工作成就当中，也有一丝丝失落——有一件遭到破坏、永远也无法完成的未完工作，成为永恒的遗憾。但这不是我的罪，将来我不能带着它去见马克思，还是把它留在文字间，留待后人评说吧！

在著译出版工作中，译作者和出版社应该二位一体，紧密团结合作，以人为本，给读者出版更好更多的优秀译著出版物。在我的一生中，由于我在化学家当中，是著作翻译出版物最多的一人，同出版社的交往极为频繁，同几个国家级大出版社建立了50多年亲密的合作关系。

1958年"大跃进"期间，千古奇闻，出现了一桩出版社批判译作者的故事，讲给大家听听。第一件事出在我的身上，我组织翻译的一部《无机合成手册》于1957年出版，但应得稿酬一直拖延未付，出版社说是因为经济困难，周转不开，要求延期兑付。我记得好像我还给出版社回过信，说什么作者与出版社是一个战壕里的同志，你们的困难就是我们的困难，愿意陪伴你们共渡难关，我们不急于求索。回想起来，这是我们过于天真了！1958年中，稿酬寄来了，付款清单上记录的稿酬标准，恰恰是出版合同上记载的数字减半。出版合同上记载的稿酬为10元/千字，此次实付稿酬却是5元/千字，我是经过多次政治运动考验的，比较机灵，此时恍然大悟，原来稿酬拖延兑付，不是什么经济困难，而是稿酬政策发生重大调整，拖延是等待新政策出台。从法律角度说，这是违反合同的违法侵权行为，我可以提出交涉。我不想找这个麻烦，一笑置之。只将稿酬支付清单拿给合作者们看看，按实收款分配给大家，并嘱咐大家不必吭气。以为承认吃个哑巴亏就算了，谁知后边还会有事。过了两个月，出版社突然来了一封信,对我进行"撩拨",说两个月前已把稿酬寄付给你们了,未见回复,是不是有什么意见,请告诉我们。我还以为他们有表示歉疚之意呢,我心肠也就软了下来,回他们一封信,问他们有没有搞错,为什么稿酬比出版合同规定少了一半?这封信发出去以后,没有几天,回来了一封正式信函,打印整整齐齐(事前准备好的)一份红头文件,请同志们猜一猜,该是什么内容?

文件严肃地对著译作家展开了批判,说:自从对出版物实行稿酬制度以来,有些著译者拿到稿酬以后,忽视了自己的自我改造,生活腐化,严重脱离了劳动人民的生活水平,不利于知识分子的继续改造。为了帮助知识分子的改造工作,现决定降低稿酬标准,目的主要重视于知识分子的改造进步,希望广大著译者共同勉励,等等。请看,这不是找上门来骂人吗,令人觉得既可气又可笑。怎么办?我还是固持己见,一笑置之,不予理会。现在后悔的是,当时把这份文件扔到废纸篓里去了,没有把这份奇文保留下来"存档",甚为可惜。

另一件同样事件出在我的老朋友王继彰教授身上。王继彰是我同教研室的同事、老学长、老朋友。1957年教研室向科学进军,开展科学研究。在无机化学研究中,有一项物相平衡研究,在苏联研究体系中称为"物理化学分析",需要在我们的教学和科研领域中引入这门学科。我得到了一部苏联专著《物理化学分析》。王继彰教授是这方面的专家,又精通俄语,所以我建议王继彰翻译这部书,同时也给联系了出版社,达成了出版协议。这部书部头较大,商妥分上下册出版。

就在1958年这个节骨眼儿上,王继彰翻译的《物理化学分析》上册脱稿并交付出版。出版社支付的稿酬也是比出版合同克扣掉了一半,并也同样对著译人进行了无情批判。王继彰是一位敦厚长者、好好先生,但他对出版社的违约行为不予容忍,大为暴怒,跟出版社打起笔墨口舌官司。终归胳膊扭不过大腿,王继彰决定主动撕毁出版合同,断绝与出版社的关系,下册《物理化学分析》的翻译稿,虽已经完成,决定拒绝交稿了。我在王继彰和出版社之间,处于介绍人的尴尬地位,束手无策,谁的忙也帮不了。

1959年春,我奉调去山西支援新建山西大学,离开了南开大学,离别

图附-11 《物理化学分析基本原理》书影（В.Я.АНОСОВ，С.А.ВОГОДИН 著，王继彰译，邱宗岳、申泮文校，科学出版社，第一、第三册分别于1958年9月、10月出版，第二册未出版）

之际，我想到了南开未了情：为《物理化学分析》这部书，王继彰伤了感情；出版社一部书出了上册，没了下册，给读者造成了损失。这叫做两败俱伤，对谁也没有好处。于是我立意设法对这个旧案进行调解。1960年就社会整顿调整之机，给出版社写信，建议出版社对王继彰的稿酬给予补偿，对"批判"给予缓解纠正，主动向王继彰提出恢复合同继续交稿问题，完成《物理化学分析》全卷出版任务，为读者造福。同时也写信给王继彰，劝他对出版社给予谅解。但是出版社一方态度僵硬，坚决不肯对稿酬和批判问题做出让步。王继彰则最后答应，他不对出版社做妥协，只愿意把下册书稿交给我，由我去安排出版。对老朋友来说，我是不能这样做的。调解失败，徒劳无益，我也认为是多此一举了。①

---

① 此处细节有误。此书为：В. Я. АНОСОВ，С. А. ВОГОДИН 著，王继彰译，邱宗岳、申泮文校，《物理化学分析基本原理》，科学出版社，第一、第三册分别于1958年9月、10月出版，第二册未出版。

王继彰教授于"文化大革命"末期病逝，书稿也佚失，哀哉老朋友！他的知识分子气节高尚，为维护知识分子的尊严和合法权益，作了不屈服的斗争，我自愧不如。我和王继彰面对的是两个不同的出版社，所以那种侵权行为并不是个别出版社的偶然，而是他们的统一行动，也许是他们的领导部门或领导的领导制定的政策，出版社只是个执行单位而已。我所关注的是《物理化学分析》未能全卷出版，给我心中留下了长远的愧疚。

继彰老友，我愿馨香相告，今天的社会已经有所进步，人民已经可以为维护个人或集体的合法权益奋起求诉了，请安息吧！

为黄钰生教授平反[①]

"三反"蒙冤，图书馆立新功

新中国成立以来，政治运动频繁。1952年开春，党中央发动了反贪污、反浪费、反官僚主义的"三反"运动。在社会上，首先在天津市经毛主席亲自批示处决了腐败变质干部刘青山、张子善，一下子震动了全社会，推动了"三反"运动轰轰烈烈地展开。

南开大学的"三反"运动开始时比较平静，那时大家认为高等学校是个清水衙门，没有什么油水；另外，南开大学素有艰苦朴素勤俭办事的优良传统，不至于有什么问题。后来，化工系的一位副教授，在小组会上交代，他掌握着化学系的药品库房钥匙，曾经在下班无人时，自己打开库房门，私拿一些可自家使用的药品回家，他检讨了这一错误，并表示愿对此作出赔偿。这个信息一经小组汇报到校运动领导组，立刻就像炸开了锅，不胫而走，传遍了全校，众口纷纭，有些人马上说，谁说知识分子当中没有贪污盗窃问题？立刻形而上学地断定，有一必有二，有二必有三，需要像"挤牙膏"那样，让他把贪污盗窃事实全部交代清楚，不能草率

[①] 本文节选申泮文所撰《南开大学元老黄钰生教授》，原载1998年第3期《炎黄春秋》。节选后有删改。插图为本书整理者所加。

收兵。于是开始给这位副教授办学习班，叫做打虎队，把办班对象叫做"老虎"。

随后领导运动的一些人又进一步"举一反三"，认为不会仅仅化学系有这类问题，别的部门凡是主管钱财的人员，也一定会有这类问题。于是又提出来一句形而上学的口号，叫做"山高林密必定有虎"，意思说凡是经手财物的人，特别是从旧社会过来的一定有贪污问题，要求群众大胆怀疑，找线索，敲山震虎，把大虎震出来。于是运动的矛头直接指向主管校务的校秘书长黄钰生和在他领导下的事务、财会、基建和校产班子。

不久，领导组向全校宣布，黄钰生是"大老虎"，有隐匿校产嫌疑，他所领导的各工作部门都是贪污集团，令黄钰生停职审查，并给他办了打虎队专案组。专案组除勒令他交代问题外，还举办了有中老年教师参加的大型批判会，黄钰生在批判会上作自我检查，只承认自己在工作上有失误，不承认有贪污侵占问题。南开老人素知黄钰生的为人，知道他绝对不会有贪污问题，所以大都一言不发。纵使有个别人发言，也是应付场面，弄得局面很尴尬。在对黄钰生的审查过程中，也出现过一次高潮，那就是工务科的一职员在逼供信情况下，制造假口供，说南开大学有一笔美金秘密存款被黄钰生隐匿，顿时呈现了惊涛骇浪，以为终于出现了突破口。谁知查来查去，仍然是查无实据，后来这人又推翻了原供。南开大学的"三反"运动大约进行了三个月，一无所获却伤了很多人的情感。最后传出来内部消息，全校清查结果，整个南开大学的经济仅有200万元旧人民币（相当于现在的人民币200元）没对上账。偌大的一所学校，才200块钱的账面差额，应该可以说是经济完全清楚，南开人是清白无瑕的了。

到了1952年5月，南开大学的三反运动已经虎头蛇尾，搞不下去了。为了收拾残局，教育部正式任命杨石先为校长，市军管会任命王金鼎为校党委书记，借全国实行教育体制改革和院系调整之机，南开也要进行重大改革，一下子就把运动的失误掩盖过去了。对黄钰生错误审查的结案，由当时的天津市副市长李耕涛出面，给"黄案"做结论，说黄先生没有贪污问题,但是"用人不当",认为黄钰生已不适宜再在南开大学继续工作下去了,市里拟请黄先生出任天津市图书馆馆长之职。黄钰生心里也明白,事已至此,不同意也得同意,只好答应就职图书馆长新任,在1952年夏举家恋恋不舍地离开了他工作了27年之久的南开校园。

黄钰生被调到天津图书馆出任馆长之职,直到1986年才退居二线,改任名誉馆长直到1990年。这前后的38年,是他由对图书馆业务不熟悉到成为图书馆学专家的38年,他为中国的新图书馆事业做出了重大的开创性贡献。

图附-12　黄钰生教授(1898—1990)

黄钰生到图书馆后,十分重视馆藏建设、目录组编和对读者服务工作。在公共图书馆科技文献检索和联合目录编撰等方面,他都有开创性的建树。1956年,他积极响应周恩来总理"向科学进军"的号召,提出了以为科研和生产服务为宗旨的办馆方针,为科研人员开辟了专门阅览室,建立了科技服务部,创立了文献检索室,主持编写了《科技文献检索工具书刊介绍汇编》,为天津图书馆的建设与发展奠定了坚实基础,为发展社会主义图书馆学研究和促进图书馆界的国内外交流做出了贡献。

1959年周恩来总理到天津视察工作。在南开中学读书时,周恩来曾与黄钰生是同窗,所以在此次视察之余,就便邀请黄钰生、冯文潜(黄钰生的妹夫,南开大学哲学教授兼南开大学图书馆馆长,也是周总理的同窗挚友)、冯文潜夫人黄扶先和另外几位同窗共进晚餐。周总理举杯祝贺冯文潜夫妇光荣参加中国共产党,同时对其他同窗老友寄予厚望。当周总理得知黄、冯二人都在图书馆工作时,就说图书馆工作需要渊博的知识,老知识分子做这个工作是合适的,但要按毛主席的文艺方针办事。周总理的这番话着实鼓励和启发了黄、冯二人。他们益发地努力和精益求精地埋头苦干做好图书馆工作。

"文化大革命"后，黄钰生根据形势发展的需要，特别重视培养接班人的工作。1979年在馆内组织了科技英语培训班，并因材施教，分成高、中、初三个班次，亲自分别授课。为了不影响日常工作，一律利用清晨上班以前的时间上课，风雨无阻。通过黄钰生的精心培育，高级班学员的科技英语得到明显提高，中级班学员也大多具备了一定的阅读和翻译的能力，成为图书馆工作的新生力量。

在此基础上，黄钰生又精心培育了一批选用国外书刊的接班人。例如他从2000家英美出版商中选出了120家，又从这120家中精选出20家，向馆内年轻的接班人介绍每一家的特点，使他们对国外出版界的情况心中有数，选择图书时可以避免或减少盲目性，提高采购质量，节约国家资金。

1981年初，83岁的黄钰生以中国图书馆学会理事长的身份，应美国图书馆协会的邀请，率团赴美参加美国图书馆协会第100次年会，访问了华盛顿、旧金山等地。返国后他做了访美报告，介绍华盛顿等先进图书馆网络和大学图书馆、州立图书馆、公共图书馆之间互通有无的情况，作为我国发展图书馆事业的借鉴。

天津市为表彰黄钰生在图书馆事业中的贡献，1978—1981年连续4年评选他为天津市劳动模范。这是对于黄钰生对天津市文化教育和科技界重大贡献最明确无误的推崇。

校友奔走，错案终于平反

党的十一届三中全会以后，邓小平、胡耀邦同志主持了全国范围的冤假错案的平反工作，这是万民欢庆的大事。黄钰生的亲朋好友和他的学生们，无不对有关当局给黄钰生平反1952年的冤案、及时落实政策抱有殷切的希望。但是几年过去，南开大学方面毫无动静。有校友劝黄钰生主动提出平反要求，说这不仅涉及您一人，而是涉及一大片人的事情，您可不应保持沉默。黄钰生对此默默不作回答，而是咏出了一首明志诗：

中钧无宿怨，事隐已宽容。

国士投明主，昔今此道同。

这首诗表示他感到欣逢盛世，对过去的事情宽容对待，不再计较了。但校友们对黄老对往事之保持沉默并不完全同意，因为拨乱反正的目的并不仅在于一人一事，而是在于借鉴往事之偏颇，往前看，纠枉于未来，其意义还是很重要的。

笔者作为黄钰生的学生和同事，很想为老师的正式平反出一点力，但需有适当的条件和机遇。1985年终于出现了一个机会：这一年由在津的西南联大、清华、北大、浙大和燕京五大学校友会联合创办的民办成人业余高等学校——天津联合业余大学第一任校长娄凝先（北大校友）病故，校委会聘请我以西南联大校友的资格出来兼任天津联大校长。联大校长办公会由我和副校长刘瑞歧（代表北大校友会）、朱宝章（代表清华校友会）、伍建中（代表浙大校友会）和黄伦（代表北大校友会）等五人组成。而黄钰生在业余联大刚建立时已被推选出任联大校务委员会主任，我们这些校长是在校务委员会领导下工作的，这就为我们争取黄老落实政策创造了条件。

1985年是黄钰生从事科学教育工作的60周年，为了在天津市营造推崇黄钰生先生丰功伟绩的氛围，天津联大以五大学校友会的名义，为黄老在起士林餐厅举办了一次盛大的聚餐庆祝会，聚餐会在11月1日中午举行，参加的除五大学校友、南开校友、黄老亲朋好友和天津联大校委及校工作人员外，还有国外归来工作或访问的陈省身教授、牛满江

图附-13　1985年11月1日祝贺黄钰生执教60周年宴会
（右起黄钰生，陈省身，吴大任，杨坚白。申洋文拍摄）

教授夫妇、黄中孚教授，以及南开大学的吴大任教授夫妇、鲍觉民教授夫妇等。贵宾和校友们纷纷发表了热情洋溢的讲话，颂扬黄老在文教事业的巨大贡献，称道了他的高尚道德修养，并对他数十年如一日无私奉献所取得的丰硕成就表示祝贺。当时已87岁高龄的黄钰生也发表了热情风趣的自述讲话。这次聚餐会制造了一种社会舆论：社会人士在给黄老做"民间落实政策"的工作了，对"官方落实政策"寄予厚望。

1986年4月，根据中央的决定，国家教委和全国政协又在南开大学联合举行了南开大学创始人张伯苓诞辰110周年的盛大纪念会，肯定张伯苓是"兴建学校，改革封建落后教育的民主主义爱国教育家"。在这种形势下，在天津联合业余大学内的联大校友便开始计议关于黄钰生冤案平反的问题。副校长黄伦给校长班子带回来了一个消息：前中共天津市委文教部长王金鼎同志在谈天津联大校务委员会主任黄钰生的重大作用时说，黄老在天津受委屈了，他的作用没有得到充分发挥，他应该是一位国家级知名人士，而且应该是国家教育界领导人物。在天津他只担任市图书馆馆长，埋没了他的才智。就黄老过去在昆明西南联合大学担任重要职务的崇高地位，他也应该是一位国家级人物。就是因为黄老于1952年在南开大学遭遇的冤案，影响了黄老的一生，使他受屈了。听到黄伦带回的这个信息，给我们争取为黄老平反增添了勇气。我经过深思熟虑之后，1986年5月10日给南开大学校党委和校长打了一份报告，正式申请给黄钰生平反冤案。报告提出，南开大学在1952年的"三反"运动中，构成了一桩重大的冤假错案，南开大学的创办人之一的黄钰生教授无辜被诬为贪污首犯，受全校师生大会的批斗，最终被排挤出南开大学，还有不少人受到株连。报告提出，为落实政策，加强团结，建议趁中央决定纪念张伯苓校长110周年诞辰的东风，彻底解决南开大学积存老案，以舒畅人心，并建议由书记和校长出面主持，在全校大会上敦聘黄钰生先生为南开大学终身教授，颁发荣誉证书，拨出东村平房宿舍一幢，诚恳敦请黄钰生教授迁回南开园居住，安度晚年。报告还要求为其他受株连人员恢复名誉。

这份报告送上去不久，南开大学主管人事的副校长找我谈话说党内曾有中央文件，规定 1956 年以前的案件没有平反任务。我听了一愣，立即回了一句："不对，我问过中央统战部副部长李定同志，他说，我们党的政策是有错必究，没有时间限制。"主管人事副校长沉吟了一下，回复说："那你让李定给我们来一封说明信，我可以照办"。这一句话立刻把我噎住了，但心里仍不服，便说，好，我办这封信。其实我这时是心虚口硬，这样的信怎么能办得到呢？

1986 年 8 月初，突然接到西南联合大学校友、中央音乐学院教授方堃的一封来信，说在美国的西南联大校友将在 9 月份组团回国访问，准备分别造访三所母校，赠送礼品并与各母校领导和校友会谈。总的接待任务由中央统战部副部长李定负责。要我以天津西南联大校友会负责人身份，与南开大学校方联系，接洽南开大学接待来访事宜。我当即与南开大学校长办公室联系，校办主任表示为难，说现在改革开放不久，还没有接待过外宾和美籍华人，是不是应该由中央有关接待单位来个正式通知，作为我校接待的依据，否则不好办。我听到这个答复后，感到有必要去北京，直接找一下李定同志。李定是 1943 年西南联大的校友，也是黄钰生老师的学生。这样我就在 8 月中旬到了北京。为节省时间，我事先准备了两封信稿，一封是统战部请南开大学接待美国西南联大校友访问的信稿；一封是李定以个人名义商请南开大学为黄钰生落实政策的信函。见到李定副部长，我送上信稿请他过目，他表示完全同意，请秘书重抄后亲自签了名。李定在给南开大学的信上说：建议对黄钰生先生对南开大学的贡献做出正确评价，并对 1952 年政策上失误给黄老造成的伤害，适当作口头上纠正，以有利于工作。

我回到天津后，先把李定给黄老落实政策信复印 20 份，带到天津联大校长办公会上，介绍了情况，然后请黄伦先送一份给王金鼎，其余分送给天津市市政当局和统战部门头面人物，目的在于争取上层舆论。

然后我把李定原信直接送交给南开大学主管人事副校长。这事拖了一个多月，到 10 月底，主管人事副校长突然把我找去，说已向国家教委请示，得到批复，你先看看，然后咱们研究怎么办。这份批复的内容是：

南开大学：

南高党请〔1986〕23号函悉，经研究，同意撤销一九五二年三月给予黄钰生（黄子坚）撤销南开大学秘书长及津沽大学师范学院院长职务的处分，撤销原中央人民政府教育部〔52〕人字003号批复。

中华人民共和国国家教育委员会
一九八六年十月二十七日

我读了这份文件才知道，黄先生档案中果然有"内控处分"，校友们给黄老所做的平反活动看来是应该的和正确的。我当即表态说，这应该先和黄老打招呼，再研究怎么办。我立即要求给一份教委批复的复印件，并把它再复印20份，拿到天津联大校长办公会上，介绍了这一新情况，研究决定，再把复印件发送给王金鼎和有关同志们手中，然后再决定由刘瑞歧、黄伦和我去看望黄老，对此事作汇报。

1986年11月初，我们三人到天津市图书馆与黄老会面。对黄老说："黄先生，我们背着您做了一件事情，现在来向您汇报"。随手将李定的信和国家教委批件的复印件两张纸放在黄老面前，并汇报了大致经过。黄老看完了复印件，沉默思忖了一会儿，说，你们的胆子可不小，这件事我早就忘记了！我们三人听了一愣，但立即理解到，我们今天的汇报，对黄老是一种思想上的突然袭击，他还理解不上来。另外，黄老作为老知识分子的矜持心态还很重，自己的学生给自己暗地里办了这么一件事，怎么说呢？我们三人都懂得怎么尊敬黄老，分别谈了个人的简单认识之后，就告辞出来了。过后几天，我到民进天津市委开会，见到民进副主委王伟，王伟对我说，你们给黄老办的事办得太好了，黄老都跟我们讲了，黄老非常高兴。听了他的话，我的心才踏实下来。再过几天，南开大学副校长找我，问给黄老落实政策怎么办？我说，照毛主席的指示办，在什么范围弄错，在什么范围纠正嘛！

学校接受我们的建议，于1986年12月27日，在南开大学行政楼大会议室举行了黄钰生的平反座谈会，受邀请参加会的有黄老亲朋好友、南开老校友、在校老教授和原来参与"三反"运动的一些人等共一百余人。校党委书记李原宣读国家教委文件，宣布撤销1952年"给予黄钰生撤销南开大学秘书长及天津市津沽大学师范学院院长职务的处分"的决定。母国光校长发言盛赞黄钰生对南开大学的巨大贡献。然后，黄钰生发言，对党的实事求是政策、在他垂暮之年给他落实平反，表示感谢。以后与会人自由发言，大家都着重推崇黄钰生蒙冤三十余载，无怨无恨，胸怀坦荡，热爱中国共产党，拥护政府，努力工作，尽职尽守，为国为民作出重大贡献的精神。

这次平反虽然基本上为黄钰生落实了政策，但他还有一项遗愿未偿，这就是他的教授职称没有得到正式恢复。据南开大学档案记载，当时教育部给黄钰生的处分共有三项：①撤销南开大学秘书长职务；②撤销津沽大学师范学院院长职务；③撤销教授职称。这次平反，只撤销了前两项处分，而对第三项处分未予撤销，也就是说他的教授职称没有得到恢复，以至于在为他平反的座谈会上，他突然问了一句："我还是南开大学的教授吗？"当时，我们谁都不了解他曾被撤销过教授职称，对他的问话只理解成这是黄老对南开大学感情深厚，挚爱南大教授这个头衔，而没有想到其中还有什么深层的含意。

1990年4月11日，黄钰生带着这个遗憾离开人世。今年，在黄老诞辰100周年之际，我们南开大学、清华大学、西南联大、天津联合业余大学诸校校友在这里共同庆祝老人的百岁寿诞，并诚心诚意地献上"我们的无限尊崇的教授"荣称。黄老！您永远是我们挚爱的教授，这是任何人、任何时候都抹不掉的，请您含笑安息吧！

九秩华诞　桃李天下 [①]

忆良师益友之情（龚毅生）

1954年毕业留校任教后，我就在泮文先生领导的无机化学教研室从

[①] 本文原载2005年9月7日《南开大学报》，是申泮文的学生撰写的回忆文集。

事基础课教学工作。在几十年的共同工作中泮文先生始终是我们学习的楷模。

为了建立无机化学专门化（即后来称为无机专业），教研室在泮文先生领导下，很多教师在搞好科研的同时都投入到了建立专门化课程和专门化实验课工作中，经过一年多时间的努力，有了第一届无机专业（1958届）毕业生。由于无机专业课和实验课中有无机合成内容（其他还有希有元素化学、络合物化学等内容），所以泮文先生组织我们几个人翻译美国化学会的《无机合成》成套的实验方法参考书。我翻译第一卷（1959年出版），由于是泮文先生与科学出版社订的合同，所以第一卷他只能是译者，而不能是校对者。为此，泮文先生还专门跟我说明此事，可见先生对人之坦诚。

1972年6月，我被调到了南宁，要我在民族学院创办化学系，担任无机化学课和分析化学课的主课教师，并当了系的领导。如何应对这些任务，我还是以泮文先生为榜样，在工作中提高自己，以坦诚之心对待同事。1978年全国科技大会之后泮文先生到广州参加学术会议，会后他特地绕道南宁来看我，并约我参加翻译美国通用化学教材《普通化学》，以及参加即将在沈阳召开的全国无机化学大全《无机化学丛书》编写会议。

1978年，我去沈阳开会路过天津时，回到了别离9年的南开母校。在大中路上巧遇杨校长，他对我说，要把"文化大革命"造成的损失补回来，现在万事俱备就缺东风，就是要把流失的人要回来。他还说，已经得知你想回南开，学校出函，系和教研室已经派人到广西商调，要力争早日回校。但是，由于一些原因，使我回南开之事拖了下来，一拖竟拖了4年，到1982年秋才成行。其间，1979年泮文先生的鼎力相助起了重要作用。

1982年10月下旬，我回到了阔别13年的南开无机化学教研室，这时泮文先生也已经从元素所回到了50年代当初的岗位。很快他又把基础课的工作交给了我，并且力劝我接他的班，既讲基础课又任教研室主任。在科研方面，我也是在泮文先生支持下带着研究生完成了《熔盐电解合成

LaB_6》国家专利（1988）以及《熔盐电解合成稀土六硼化物的研究》无机化学学报（1991.9）论文。

一个人在成长过程中，或在逆境、困境中，能得到真诚的帮助，当事人会铭记在心，永生不忘的。转瞬几十年，时光如梭，但历史是不会磨灭的。祈愿好人一生平安，泮文先生长寿百岁。

申先生在新疆（车云霞）

2004年10月，应新疆师范大学校长阿扎提·苏里坦邀请，我陪申先生到该校访问，讲学。

新疆是高原地带，10月的乌鲁木齐已经稍有凉意，88岁高龄的申先生不顾自己哮喘，坚持要给学生做两场学术报告，一场是"回顾百年诺贝尔化学奖，展望21世纪化学科学的发展趋势"，另一场是"纪念DNA双螺旋结构发表50周年"。

每次作报告，申先生都站着讲，从不坐着，他说，当老师的就要站着讲，才能讲出激情，才能讲得好。他无论是上课或作报告，声音洪亮，从不用扩音器，他讲话语言精练，结合实际，诙谐幽默，高深的科学知识在他的讲解下变得简单易懂，使人印象深刻。他作报告时不仅自己非常投入，还能紧紧抓住学生的心，给学生以巨大鼓舞，调动学生学习的兴趣和树立毕生追求的志向。听完报告，有学生说："我原来并不太喜欢化学，听了申院士的报告，我被他所讲的化学殿堂的奥妙深深地吸引住了，原来化学是这样的奇妙，化学科学是一切科学技术的中心学科，什么都离不开化学，化学这么重要，我现在特别想把化学学好，做一个像申院士那样的化学家。"

第一场报告作完后，他声音有点嘶哑，显得有点疲惫。由于作报告和住的地方都没有电梯，在下了五层楼又上了四层楼后，他突然一下子晕倒在房间门口，我们赶紧找来医生，他却说没有关系，休息一会儿就好了。第二天，他仍精神矍铄地来到报告厅继续报告，这就是申先生一贯的工作态度。每场报告，能容纳2000余人的报告厅里座无虚席，没有座位的人就站在后面听。他的报告和他人格的魅力，受到全校师生的热烈欢迎和高度赞扬。

难忘的一课（刘增堰）

时逢申泮文先生90华诞之际，不由使我回想起9年前，聆听申先生一堂生动感人的爱祖国、爱南开的教育课。

1996年金秋十月，我应姚凤仪、宋德瑛二位老师之邀，为化学系1961届毕业校友活动摄像。校友活动安排在东艺系演播厅。当时有校友和教过他们的老师申泮文、何炳林、陈茹玉、史慧明、周秀中等教授近百人出席。大部分校友已退休，年龄都在60上下，他们的老师都已70开外，有的年近八旬。

主持人老师说："今天我们非常荣幸请来了十几位当年给我们讲课、辅导实验和指导毕业论文的老师，请申先生为我们走上讲坛。"

申先生神采奕奕，红光满面，手提录音机走到课桌前，开始讲课。申先生虽是80高龄，但声音依然洪亮："你们大家告诉我你们已经60上下，大部分已退休。我明确告诉你们，我60岁的时候，"文化大革命"刚结束，刚开始工作，60才是我第二个青春的开始，在我面前你们不能称年龄大了，还要继续革命为社会多作贡献，我现在还在学电脑接受新事物，有很多的工作和任务在等着我们。我今天要给你们讲一课。"随手按下录音机键盘，传出的是庄严肃穆的《南开校歌》，台下顿时鸦雀无声。

"渤海之滨，白河之津，巍巍我南开精神，汲汲骎骎，月异日新，发煌我前途无垠。美哉大仁，智勇真纯，以铸以陶，文质彬彬。渤海之滨，白河之津，巍巍我南开精神。"申先生如痴如醉背诵歌词，他那发自内心的爱南开爱祖国的情愫，感动了在座的每一个人。申先生接着说："歌词虽短，却具有无比深邃的内涵。提出了教育方针、人才培养模式和教育理念。鼓舞南开学子们努力追求，奋发上进，提高全面素质。教导学生为人要正直，温逊谨慎。这就是'南开精神'。'南开精神'也可以概括为对学生的教育,应该是以爱国主义为中心,对学生进行全方位的公民素质教育,把他们培养成为爱国、救国和建设祖国的人才。南开校歌在中国大学的校歌中独具魅力,几十年传唱不衰,已成为中国教育史上名歌佳曲。"

申先生从青年开始到90高龄,一直以满腔热情和实际行动,宣传"南开精神",贯彻"南开精神"。他不但是教授、院士、更是一位教育家。申先生在南开校史上可称得上是一位爱南开爱祖国的典范。值此90华诞之际,祝愿他健康长寿。

师恩难忘(苟兴龙)

求学道路上最大的幸事莫过于遇上一位好老师。申泮文教授就是我在求学和工作中遇到的好老师之一。

申先生不仅是著名的化学家,而且是教育家。他认为,做科学研究固然重要,教书育人更是百年大计。尽管90高龄,他依然坚持为本科生开课,一直活跃在教学第一线。先生授课深入浅出,生动活泼,深受学生欢迎。这些都源于其崇高的敬业精神和高尚的人格魅力。

先生认为,激发学生的学习兴趣远比死板的"传道"更重要。因此,他总是以学生为主体,化抽象为具体,激发学生学习与探索科学的兴趣。以前,先生上课总是带很多自制的教具,譬如,用彩色气球制作的杂化轨道模型,或者用乒乓球制作金属的密堆积模型等等。多媒体计算机出现以后,他就开展多媒体教学。因而他的课总是生动活泼,学生们爱学、乐学。

他认为,好老师贵在以身作则,好的教育效果贵在潜移默化。在南开校园里、"我爱南开站"上总能看到有关先生的感人事迹。有一次大雨倾盆,校园干道集水很深,先生硬是涉水准时给学生讲课。看到裤腿湿透了的申先生,学生们感动地说,我们还有什么理由不好好学习呢?

尽管先生年事已高,他依然站着精神抖擞地讲课。他说,老师如果没有激情,学生怎么会有精神呢?记得我上硕士时,先生常带着我给本科生讲课。有一次讲完一节课后,我感觉到他走动有些吃力,便劝他坐着讲,但他仍然站着讲完最后一节课,此时他的腿已经肿得很厉害了。我既为自己没有照顾好老师而自责,也为他的这种敬业精神肃然起敬。老师的这种执着的敬业精神成了我随后工作中爱岗乐业的强大动力。

先生是严师,但却有一颗慈父般的爱心,无微不至地呵护年轻人。先生对做学问要求很严格。我在硕士期间写的第一篇论文是关于生物无机化学的,他审阅以后,感觉不错,鼓励我发表。但投稿之前,考虑到文章内容属于交叉学科,为了慎重,他还专门请了一位这方面的专家复审了一篇,才让我投稿。他对我的硕士毕业论文要求更是严格,修改得非常细,以至于标点符号都不许错。他说,做学问来不得半点差错。这很好地培养了我的严谨作风。申先生不仅给予我知识,教我做人的道理,而且给予了我很大的帮助和支持。我硕士毕业时,先生将其心爱的计算机赠送给我,支持我回单位后继续科研。在先生的指导下,我利用这台计算机完成了多媒体教学软件的制作,而且应用到我的教学中。当我担任系副主任后,先生更加支持我教学改革,还专程到我所在的学校做教改报告,赠送教改成果。他鼓励我说,光一个人干得好还不算,要带动大家一起做。

南开校园里总能看到一个白发老人骑自行车,那就是申先生。他一直坚持骑车上下班,而且精神得很,即使过有一定坡度的桥,他也如履平地,悠然自如。他说,自己年轻时是一个篮球运动员,一直喜欢锻炼。所以,骑车对于他一点也不困难。而且,他一直保持了每天早晚散步的习惯。

申先生的高尚人格、渊博知识、敬业与锐意改革的精神以及乐观豁达的处事态度给予我深刻的影响,使我受益终身。祝愿先生健康快乐。

南开之光(夏建军)

5年前来南开学习时,感觉一切都很新鲜:古雅的校园,美丽的宿舍,崭新的课本,快乐的生活,不过最新鲜的当属能亲眼见到诸多知名学者和著名教授。他们如太阳一般，是我们高中读书时的偶像。

化学院的讲座好多，一天，一则消息在我眼前一亮——材料化学专业的开山祖师申泮文院士要给我们授课了。

课程安排在周六的上午，同学们早早到了化学楼多功能厅，互相交谈之余左右顾盼。这时人群忽然躁动，一阵掌声中，申泮文院士踏步而来。先生精神矍铄，神采奕奕，那灰色西装和领带更添老骥伏枥的雄风。"今天很高兴！看到这么多同学来听这个关于新世纪化学的系列讲座。"寒暄之后，先生便马不停蹄地开始了主题讲解。

讲座围绕着化学各门分别展开，每科兼备前沿知识，之前同学们都领到了准备好的小册子，里面记录了内容纲要。授课时，申先生十分注重尖端内容，如绿色化学、纳米技术等。这些知识由先生之手呈于黑板，经先生之口传入耳中，印入脑海，是大师魔术般的神奇。料想老将守住城池是为了巩固过去的江山，而先生打开了城门则是开拓了未知的疆土。

在化学领域中，申先生的讲座不仅令人难忘，更有好几个特点十分醒目：第一是讲座和当时的主流黑板教学不同，用PPT和幻灯作为主讲稿，这不仅包含了更多的内容，在讲解时节约了时间，也使得很多术语的演示更加形象生动。第二是讲座的面很广，我开始只知道申先生是储氢研究的专家，在无机化学上有很深的学识，却未曾料这门课程是从整个化学角度出发的，洋洋洒洒，蔚为大观。第三是申先生的精神风貌，先生每次来讲座都是自己骑车而来，然后走上化学二楼，在讲座持续的两个月里，先生从未迟到过，这一点让一些偶尔迟到的同学倍感羞愧。

如果担心廉颇老矣，那么这不会是先生，因为先生是把宝剑。无机化学软件的制作过程中，先生付出了极大的心血，宝剑锋从磨砺出，这最终使得该软件能在国家精品示范课评选中脱颖而出了。《化学元素周期系》系列产品，不仅在南开本科学生中崭露头角，而且也在全国很多大学中得到认可和推广。

申先生走在了化学教育的前列，但这脚步并没有就此而停。化学作为一门世界性的学科，如何交流和怎样交流在新世纪起着更为突出的作用。大二那年，我们告别了申先生的课，但是没有告别申先生。因为在橱窗中,"新大陆"又让人眼前一亮,申先生将继续给 2001 级材料新生上课——双语!于是感叹,于是自豪,我们拥有最高龄的英语老师,也拥有世界上最神奇的化学教授。而这个"新大陆"在上个学期又给人以新的感动。那是在"我爱南开"站上,一则关于申先生的帖子,内容大致如下:那天正值申先生的预约课程,可是忽然狂风大作,暴雨瓢泼,乌云翻滚,白昼如夜。当教室里的同学焦躁不安甚至置疑是否还上课时,先生出现了。申先生打伞冒雨而来,出现在了那个熟悉的教室。那个下午,我无缘在那个冰冷的教室听课,但是我能听到,我能感到,先生额头的某滴雨在坠落教室得那一刻,彭湃了怎样的沸腾如火的掌声。

就像一棵参天大树,在夕阳中延伸着挺拔的身影,抚摸大地;就像一个指示标,永远鲜明,仍然用每一片叶子执着引向那远方的化学之梦。

申先生在山西大学(李玉生、王华正、刘尚乐、陈亮)

申泮文老师是当代知名的化学教育家,是我们成长道路的铺路人,是鼓舞我们终身奋进的导师。

新山西大学是 1959 年再建的,我们是第二班即 1960 年入学的学生,大一无机化学和一些高年级选修课都是由申老师教的。他那时年仅 40 有余,精力充沛,敬业求实,风华正茂,一表人才。每次上课,他总是提前在教室门外等候上课的铃声。登上讲台就开门见山,立即进入角色。他博闻强记,语言精练,逻辑成章。他最善于吸收化学的最新知识,不断更新和充实教学内容,使学生能学到化学的最新成就。课堂上他是一位严肃的讲师,而课下他又是一位循循善诱和蔼可亲的长者,亲切指导,授业解惑,对学生成长关怀备至。他的治学敬业精神给我们树立了榜样。

1961 年暑假,我们学完分析化学,申老师组织我们同学,自由参加假期研究实验,但我们班大部分同学都踊跃参加了。申老师说组织我们"大兵团作战",集体解决一个大问题,完成一个不用硫化氢分组试剂的定性分析系统,主要依靠元素在周期表中的位置,它们的金属性、氧化物水合物的酸碱性、以及不同价态化合物的氧化还原性,作为元素分组和各个分离的根据。申老师亲自指导，说明实验目的，动员我们查阅资料参加设计，讲解如何理论联系实际，建立研究思维和技术路线。实验中他把学生分成小组，分工负责，又联合讨论互通关口。手把手地教我们实验技术，细心检查我们的实验效果和进度，要求我们一丝不苟，建立化学家的勤俭、真诚、敬业态度。要求每一次实验都要收到实效，不要白白浪费试剂、仪器、不白白浪费水电，也不白白浪费时间和精力。在他的指导下，一个暑假，同学们挥汗奋战取得了预期成果，完成了"一个与元素周期系密切结合的定性分析系统"研究，初步论文在太原市科委的科技刊物上发表。

申老师胸怀宽广，眼光深邃，育人有方，我们以有申老师为荣，我们也以申老师为榜样，像他那样勤奋为祖国做奉献，我们也要给申老师增添光辉。

今年适逢申老师90华诞，我们衷心祝愿申老师健康长寿！（作者系山西大学1965届毕业生，本文有节略）

高超的实验科学家（夏树屏、高世扬）

今年欣逢申泮文院士90岁高龄华诞，他老当益壮，思维清晰、文笔流利、身体健康，仍然坚持在教学第一线，成果累累。我早年1956年至1959年曾在南开大学化学系他的领导下工作。

我记得在1956至1958年期间，申先生和我们青年教师一道，分工合作准备专门化实验。他知识丰富、心灵手巧，当实验条件不够，缺乏现成实验设备时，他亲自动手，或是指导我们动手，自行制造或组装实验设备。由于他非常专长电子技术，在家里作为业余消遣，他能自组装电子管收音机和电唱机等家庭娱乐电器，还把电子技术用在实验室工作中。例如实验中需要自动控制恒温系统，申先生就从家里拿来元件自制温度传感器和继电器，组装自动控温系统，完成自动控温恒温槽装置，解决了实验需要。他对一些电子精密仪器，一般都能娴熟使用。这些情况我今日仍记忆犹新。

我还记得，申先生在1958年科技"大跃进"中，进行中苏科技合作项目"复合金属氢化物的合成"的课题研究，需要自己合成一种中间原料氢化锂，要用大型的全部金属反应器和在无水无氧条件下进行合成反应。当时，完全没有现成设备可用，又没有无水无氧的反应系统。这两大难题没有难住申先生。

大型自控反应设备是申先生从自行设计开始，就到学校锅炉房找来大口径（直径12cm）无缝钢管，求学校工作台金工师傅，帮忙烧焊加工，申先生在旁边口授设计加工方案。当天制作成卧式反应器，然后再用薄钢板、炉瓦、石棉材料等制造大型反应炉，配上高温自动控制电源，一套大型的高温气—固合成设备就在很短时间内制造成功了。

我们知道氢化锂是活性化合物，合成需在无水无氧条件下进行。申先生设计制造成完全能符合需要设备，但金属锂与氢气在高温反应时，到反应激烈高峰，反应器内造成部分真空，如果此时将反应器外空气吸入反应器内，就会引发严重爆炸。所以需要给反应系统加上一个自控阀门，在反应吸氢激烈时自动封闭系统，阻止吸入空气。申先生解决这个难题解决得非常巧妙，他在反应器尾气出口处加上一个"汞大气封"，令尾气从一根竖立玻璃管通入水银液面下排出，再通过干冰冷阱（扑集汞蒸气）排到室外。汞大气封起到两种精巧作用：①当反应器内产生部分真空时，大气封中的水银自动沿着竖管上升，自动将系统封闭，外面空气进不来。②水银柱上升的高度，反映系统内反应激烈的程度，指导实验人控制输入原料氢气的速率，一举两得。参加实验的学生惊呆了，追问申先生，你是怎么想出来的这种巧妙办法的。申老师笑着指点墙上挂着的水银气压计，说：你懂得汞气压计的工作原理，再会联想，这个办法不就自然而然地想出来了嘛。

他与教师和学生们一起，用自行制作高温反应设备和实验反应系统实验一次成功，每次可以合成半公斤的结晶氢化锂。

从这件事中，我体会到一个人在学习或工作中最重要的成功秘诀是勤奋，越勤奋，知道的东西越多，就越聪明，越能捕捉机遇，越能联想出许多新方法，成功的机会也越大。很简单，人人都能做得到，只看肯

图附-14 各个时期的申泮文（上排左起：40年代、50年代、60年代，下排左起：70年代、80年代、90年代）

不肯下这份工夫了。申先生一生不断推陈出新，既在于他一生勤奋、勇于实践，又在于他能以饱满的精神面对一切困难，这并不是人人都容易学得到的。

参考文献

[1] 南开中学1935级毕业纪念册.

[2] 钟叔河，朱纯. 过去的学校. 湖南教育出版社，1982.

[3] 申泮文. 缅怀师恩，自强不息，为培育更多的英才而奋斗——怀念严师杨石先教授，笳吹弦诵情弥切 // 国立西南联合大学五十周年纪念文集. 中国文史出版社，1987：184-189.

[4] 《中国翻译家词典》编写组. 中国翻译家词典. 中国对外翻译出版公司，1988.

[5] 申泮文. 三校公物复员北运回忆 // 云南文史资料选辑（第三十四辑）·西南联合大学建校五十周年记念专辑. 1988：115-125.

[6] 南开大学校史编写组. 南开大学校史. 南开大学出版社，1989.

[7] 申泮文. 一九三五班人才济济 //1904—1994天津市南开中学建校90周年纪念专刊，1994：30-33.

[8] 林煌天，贺崇寅，方梦之，高峰. 中国科技翻译家词典. 上海翻译出版公司，1991.

[9] 申泮文. 天津旧南开学校毁没记. 南开大学出版社，1995.

[10] 中国科学技术协会主编. 申泮文 // 中国科学技术专家传略·理学编·化学卷2. 河北教育出版社，1996.

［11］西南联大北京校友会. 国立西南联合大学校史——1937年至1946年的北大、清华、南开. 北京大学出版社, 1996.

［12］申泮文. 中国近代体育运动之父张伯苓——纪念著名爱国主义教育家张伯苓诞辰一百二十周年. 南开校友通讯, 1996.

［13］申泮文. 南开大学元老黄钰生教授. 炎黄春秋, 1998（3）: 45-51.

［14］山西大学纪事编撰委员会. 山西大学百年校史. 中华书局, 2002.

［15］山西大学纪事编撰委员会. 山西大学百年纪事. 中华书局, 2002.

［16］申泮文. 我国高校化学专业大一化学教材的变迁与《无机化学丛书》的编撰出版——庆贺张青莲院士95华诞. 大学化学, 2003, 18（3）: 2-6.

［17］申泮文. 记念顾翼东院士诞辰一百周年——对高等学校化学教育改革的若干思考. 复旦学报（自然科学版）, 2003, 42（6）: 817-821.

［18］罗明锜. 南开三宝. 未正式出版, 2004.

［19］申泮文. 南开校友数尽风流、测天探地竞自由——著名大气物理学家叶笃正和地质学家刘东生的故事. 未正式出版, 2004.

［20］申泮文. 我的翻译生涯 // 百年南开暨南开大学建校85周年纪念丛书·南开大学学人自述（第一卷）. 南开大学出版社, 2004.

［21］"申泮文90华诞纪念册"编委会: 申泮文90回眸. 未正式出版, 2005.

［22］申泮文院士90华诞暨执教65周年庆祝活动组委会. 申泮文90华诞致谢集. 未正式出版, 2005.

［23］申泮文, 车云霞. 由General Chemistry的译名说起. 科技术语研究, 2006, 8（3）: 30-31.

［24］申泮文. 参加拨乱反正资料集萃. 未正式出版, 2006.

［25］申泮文. 纪念杨石先老师诞辰110周年. 南开校友通讯丛书（上）, 2007.

［26］申泮文. 申泮文21世纪教育风采. 未正式出版, 2011.

［27］申泮文, 车云霞. 20世纪中国知名科学家学术成就概览·化学卷. 第二分册. 申泮文. 科学出版社, 2012.

后记

本书是在申泮文院士的口述访谈稿的基础上整理而得的。2010年，杨丽然老师对申泮文院士进行了10次口述访谈，后整理而得21万余字的口述稿。口述稿由车云霞教授修改、申泮文院士过目后全部存于老科学家学术成长资料馆藏基地。因口述资料丰富，本课题以口述整理稿代替研究论文结题。

自2014年起，笔者开始将口述稿整理成书。作为对口述稿的补充，除书中已注明作者、出处的内容，本书引用了以下文章的部分内容：

1. 申泮文：缅怀师恩，自强不息，为培育更多的英才而奋斗——怀念严师杨石先教授。见：《筱吹弦诵情弥切——国立西南联合大学五十周年纪念文集》。中国文史出版社，1987年，第184—189页。

2. 申泮文：《天津旧南开学校毁没记》。南开大学出版社，1995年。

3. 申泮文：中国近代体育运动之父张伯苓——纪念著名爱国主义教育家张伯苓诞辰一百二十周年。见《南开校友通讯》，1996年。

4. 申泮文：南开大学元老黄钰生教授。载《炎黄春秋》，1998（3）：45-51。

5. 申泮文：我国高校化学专业大一化学教材的变迁与《无机化学丛书》的编撰出版——庆贺张青莲院士95华诞。载《大学化学》，2003，18（3）：2-6。

6. 申泮文：《参加拨乱反正资料集萃》。未正式出版，2006。

7. 申泮文，车云霞：《20世纪中国知名科学家学术成就概览·化学卷》，第二分册，《申泮文》。科学出版社，2012年。

本书整理过程中，得到了张藜教授的关怀、指导、支持与帮助。初稿完成后，车云霞教授、申红老师各自对本书全文做出了修改，李姝老师对一部分章节做出了修改，最后由申平老师读给申泮文院士以增删定稿。没有他们的无私奉献，本书是不可能顺利完成的。在此由衷地对他们表示谢意。

本书的大部分内容来自申泮文院士口述访谈稿，溯本追源，基础在于杨丽然老师主持的口述访谈。斯人已渺，但音容宛然。有诗云：蓬山此去无多路，青鸟殷勤为探看。愿丽然安息。

本书成书的过程，也是笔者对申泮文院士的高尚情怀体会、学习、感动的过程。兹举一例：对"文化大革命"前期申泮文院士惊心动魄的遭遇，院士本人和他的子女的态度截然不同。院士女儿申红老师曾撰写过"永远不会忘记的黑暗年代"的长文，对那段历史进行了详尽的记述。儿时的苦难刻骨铭心，院士女儿对那段经历的每一份苦难、每一个细节，在四十多年后仍记忆犹新。反观申泮文院士，在口述访谈中并没有回忆当时的痛苦，而是强调在运动中自己的斗争与思考。申院士对自身所受的伤害已经淡忘，记忆中只有当时的信念。

笔者是理科专业，于理尚通，于文疏焉。幸而口述传记并非完全独立创作，有杨丽然老师主持所得的口述稿为基础，有申泮文院士的大量著作为辅助，经艰苦的努力终于缀字成文。后期车云霞教授等人的修改同样使本书增色不少。最后借用笔者专业前辈北京大学傅鹰院士的话作为本书的结尾：若此书中偶有可取，主要应归功于申、杨、车诸家；若有不当之处，点金成铁之咎责全在笔者。

老科学家学术成长资料采集工程丛书
已出版（50种）

《卷舒开合任天真：何泽慧传》
《从红壤到黄土：朱显谟传》
《山水人生：陈梦熊传》
《做一辈子研究生：林为干传》
《剑指苍穹：陈士橹传》

《情系山河：张光斗传》
《金霉素·牛棚·生物固氮：沈善炯传》
《胸怀大气：陶诗言传》
《本然化成：谢毓元传》
《一个共产党员的数学人生：谷超豪传》

《含章可贞：秦含章传》
《精业济群：彭司勋传》
《肝胆相照：吴孟超传》
《新青胜蓝惟所盼：陆婉珍传》
《核动力道路上的垦荒牛：彭士禄传》

《探赜索隐　止于至善：蔡启瑞传》
《碧空丹心：李敏华传》
《仁术宏愿：盛志勇传》
《踏遍青山矿业新：裴荣富传》
《求索军事医学之路：程天民传》

《一心向学：陈清如传》
《许身为国最难忘：陈能宽传》
《钢锁苍龙　霸贯九州：方秦汉传》
《一丝一世界：郁铭芳传》
《宏才大略：严东生传》

《此生情怀寄树草：张宏达传》
《梦里麦田是金黄：庄巧生传》
《大音希声：应崇福传》
《寻找地层深处的光：田在艺传》
《举重若重：徐光宪传》

《魂牵心系原子梦：钱三强传》
《往事皆烟：朱尊权传》
《智者乐水：林秉南传》
《远望情怀：许学彦传》
《没有盲区的天空：王越传》

《行有则　知无涯：罗沛霖传》
《为了孩子的明天：张金哲传》
《梦想成真：张树政传》
《情系梁菽：卢良恕传》
《笺草释木六十年：王文采传》

《妙手生花：张涤生传》
《硅芯筑梦：王守武传》
《云卷云舒：黄士松传》
《让核技术接地气：陈子元传》
《论文写在大地上：徐锦堂传》

《铃记：张兴铃传》
《寻找沃土：赵其国传》
《虚怀若谷：黄维垣传》
《乐在图书山水间：常印佛传》
《碧水丹心：刘建康传》